한국문학의 상품과 이념

한국문학의 상품과 이념

류경동

도서출판 월인

| 머리말 |

논문으로 발표했던 글을 정리해 한 권의 책으로 묶는다. 막상 책을 내려니 손볼 곳이 많았다. 마감 시간에 쫓길 때마다 나중에 고치리라 다짐했지만 제대로 지키지 못한 탓이다. 제각각 쓰인 글들이라 서로 겹치거나 어긋나는 부분도 적지 않다. 평소처럼 하자면 또 해를 넘길 것 같아 서둘러 마무리했다. 현대시 전공자인데 시보다 소설을 더 많이 읽었다. 계획 없이 마음 가는 대로 공부를 한 결과이리라. 원래 자리로 돌아갈 수 있도록 이 책이 반환점이 되면 좋겠다.

1부에는 상품과 소비주체라는 주제로 2014년부터 최근까지 썼던 글들을 모았다. 이 중 몇몇은 한국연구재단의 지원을 받아 진행한 과제의 결과물이기도 하다. 의식이나 제도가 아닌, 혀끝이나 손끝에 닿는 감각적 경험으로서의 근대에 접근해보자는 것이 연구의 출발점이었다. 상품과 소비는 한국사회의 변화가 가장 첨예하게 현상하는 지점이며, 소비와 관련된 거시적인 경제지표가 드러내지 못하는 감각과 취향, 태도와 심리가 작품에 녹아있을 것이라 생각했다. 이런 문제의식에서 1930년대부터 1950년대까지를 거칠게 훑어 왔다. 미처 다루지 못한 작가와 자료의 검토를 포함해, 1960년대 이후 상품세계와 소비주체의 변천사는 앞으로의 과제이다.

2부는 '반공주의와 한국 문학의 근대적 동학'이라는 주제로 진행된 공동연구와 정신분석학 이론 세미나에서 얻은 결과물들을 모았다. 공동연구와 세미나는 문학 공부의 시야와 방법이 확장되는 계기이기도 하였다. 반공주의와 한국 문학의 역학관계를 분석하는 공동연구를 통해, 해방 이후 한국 문학을 새롭게 바라볼 수 있었으며 자료조사와 실증적인 연구의 중요성을 다시 깨달을 수 있었다. 정신분석학 세미나 역시 문학연구의 이론과 방법을 성찰하는 토대가 되었다. 특히 이 두 작업을 함께 했던 선배와 동료 연구자들의 열정과 노력은 공부를 지속하는 데 큰 힘이 되었다.

책이 나오기까지 도움을 주신 분들이 많다. 공부의 바탕을 마련해 주신 이기서 선생님과 모교의 선생님들, 선배와 동료들께 감사드린다. 책의 출판에 애써주신 월인의 편집자분들께도 고마움을 전한다. 내 글의 첫 번째 독자이자 동료인 아내와 공부하는 아빠를 둔 덕에 늘 심심한 딸, 아들의 뒷바라지로 바쁘신 어머니께 고맙고 미안한 마음을 전한다.

2018년 1월 류경동

차례

제1부

한국문학의 상품세계와 소비주체

채만식 소설에 나타난 상품세계와 소비주체의 갈등 양상 연구

1. 서론

1930년대는 기형적인 형태나마 근대적 삶의 환경이 한반도에 정착되는 시기였다. 1920년대까지 식민지 경제정책의 핵심이 식량 증산에 있었다면, 일본 공업 자본의 한반도 유입이 증가하고 만주로의 군사 진출이 본격화되는 1930년대의 경제정책은, 병참을 위한 식량 증산이라는 기조를 유지하되 중공업과 수송・항만의 중요성을 새롭게 강조하는 방향으로 변화한다. 한반도 내의 공업화와 도시화가 가속화되면서 공산품 소비가 증가하고 시장의 확대 속도 역시 빨라진다.[1] 이에 따라 도시를 중심으로 근대적 소비환경이 형성되고[2] 소비 여력이 꾸준히 증가하면서,[3] 소비는 중요한 문화현상으로 자리잡게 되었다.[4]

---

1 김낙년, 「식민지 공업화의 전개」, 이대근 외, 『새로운 한국경제 발전사』, 나남, 2005, 299쪽.

2 도시별로 백화점 등의 상점이 밀집하면서 도심의 번화가가 형성되었다. 조선인의 경우 여전히 시장을 중심으로 한 상업 활동 비중이 높았으나, 번화가의 '거리'를 중심으로 형성된 근대적 상업 공간들은 소비는 물론이고 새로운 도시문화를 자극하는 근원지가 되었다.

3 1910년대 초에서 1930년대 말까지 1인당 소득은 연 2.5%, 소비지출 증가율은 연 1.9%씩 증가하였다.(주익종, 「식민지 조선인의 생활수준」, 이대근 외, 『새로운 한국경제 발전사』, 나남, 2005, 348쪽)

4 사회 주체로서 인간이 욕구를 충족시키기 위해 사물과 관계하는 방식이 소비라

근대 사회가 갖는 물질적 규정력은 체제나 제도가 아니라 혀끝이나 발바닥에 닿는 감각적 경험에서 발생한다. 근대성은 상품의 형식으로 소비됨으로써 신체와 의식에 전이된다. 1930년대의 근대적 상품과 소비의 경험은 일상적인 생활양식은 물론 의식과 욕망을 재구성하였다. 의식주와 연관된 생활용품으로부터 자동차와 같은 고가의 사치품에 이르기까지, 새로운 상품이 등장하고 보급되면서 새로운 취향과 생활방식이 창출되었다. 설탕이나 화학조미료, 담배와 커피, 맥주와 소다수 등은 새로운 입맛을 자극했으며, 음식문화는 물론 여가와 유흥의 방식을 변화시켰다. 의복과 장신구, 새로운 미용 기술은 '유행'의 유행을 낳았으며, 신체의 새로운 구획과 노동 방식의 변화를 유발하였다. 다양한 매체에 범람하기 시작한 광고는, 필요에 의한 소비를 넘어 욕망의 확대 재생산을 통해 지속적인 소비를 구조화하였다.

근대적 문물이 소비되고 새로운 문화가 형성되면서 1930년대의 일상적 삶은 어떻게 변화했는지, 그에 따라 의식과 욕망은 어떤 변화

한다면, 어느 시대에나 소비는 존재해왔다고 할 수 있다. 그러나 "소비문화는 서구에서 발전했던 모더니티의 전 과정에 있어 지배적인 문화 재생산 방식"이며, "개인주의나 시장과 같은 근대적 일상생활에서의 핵심적 가치들과 결합"되어 있다.(돈 슬레이터, 정숙경 옮김, 『소비문화와 현대성』, 문예출판사, 2000, 15쪽) 소비문화는 소비가 이루어지고 일상생활이 재생산되는 유일한 방식은 아니지만, 분명히 지배적인 방식이며, 다른 것들을 종속시키고 구조화할 수 있는 실천적 속성과 이데올로기적 깊이를 갖고 있다. 소비문화가 개인에게 관철되는 과정에서 인간은 교환의 주체이자 대상이며 소비하고 소비되는 존재가 된다.

최근 들어 소비는 현대사회의 가장 중요한 사회현상이자 구성요소이며, 일상적 삶과 욕망을 구성하는 핵심기제로 주목받고 있다. 소비의 이론화가 본격화된 것은 탈근대 사회로의 진입 이후이기는 하나, 소비가 생산과 유통의 자극제가 되고 문화현상이 된 것은 근대적 삶의 양식이 보편화되기 시작한 지점부터라 할 수 있다.

를 겪는지가 학적 관심의 대상이 되었다. 일상사나 문화사의 시각에서 일제 강점기 소비문화를 포함한 대중문화에 대한 연구가 진행되었으며,[5] 이 시기 문학 텍스트에 나타나는 소비의 양상에 주목하는 문학연구 및 문화연구도 활발하게 진행되고 있다.[6] 문학 작품에서 어떤 재화를 어떻게 사용하는가는 그 자체로 흥미로운 분석 대상이다. 소비와 연관된 문학적 기호들에는 사회적 가치 체계와 개인의 욕망이 교차한 흔적들이 새겨져 있기 때문이다. 이제 문학 텍스트에 나타난 소비의 기호들은 세태나 풍속의 복원 차원을 넘어 미학적 구조나 작가 의식, 당대 담론의 지형과 연관지어 분석될 필요가 있다. 이 글은 소비라는 사회·문화적 현상을 문학 텍스트에서 확인하는 것에서 출발하여, 이를 텍스트의 의미형성과 연관지어 분석해보고자 한다. 이런 작업은 1930년대 문학이 근대적 삶의 환경과 반응하며 그려내는 인식론적 지형을 새롭게 구성할 수 있는 단초를 제공할 것으로 기대된다.

1930년대는 사회·경제적 환경 변화에 따라 다양한 글쓰기의 가

---

5 연세대학교 국학연구원 편, 『일제 식민지배와 일상생활』, 혜안, 2004.
강영심 외, 『일제 시기 근대적 일상과 식민지 문화』, 이화여자대학교 출판부, 2008.
최병택·예지숙, 『경성리포트-식민지 일상에서 우리를 보다』, 시공사, 2009.
김병희, 「나는 소비한다, 고로 존재한다」, 한성환 엮음, 『이토록 아찔한 경성』, 꿈결, 2012.

6 김성한, 「1930년대 대중소설과 소비문화의 관계양상 연구」, 『한국현대문학연구』 12, 2002.
이경훈, 「요보·모보·구보-식민지의 삶, 식민지의 패션」, 연세대학교 국학연구원 편, 『일제 식민지배와 일상생활』, 혜안, 2004.
______, 「미쓰코시, 근대의 쇼윈도우-문학과 풍속1」, 『현대문학의 연구』 15, 2000.
______, 「긴자(銀座)의 추억 : 식민지 문학과 시장」, 『현대문학의 연구』 39, 2009.
하신애, 「식민지 말기 박태원 문학에 나타난 시장성」, 『상허학보』 32, 2011.1.

능성이 모색되던 시기였다. 특히 근대적 일상의 정착과 소비문화의 확산은 계몽주의와 사회주의의 퇴조와 맞물리면서 문학적 경향과 담론의 변화를 유발하였다. 세태와 풍속, 일상성과 생활의 발견 등으로 명명된 1930년대의 문학적 현상은, 문학주체의 층위에서 계몽과 이념에 의해 지지되었던 관념적인 자아가 일상적인 생활 세계로 진입하는 과정의 산물이었다. 이는 생산자적 위치를 상실하고 상품의 소비자로 자리 이동하는 문학 주체의 자기발견 과정이기도 하였다. 이념의 생산 혹은 유통과정에서 능동적이었던 발화주체는, 상품과 화폐의 교환구조에 급격히 편입되면서 무력한 소비자 혹은 수동적인 관찰자로 변화하였다.

비판적 사회운동에서 떨어져 나와 생활에 직면한 지식인을 측거점으로 하여 1930년대 소비문화의 단면을 날카롭게 포착한 작가가 채만식이다. 채만식의 인물들은 상품 세계에 매료되면서도 그것과의 긴장관계를 형성한다는 점에서 자주 이중의 갈등구조에 노출된다. 「창백한 얼굴들」(1931)과 「레디 메이드 인생」(1934), 「명일」(1936)로부터 「치숙」(1938), 「소망(少忘)」(1938), 「패배자의 무덤」(1939), 「냉동어」(1940)에 이르기까지, 무력한 지식인의 일상과 내적 갈등을 다룬 작품들은 채만식 소설 세계에서 하나의 계보를 이룬다. 이들 작품들을 하나의 계보로 묶을 수 있는 것은 유사한 인물유형이나 갈등이 등장하기 때문이지만, 무엇보다도 동일한 문제의식이 일정한 흐름을 갖고 심화되는 양상을 보이기 때문이다. 일련의 작품들에서 채만식의 인물들은 일상세계로의 귀환이 상품 세계와 교환 질서로의 편입임을 발견하며, 이 과정에서 상품세계에 대한 환멸이나 자기분열을 경험하면서 소비주체로 살아가는 방식을 모색한다.

2. 상품세계의 순례와 교환의 실패

채만식의 「창백한 얼굴들」이나 「레디 메이드 인생」, 「명일」 등은 자본주의적 교환 구조에 매끄럽게 진입하지 못한 지식인의 일상과 내면적 갈등을 그려낸다. 이들 소설의 주요 인물들은 생산 활동은 정지됐지만 필요와 욕망은 여전히 작동하는 상황에 처해 있다. 사회운동은 물론 경제활동조차 봉쇄된 지식인들이 자신의 존재를 드러낼 수 있는 유일한 행위는 소비이다.

「창백한 얼굴들」(1931)은 소비사회에 던져진 룸펜 지식인의 '창백한' 일상을 간명하게 그려내고 있다. 시계를 전당포에 맡기고 얻은 "십원짜리 한 장"으로 시작된 "K"와 "S"의 하루 일과는, "대판옥 서점"에서 책을 사고 "아까다마[7]의 나마비루"를 마신 다음, 한강에서의 뱃놀이와 "정자옥"[8]의 "차이니스 런치"로 이어지고, "헌책전"을 뒤지다 "메이지세이가"[9]에서 "아이스커피"를 마시고 다시 "헌책전"을 뒤지러 가며 마무리된다. 살롱, 진고개, 서점, 한강, 백화점, 끽다점 등의 공

---

7 '아카다마(赤玉)'는 1931년 본정에 있던 끽다점이었다.

8 '정자옥(丁子屋)'은 일본계 백화점이었지만 주 고객을 조선인으로 삼았다. 이 소설이 발표되었던 1931년 당시의 화신백화점은 2층 목조건물이었으며 1932년에 근대적 면모로 증축되었다.(오진석, 「일제하 백화점업계의 동향과 관계인들의 생활양식」, 연세대학교 국학연구원 편, 『일제 식민지배와 일상생활』, 혜안, 2004, 133~134쪽)

9 '메이지세이가(명치제과)'는 본정 2정목에 있었던 '끽다점'으로, 1930년에 '명치제과 경성매점'으로 개업하여 '끽다점'의 전성시대를 이끌었다. 1930년대 들어 '카페'가 여급을 두고 술을 파는 장소의 성격이 강해지며 낮 시간에도 가볍게 커피를 마실 수 있는 '끽다점'이 도시문화의 새로운 상징이 되었다. "명과나 금강산의 진하게 끓인 한잔 커피가, 따끈한 맛이 미상불 생각나지 않는 것은 아니었다."(「냉동어」, 375쪽)에서처럼, '명치제과'는 '금강산'(본정 2정목 입구 '카메야 상점'에서 운영하던 '카메야 끽다부 금강산')과 함께 가장 대표적인 '끽다점'으로 여겨졌다.

간과, '신청년'과 '킹', '나마비루'(생맥주)와 '맥주', '차이니스 런치'와 '아이스커피'는 당대의 '모던 보이', 즉 유한계층이나 지식인들이 향유했을 소비문화의 일단을 보여준다.

「냉동어」(1940)에서도 "대영"은 "스미꼬"와 약속이 엇갈리자 시간을 보내기 위해 "본정통"으로 향한다. 그는 "헌책점을 주욱 더듬어 마루젱까지 갔다가, 그 길에 명과의 쌉싸름한 커피를 한잔 천천히 마신 다음"(「냉동어」, 『채만식 전집』 5, 442쪽) 다시 "스미꼬"의 아파트를 찾아간다. "본정통"의 서점과 끽다점으로 이어지는 행로는 의식적으로 선택한 것이 아니라 시간을 보낼 때 자연스럽게 선택되는 양식화된 동선일 것이다.[10] 「창백한 얼굴들」에서 서점과 끽다점, 백화점으로 이어지는 "K"와 "S"의 행적 역시 당시 지식인 일반의 그것과 다르지 않다.

다만, 「냉동어」의 "대영"이 '마루젱'의 책과 '명치제과'의 "쌉싸름한" 커피맛을 알아보는 취향의 소유자인 반면, 「창백한 얼굴들」의 "K"와 "S"가 겉멋을 부리는 어설픈 '모보'로 그려진다는 점은 주의깊게 살펴야 한다. 문화적인 상품의 소비에서 중요한 것은 상품의 가치를 온전히 향유할 수 있느냐 여부이다. 소비는 돈만 있으면 흉내낼 수 있지만, 대상의 진가는 일정 기간의 훈련을 거치거나 예민한 감수성을 지녀야 알 수 있는 것이다. 「냉동어」에서 "대영"의 소비는 자연스러우나, 「창백한 얼굴들」에서 "P"나 "S"의 소비는 겉멋에 불과하다.

두 사람은 대판옥 서점으로 가서 『개조』『중앙공론』『경제왕래』를 집

10 이태준의 「장마」에서 "나"는 찻집 "낙랑"을 거쳐 누구라도 만나기 위해 "대판옥 서점"으로 이동한다. 박태원의 「소설가 구보씨의 일일」에서도 백화점과 찻집으로 이어지는 동선이 나타난다.

어 들고 목차를 뒤적거리고 그중의 논문 한 절씩을 읽어도 보고 하다가 K는 『신청년』 S는 『킹』 한 권씩을 사 들고 나왔다.(「창백한 얼굴들」, 『채만식 전집』 7, 13쪽)[11]

서점에 들러 『개조』, 『중앙공론』, 『경제왕래』을 뒤적거림으로써 학문에 대한 관심을 표시하지만, 서점에서 사 들고 나온 책은 『신청년』과 『킹』이다.[12] 정론지를 뒤적이다 정작 대중잡지를 사는 장면에서 서점 순례에 내재하는 허위의식을 읽을 수 있다. 펼쳐 놓고 읽지 않는 "지대론"은 소문으로 전해들은 카프 공판과[13] 동질의 것이며, 이런 맥락에서 '사회주의'는 "백화점 런치"나 "살롱"의 여급과 등가로 소비되는 것이다. 지식인의 외양을 가장하지만, 찻집이나 백화점에 드나들며 여점원들을 "아니 보는 체 할긋할긋 보는" 것이 "K"와 "S"의 "창백한" 진면목일 것이다.

「창백한 얼굴들」의 기저에 깔린 겉멋에 대한 비판은 결국 가치의 전유에 실패한 소비에 대한 비판이기도 하다. "K"와 "S"는 상품세계를 배회할 뿐 선택과 사용에는 근본적인 미숙함을 보인다. 외양만 지식인인 그들에게 상품의 세계는 현란하지만 불가해한 세계이다.

---

11 이하 채만식 작품의 인용은 창작과 비평사에서 발간한 『채만식 전집』(1989)에서 하고 작품명과 권수, 인용 쪽수만 표기한다.

12 일본잡지 『King』은 1925년 '고단샤'(講談社)에서 창간한 대중잡지이고, 『신청년』 역시 일본의 '박문관'(博文館)에서 발간해 추리소설의 부흥을 이끈 잡지였다. 가령, "잡지야 머 **낑구**나 쇼넹구라부 덮어 먹을 잡지가 있나요."(「치숙」, 270쪽)에서 보이듯, 『킹』은 읽기 쉬운 흥미 위주의 대중문예지로 여겨졌다. 대중잡지의 대중성은 저급하다는 점에서는 부정적이지만 많이 읽힌다는 점에서는 긍정적이다. 「치숙」에서 『킹』은 화자의 무취미 혹은 저급한 취향을 드러내면서도, 한국잡지의 고답성 혹은 고루함을 비판하는 이중의 풍자를 수행한다.

13 "뭘 아무것도 없다든데."/"그렇지 않다든데……"(「창백한 얼굴들」, 12쪽)처럼 카프 공판에 관한 둘의 대화는 사실에 입각한 것이 아니라 전해지는 풍문을 기초한 것이기에 모호하다.

아이스커피를 마시는 "빨대"를 두고 오고가는 대화[14]는 지식과 분석 능력의 한계를 드러낸다. 지식과 안목이 부재하기에 소문이 사실로 소비되고, 일시적이고 표면적인 쾌를 쫓아다닐 수밖에 없는 것이다. 그러므로 "말세야" 혹은 "이놈의 세상"이라는 "K"와 "S"의 한탄은 현실에 대한 분석적 비판이 아니라 불가해한 세상에 대한 무력감의 자조적인 토로에 불과하다.

결국 "본정통"을 걸어가는 "신여성과 양복쟁이"가 "어쩐지 얼떠어 보인다"(「창백한 얼굴들」, 14쪽)는 시선은 "K"와 "S"를 향한 것이기도 하다. '일본인/근대'의 시선 앞에서 '본정통'을 걷는 조선인은 아무리 세련되더라도 '모보(Modern Boy)'가 아닌 '모·보(Modern Yobo)'일 수밖에 없다. 하물며 시계를 잡히고 얻은 돈으로 하루를 소비하는 룸펜 지식인들이 아무리 그 외양을 가장한다고 해도 "얼떠어" 보일 수밖에 없는 것은 자명하다.

「창백한 얼굴들」의 인물들은 합리적인 소비주체가 아니다. "K"와 "S"의 하루는 기본적으로 시계를 잡히고 얻은 십 원으로 가능하다는 점에서, 빚에 근거한 비대칭적인 소비이다. 한강에 가서 "선유배에 맥주를 사서 싣고" 물놀이를 즐기거나[15] "택시 타고 정자옥"에 가 "차이니스 런치"를 먹는 행위들은 모두 온당한 소비는 아니다.[16] 이런

---

14 "이거 하나에 사람의 손이 얼마나 갔을꼬?"/"어데 우리 따져볼까?"/"무슨 재주로?"(「창백한 얼굴들」, 15쪽)

15 "왕복 차 삯 십 전을 낼 돈과 시간과 마음의 여유가 있는 사람으로부터 그 이상의 레벨에 속한 사람들"(「창백한 얼굴들」, 13쪽)에 속하기 어려운 "K"와 "S"에게 한강행은 일종의 사치라 할 수 있다.

16 식민지라는 비정상적인 상황에서 젊은 지식인의 방탕은 복합적인 의미를 지닌다. 사회운동은 물론 생계를 위한 경제활동조차 여의치 않을 때 소비는 유일한 자기 현시 행위이다. 경제적 여력을 넘어서는 소비의 반복은 비합리적인 것이지만, 그 소비마저 그만둘 때 자아는 분열을 경험하게 된다. 다시 상술하겠지만, 사회활동을 접고 칩거하는 인물들(「소망」과 「패배자의 무덤」)의 극단적인 행동(광기와

소비는 「레디 메이드 인생」이나 「명일」에서 '내일'이 없는 소비로 변주된다. 시계를 잡힌 돈으로 하루를 소비하듯이, 책을 잡혀 얻은 돈을 유흥에 탕진하거나 외투를 잡혀 얻은 돈을 작부에게 던진다. 술집과 유흥가를 떠도는 방탕도 문제지만, 보다 근본문제는 생산과 소비의 불균형이 지속되는 상황이다. 빚에 근거한 기형적인 소비행위는 온전한 소비주체의 성립을 방해한다. 이런 방식의 소비과정에서 주체는 소비되고 결국 소진된다. 소비의 구조적인 실패는 결국 자기 환멸과 분열의 원인이 된다.[17]

3. '마코'와 '해태' 사이, 상품의 위계와 구별짓기

「창백한 얼굴들」에서 "재떨이에 있는 해태갑"은 그 자체로 비합리적인 생활방식을 드러내는 소품이다. 「레디 메이드 인생」에서 담배를 사는 장면 역시 인물의 성격과 소설의 의미를 압축적으로 보여준다.

> "담배 한 갑 주시요."
> 하고, 돈을 꺼내려니까 담배가가 주인이
> "네, 마콥니까?"
> 묻는다.

자살)은 상품세계에 적응하지 못하는 소비주체의 분열과 좌절을 상징한다.

17 가난한 지식인의 맞은편에 경제적 여유를 누리는 유한계층이 존재한다. 「명일」의 "범수"가 화신백화점 사층 식당에서 만난 "P"는 "남북촌 백화점의 식당과 찻집과 뻴리아드집과 빠와 요리집의 다섯 개 각의 선 위로 뱅뱅 도는 종로 활량"이다. 장난삼아 주식을 해서 하루에 "삼백 원"을 잃어도 재밌다는 "P"의 배포는, 포켓에 아무렇게나 들어있는 "커다란 백 원짜리 두어 장과 십 원짜리 여러 장"에서 생겨난다. 비록 속물적이긴 하나, 그의 방탕과 과시적 소비는 자신의 지불능력에 기반하기에 분열이나 환멸을 수반하지 않는다.

P는 담배가가 주인을 한 번 거듭떠보고 다시 자신의 행색을 훑어보다가 심술이 버쩍 났다. 그래서 잔돈으로 꺼내려던 것을 일부러 일 원짜리로 꺼내 드는데 담배가가 주인은 벌써 마코 한 갑 위에다 성냥을 받쳐 내어민다.

"해태 주어요." (「레디 메이드 인생」, 『채만식 전집』 7, 54쪽)

"담배 한 갑"이 "마코"로 진딜되는 것이 자신의 행색 때문이라고 생각한 "P"는 "마코" 대신 "해태"를 달라고 한다. "마코"를 피울 법한 외양이지만 "해태"를 피울 수 있는 존재임을 "해태"의 구입을 통해 주장하려는 것이다. 그러나 "담배가가 주인"은 무신경하게 "마코"를 "해태"로 바꾸어 주고, "P"의 과시적 소비는 상대가 "무렴해하지" 않기에 실패한다. "공연한 객기" 때문에 "당치도 아니한 해태"를 사버렸다는 구절에서처럼, 당장 방값과 밥값을 걱정해야하는 "P"의 처지에 "해태"의 구입은 터무니없는 행동이다. 그러므로 소설의 중간 부분에서 "P"는 "마코"를 피우는 친구 "M" 앞에서 차마 그 "해태"를 꺼내놓지 못한다. "해태"를 사고 마는 장면은, 사회·경제적으로 위축됐지만 자의식은 과잉이었던 "P"를 이해할 수 있는 단서를 제공한다.[18]

이 장면은 인물의 성격을 암시하는 동시에 위계화된 상품의 소비에 내재하는 습속을 드러낸다. 근대 소비사회에서는 상품의 종류가 다양해지고 가격에 의한 등급화가 진행된다. 상품의 위계가 형성되

---

18 이런 종류의 소비에는 타자의 시선을 의식한 자기 현시적인 심리가 내재하기 마련이다. "잔돈으로 꺼내려던 것"을 "일부러 일 원짜리"로 꺼내 드는 행위에 이미 타자의 시선이 개입되어 있다. 타자의 시선이나 선호도를 적극적으로 고려하는 태도는 궁극적으로 자기집착의 일종이다. "P"가 보이는 과도한 자의식은 타자의 시선을 통해 자기를 관찰하는 방식에서 드러난다. "담배가가 주인"의 시선을 통해 자기 행색을 살피거나 길에서 가끔 마주치는 여자의 시선을 통해 "협수룩한 양복쟁이"라는 자기인식에 도달하는 것이 그러하다.

면 그에 따라 소비와 취향이 구조화된다. 가격은 곧 가치로 여겨지고, 서열화된 상품은 소비하는 주체의 위계를 표시하는 기호가 된다. 무엇을 사용하느냐가 그/그녀가 누구인가를 규정하게 되는 것이다.[19] 담배처럼 가격에 의해 서열화되어 있는 상품은 경제적 지위와 위계를 표현하는 데 적합하다.

> 상문은 제 해태표를 빈탕이 된 김봉식의 미도리 옆에 내놓는다. (『금의 정열』, 『채만식 전집』 3, 312쪽)

채만식 소설에서 담배는 인물의 정체성을 드러내거나 소설적 상황을 암시하는 데 자주 사용된다. 『금의 정열』에서 "상문"의 "해태"와 "김봉식"의 "미도리"는 그 자체로 둘의 경제적 상황과 지위를 상징한다. 투자금을 잃을 위기에 놓인 "김봉식"의 처지는 텅 빈 "미도리"로 암시되며, 상문보다 불리한 경제적 지위를 드러낸다.

"형보"가 "초봉"을 찾아와 "재호"와 담판을 짓는 『탁류』의 한 장면에서도 담배는 인물들의 관계와 성격을 암시한다. "재호"가 "형보"에게 "해태"를 권하지만, "형보"는 자신의 "피죵"을 꺼내 피운다.(『탁류』, 『채만식 전집』 2, 315~316쪽) 이 장면은 "형보"가 "재호"보다 경제적 지위는 낮을 수 있지만, 자신의 욕망에 충실하고 결기가 있는 인물임을 드러낸다.

상품은 경제적 조건이나 소비성향에 맞게 소비되기 마련이며, 습관과 경제적 여력의 뒷받침이 없는 소비는 비합리적인 것으로 여겨

---

19 부르디외는 물건을 표출적인 것으로 보았고, 특히 사람들이 계급에 따라 다른 물건들을 사용함으로써 사회 구조 내의 자신의 위치를 드러내는 방식에 관심을 가졌다.(피터 코리건, 이성용 외 옮김, 『소비의 사회학』, 도서출판 그린, 2001, 32쪽)

진다. 「레디 메이드 인생」에서 "P"의 "해태" 구입이 "당치도 아니한" 행위가 되는 것은 담배의 소비에 일상화된 습속이 전제되어 있기 때문이다.[20] 1930년대 중반 "마코"의 가격은 5전이고, "해태"의 가격은 15전이었다. 충동적으로 "해태"를 구입한 것이 터무니없는 소비가 되는 것은 10전의 가격 차이 때문이기도 하지만, 소비성향에서도 일종의 비약이거나 일탈이기 때문일 것이다. 재화의 선택은 가격과 효용에 의해 결정되지만, 비경제적인 요소들(취향, 과시욕, 계급, 유행, 교육 정도 등)에 영향을 받기도 한다. 특히 담배와 같은 기호품은 오랜 시간 동안 길들여진 취향과 습관, '아비투스'에 의해 선택되기 마련이다. "고태수"의 "해태"(『탁류』)나 "싸전댁"의 "피종"(「명일」), "순사"의 "미도리"(「순공이 있는 일요일」)는 그 자체로 인물의 성격과 지위를 표시한다.

『금의 정열』(1938)에서 상문이 "B호텔"을 선택하는 것에도 이런 소비성향이 작용한다. "조선호텔은 할(割)로 따진다면" 더 저렴할 수 있지만, "고전적 외양과 예절범백" 때문에 "촌 부자집 서방님"이나 "금장이"들은 "B호텔"에 묵는다. 상품의 선택에 가격과 효용이 아니라 계급과 집단의 취향이 작용하는 것이다. 또 청주로 가는 "상문" 일행이 삼등칸이 아닌 일등칸에 탈 때 낭비라는 생각보다 거북하고 불편함을 느끼는 것[21] 역시 이런 소비성향의 문제라 할 수 있다. 그러

---

20 이런 소비에 내재하는 심리를 분석하기 위해 가격의 차이에 대한 현실적 감각이 필요하다. 쌀값을 기준으로 1930년대 중반의 1원이 2004년의 10,000원 정도로 환산된다면, 10전은 1,000원의 가치를 지닌다고 할 수 있다.(쌀값을 기준으로 한 1원의 가치 환산은 한국은행의 경제통계시스템(http://ecos.bok.or.kr/)을 참고함) 가진 돈이 3원(30,000원) 남짓인 "P"에게 10전(1,000원)이 적은 돈은 아니지만, 그 10전(1,000원)의 현재적 가치를 고려하면 심각한 수준의 과용은 아닐 수도 있다.

21 '보통급행'의 경우 400粁(1粁=1km)을 기준으로 3等은 65錢, 1等은 200錢이었다.(조선은행조사부, 『조선경제연보』, 조선은행조사부, 1948) 같은 거리를 같은

므로 「빈… 제일장 제이과」(1936)에서 "유모"의 입맛이 "마코"에서 "피종"이나 "해태"로 옮아가는 것은 윤리로부터 욕망으로의 일탈을 의미한다. 목욕을 하고 화장품을 바르며, "삼 원 이십 전"짜리 파라솔을 사서 백화점을 돌아다니는 행동은 분수에 맞지 않는 허황된 것으로 묘사된다.

그럼에도 불구하고 「레디 메이드 인생」에서 문제는 "P"의 소비성향이 "마코"와 "해태" 사이를 떠돌아다닐 수밖에 없다는 것이다.

> 먹는 것이야 수중에 돈이 있는 데에 따라 호떡도 설렁탕도 백화점의 런치도, 그렇잖고 몇 끼씩 굶기도 하여 대중이 없었다.(「레디 메이드 인생」, 57쪽)

돈이 있으면 "백화점의 런치"를 먹지만 없으면 굶는 것처럼, "마꼬"와 "해태" 사이를 충동적으로 떠돌아다니는 것이 룸펜 지식인의 소비방식이다. 「창백한 얼굴들」이나 「레디 메이드 인생」, 「명일」에서는 불규칙한 수입과 그것의 소모적 지출이 반복된다. 외투나 책을 잡혀 돈을 얻고 그 돈을 유흥비로 탕진하는 것이다. "P"가 충동적으로 "해태"를 구입하듯이 충동적으로 작부에게 돈을 던지고 나오는 행동은 합리적인 소비의 부재를 극적으로 드러낸다.[22] 「레디 메이드

속도로 이동하는 데 3배의 돈을 지불하는 것은 익숙하지 않은 일이기도 하다. 이동과 속도에 비용을 지불하는 것이지 쾌적함이나 편리함은 고려대상이 아닌 것이다. "상문"이 급하면 차라리 비행기를 탈지언정, 일등칸이나 이등칸에는 타지 않는다는 것에서 당시 소비성향의 일단을 엿볼 수 있다.

22 『태평천하』의 "윤직원"이나 『금의 정열』의 "상문"은 소비성향의 일탈을 보이지 않는다. 그들은 자신의 취향과 욕망에 준해 상품을 선택하고 소비한다. '수전노'나 '야취'로 폄하되기도 하지만, 합리적으로 계산된 소비성향과 돈에 대한 진지한 태도는 자본주의적 경제관념을 드러내는 것이라 할 수 있다. 반면, 『탁류』의 "정주사"의 몰락이나 "초봉"의 비극은 소비성향의 일탈로 암시된다. 정주사의

인생」에서 수입과 지출의 내역을 꼼꼼히 기록하는 서술자의 태도는 이 작품의 신경증적인 소비를 극명하게 부각시킨다.

실업에 따른 수입과 지출의 불균형은 생활 자체를 혼란에 빠뜨린다.[23] 생산이 봉쇄된 채 상품세계에 던져진 소비주체들에게 일정한 소비 성향의 형성은 물론이고 생활의 합리적 설계 자체가 불가능한 것이다. 특히 취향과 경제적 여력 사이의 간극이 크기 마련인 실업 상태의 지식인의 경우는 더욱 그렇다. 채만식의 소설은 식민지 경제 상황과 지식인들의 욕망이 빚어낸 갈등의 축도라 할 수 있다. 높은 실업률과 물가에 비해 낮은 임금은, 경제자본이 없거나 특화된 전문 분야의 종사자가 아닌 일반 지식인들에게는 불리한 조건으로 작용하였다. 도시화와 상업화, 교육과 매체마다 넘쳐나는 광고 덕분에 욕망의 부피는 증가하였지만, 그것을 충족시킬 수 있는 경제적 수단은 희소하였다.

『금의 정열』의 "순범"은 동시대의 지식인들이 겪었을 심리적 갈등의 단면을 보여주는 인물이다. "순범"은, "어디, 가서 월급이나 한 5, 6십 원 받구서 취직이나 하자는, 그런 요량은 아니겠지?…(중략)…또오 그것이나 하자구야 남다른 처지에, 애탄가탄 다시 공불 시작해서 대학까지 마춘 보람도 없을 것이구, 응! 그렇잖아?…"(『금의 정열』, 『채만식 전집』 3, 281쪽)라는 "상문"의 말에 고개를 끄덕일 수밖에 없다. 동경에서 대학을 마치고 돌아왔지만 쉽사리 취직을 하지 못하는 것은, "순범" 자신의 욕망과 현실적인 처우 사이에 현격한 차이가

염치없는 욕망은 딸을 비극으로 몰아넣으며, 대전으로 가는 기차에서 "재호"를 따라 이등칸으로 옮겨가면서 "초봉"은 다시 수난에 빠져든다.

23 일자리가 없을 때 수입만이 아니라, 시간의 일관성 있는 조직과 구체적인 기대의 체계를 규정하는 일련의 제약조건들이 결여된다. 실업에 의해 생활 전체가 혼란 속에 맡겨지는 것이다.(피에르 부르디외, 최종철 옮김, 『자본주의와 아비투스』, 동문선, 2002, 99쪽)

존재하기 때문이다. 그에게 취직이란 "5, 6십 원"의 월급을 받고 "사물실의 산 비품이나 문서를 하는 기계"(『금의 정열』, 291쪽)로 살아가는 것에 불과하다. "반생 동안을 피땀 흘려가면서 학문을 닦고" 난 후 받는 "현실의 보수가 그렇듯이 용렬하고 인색"한 것이기에, "순범"은 "환멸과 아울러 울분"을 느낀다. 채만식 소설의 인물들이 보이는 생활에 대한 무능력이나 방종의 이면에는 소비주체의 확장된 욕망과 상징자본의 상대적 가치절하, 그리고 그에 따른 열패감이 자리하는 것이다.

> 취직이 된댔자 사오십 원이나 오륙십 원의 월급이다. 그것을 가지고 빠듯빠듯 살아간들 무슨 아기자기한 재미가 있을 턱도 없는 것이다.(「레디메이드 인생」, 56쪽)

당장 "삼십 원"을 줘도 일을 하겠지만, "P"는 "월괘저금 같은 것도 하고 집도 장만하고 여편네도 생기"는 "고식된 안정"보다는 여전히 재밌고 자유로운 생활을 욕망한다. 생활고에 시달리는 상황에서 적은 월급이라도 마다할 수 없지만, "삼 원"을 "열여덟 번" 곱해 "일백오십만 원"을 만들고 그 쓰임새를 궁리하는 공상을 되풀이 한다. 현실적 삶에서 해소될 수 없는 욕망은 공상으로 위로할 수밖에 없다. "터무니없는 공상"을 되풀이할 수밖에 없는 상황에서 생활의 합리적인 설계는 오히려 허황한 것이다. 당장 "십오 원"만 있어도 한 달을 버틴다는 계산이 나오지만, "한 달을 살고 나면 그 다음은 어떻게 하나?"라는 질문에 대한 답이 있을 수 없다. 스스로는 제 값에 팔리지 못하면서 '내일'이 없는 소비를 되풀이해야 하는 상황에서 최선의 선택은 있을 수 없는 것이다.

4. 환멸과 분열, 소비주체로 살아남기

지식인을 초점 인물로 하는 채만식의 1930년대 작품들은 서술자의 시선이 차츰 내면으로 침잠하는 양상을 보인다. 「창백한 얼굴들」이 외부에서 등장인물을 비판적으로 관찰한다면, 「레디 메이드 인생」과 「명일」은 인물의 시각으로 생활의 문제와 의식의 갈등을 다룬다. 그들은 현실 원리에 환멸을 느끼면서도 상품세계에 매료되고, 기성질서에 편입되기 위해 안간힘을 쓰면서도 정치적 변화를 갈망한다. 이런 갈등관계는 자기모멸이나 신경증적인 소비로 표현된다.

「소망」과 「패배자의 무덤」은 지식인의 내적 갈등에 주목한다. 「소망」은 「레디 메이드 인생」의 신경증적 소비를 광기로 대신한다. 「소망」에서 "남편"은 다니던 신문사를 그만 두고 칩거에 들어간다. 한증막 같은 방에서 "농성"을 하던 그는, 말복에 겨울옷을 입은 채 종로를 활보하고 돌아온다. 모두가 더위에 항복할 때 홀로 동복을 입고 더위에 맞서는 행동은, 한여름의 더위를 견디듯 현실을 견디는 행위로 읽을 수 있다. 놀란 화자(아내)를 향해 "세상이 곤두서는 데는 태평이면서, 옷 좀 거꾸로 입은 것이 건 저대지 야단야."(「소망」, 339쪽)라고 반문하는 장면은, 그 행위가 전도된 현실에 대한 도착적인 항거임을 암시한다.

「소망」은 대화체라는 서술 양식이나 관찰자의 심리적 태도에서 「치숙」과 유사하다. 두 작품에서 관찰 대상인 지식인은 무능하거나(아저씨) 광기에 빠진(남편) 것으로 비춰진다. 「소망」은 고민의 원인과 무게를 이해하지 못하는 화자(아내)의 시선으로 현실과 불화를 겪고 있는 지식인을 관찰함으로써 그 생경함이 부각되는 효과가 있으나, 대상과의 거리나 화자의 주관적 해석의 개입으로 인물의 내적 갈등을 온전히 드러내는 데 한계를 보인다. 갈등의 양상과 선택의 논리적 회로가 은폐됨으로써 상징적 행위의 정상성 여부를 판단하기 어려워지는 것이다.

속물적 세상에서 유일하게 제 정신임을 주장하는 '남편'의 도착적 행위가 자기 분열인 동시에 환멸의 상징적 해소를 암시한다면, 「패배자의 무덤」에서 "종택"의 자살은 소비주체의 좌절을 상징한다고 할 수 있다. 소장 논객이었던 "종택" 역시 잡지사를 그만 두고 칩거에 들어간다. "종택"의 근본문제는 세상의 합리와 자신의 합리가 불일치하다는 데 있다. 그리고 그것은 배워서 교정될 일이 아니라고 치부한다. 그는 자신의 정신적 상황을, "조그만 돛을 만들어 달고 바다"로 나왔지만 "힘에 부치는 강풍"을 만나 "파선"한 "뱃사람"에 비유한다. "경순"이 양행을 권하지만, 그것으로 결핍이 채워지지 않을 것이라는 자기진단에 도달한다. 그리고 양행 대신 자살을 선택한다.

스스로를 "현실세계의 변화에 적응하거나 헤쳐 나갈 힘이 부재한 나약한 인간"으로 규정하고 극단적인 선택을 하는 "종택"과 달리, 「냉동어」에서 "대영"의 고민은 온건하지만 치열한 방식으로 진행된다. 1940년에 발표된 「냉동어」는 1930년대 초반부터 지속되어 지식인의 문제를 새로운 시대적 맥락에서 다룬다. "대영"은 스스로를 "'삐뚤어진 빈 집에서 홀로 거주하는' 몰락된 귀족의 신세"(「냉동어」, 389쪽)로 규정한다.

> 대영은 그 자신이 소위 세대의 룸펜으로 제 코가 석자나 빠져가지고는 '삐뚤어진 빈집(廢屋)에서 거주하고 있는' 터이매, 모든 사물에 대하여 좀처럼 흥미와 관심이 일지 않는 형편이었지만,(「냉동어」, 『채만식 전집』 5, 370쪽)

"대영"이 자신을 "빈집(廢屋)" 혹은 "묵은 책력"으로 비유하는 것은,

"김"이나 "박"과 같은 후배들이 자기세계와 생활에 발을 딛고 있는 것에 비해, 자신은 바뀐 현실에 뿌리 내리지 못하고 있다는 진단에서 발생한다. 현실의 변화와 시대의 흐름에 비껴서 있다는 점에서 "종택"의 냉소적인 자기 진단과 유사하지만, "대영"의 세계는 "종택"의 그것보다는 일상생활에 더 밀착해있다. "대영"은 명망 있는 잡지의 편집장이며, 헌신적인 아내와 갓 태어난 딸을 가진 가장이다. 무엇보다 "대영"은 소비주체로서 안정적인 생활을 누린다. "명과"와 "마루젱", "싱싱한 전선의 뉴스 영화"와 "크라우스의 「뿔그극장」", "압셍트"와 "위스키", "페퍼민트"와 "포도주", "화신의 조선정식", 그리고 "소치"의 "진필 모란 족자"에 이르기까지, 경성에서의 생활은 고식적이지만 안정된 것이다.

매력적인 "스미꼬"의 출현은 "대영"의 안정적인 생활을 대상화한다. "스미꼬"는 불현듯 현재로 회귀한 "대영"의 이념적 과거를 상징한다. "스미꼬"와의 연애는 "빈집" 혹은 "묵은 책력"으로 비유된 "대영"의 열정을 자극한다. 그러나 "대영"은 "스미꼬"와의 동경행을 감행하지 않는다. 술자리를 핑계로 선택을 회피하는 방식이었지만, 경성의 생활을 버리지 않은 것은 온전히 "대영"의 선택임에는 틀림이 없다. 소설은 "스미꼬"를 만주로 떠나보냄으로써 선택의 어긋남을 보여준다. 그러나 "스미꼬"의 대륙행이 신체제로의 이념적 이주를 의미하기에, "대영"에게는 상품세계에서 소비주체로 살아갈 것인지 아니면 신체제의 새로운 이념적 주체로 살아갈 것인지의 선택지가 주어졌던 것이다.

「냉동어」의 "대영"이 "스미꼬"와 함께 생활로부터의 일탈이나 대륙행이라는 이념의 길이 아닌, 소비주체로서의 삶을 선택한 것은 의미심장하다.[24] 1940년대 초 파시즘 체제와의 길항관계에 놓여있던 한국문학이 자발적으로 선택할 수 있는 경우의 수가 많지 않았기 때문이다. 이후 파시즘 체제가 강화되면서 대부분의 문화적 소비가 절약으로 대체될 때, "대영"과 같은 소비주체들이 어떤 길을 선택하는지는 다시금 고찰해봐야 할 문제일 것이다.

5. 결론

정치·사회적으로 위축된 자아가 상품과 소비의 세계를 어떻게 바라보고 거기에 순응/거부하는가의 문제는 지금 여기의 문제이기도 하다. 상품과 화폐의 논리가 지배하는 속악한 현실에 대한 문학적 인식은 항상 있어 왔지만 그것을 엄연한 현실원리로 인정하고 적응해 살아야한다는 환멸의 정서는 1930년대 문학에서 본격화된다고 할 수 있다.

근대적 일상의 감각적 수용과 새로운 소비주체, 세태 묘사와 생활의 발견은 상품과 소비에 새로운 문학적 의미를 부여하였다. 근대적 상품과 소비는 이전 시기 문학에서도 중요한 의미로 사용되곤 했지만, 풍속과 생활을 다루는 1930년대의 문학 텍스트에서 상품과 소비는 주체의 욕망과 의식을 구획하며 삶의 구체적인 국면을 관장하는 '숨은 신'으로 나타난다. 채만식의 소설은 근대적 삶의 이면에 자리하는 화폐와 상품의 교환 구조를 관찰한다. 그의 작품들은 삶의 중심에서 숭고한 정신이나 이념 대신 화폐와 상품, 그것을 둘러싼 소비주체의 욕망을 발견한다. 특히 지식인을 등장인물로 하는 1930년대 일련의 작품들은 이런 소비주체가 상품세계와 맺는 갈등과 긴장관계를 담아내고 있다는 점에서 주목을 요한다.

---

24 하신애, 「식민지 말기 박태원 문학에 나타난 시장성」, 『상허학보』 32, 2011, 348쪽.

근대사회의 소비는 단순히 욕구를 충족시키는 행위가 아니라 사회적 의미를 실천하는 행위이다. 그러므로 텍스트에 나타난 소비 행위에는 자연스럽게 작가의 경험과 태도는 물론 사회적 이데올로기가 투영되기 마련이다. 이런 관점을 토대로 이 글은 채만식의 소설에 나타난 상품세계와 소비주체의 긴장관계를 살펴보고자 하였다.

채만식의 소설은 상품의 세계를 떠도는 배회자들 혹은 소비주체들을 통해 소비사회의 단면을 묘사하기도 하고, 상품세계와 맺는 긴장관계를 통해 지식인의 소비성향과 내적 갈등을 포착하기도 한다. 채만식의 인물들은 상품에 매료되면서도 상품세계에 환멸을 느낀다는 점에서 이중의 갈등구조를 내포한다. 비판적 이념의 세례를 받은 지식인이 상품세계에서 소비주체로 살아가는 것이 환멸의 대상이었지만, 신체제로의 갈림길에서 소비주체의 삶을 선택하는 것은 의미심장하다.

참고문헌

1. 기본자료

채만식, 『채만식 전집』 1~10, 창작과 비평사, 1989.

2. 논문 및 단행본

강영심 외, 『일제 식민지 근대적 일상과 식민지 문화』, 이화여대 출판부, 2008.

공제욱·정근식 편, 『식민지의 일상, 지배와 균열』, 문학과학사, 2006.

김낙년, 「한국의 역사통계」, 『경제사학』 50, 2011.

김성한, 「1930년대 대중소설과 소비문화의 관계양상 연구」, 『한국현대문학연구』 12, 2002.

김연숙, 「채만식 문학의 근대체험과 주체구성 양상 연구」, 경희대 박사논문, 2002.

김진균·정근식 편저, 『근대주체와 식민지 규율 권력』, 문학과학사, 2000.

류보선, 「교환의 정치경제학과 증여의 윤리학」, 『구보학보』 2, 2007.

연세대학교 국학연구원 편, 『일제 식민지배와 일상생활』, 혜안, 2004.

이경훈, 「미쓰코시, 근대의 쇼윈도우-문학과 풍속1」, 『현대문학의 연구』 15, 2000.

______, 『오빠의 탄생』, 문학과 지성사, 2003.

______, 「긴자(銀座)의 추억 : 식민지 문학과 시장」, 『현대문학의 연구』 39, 2009.

이대근 외, 『새로운 한국경제 발전사』, 나남, 2005.

이도연, 「채만식 소설의 세계 인식과 미적 구조 연구」, 고려대 박사논문, 2004.

이은희, 「근대 한국의 설탕 소비문화 형성」, 『한국사연구』 157, 2012.

전우용, 「종로와 본정-식민지 경성의 두 얼굴」, 『역사와 현실』 40, 2001.

조선은행조사부, 『조선경제연보』, 조선은행조사부, 1948.

채호석, 「1930년대 소설에서의 돈과 육체-이상의 소설을 중심으로」, 『현대문학의 연구』 32, 2007.

최병택·예지숙, 『경성리포트-식민지 일상에서 우리를 보다』, 시공사, 2009.

하신애, 「식민지 말기 박태원 문학에 나타난 시장성」, 『상허학보』 32, 2011.
한성환 엮음, 『이토록 아찔한 경성』, 꿈결, 2012.
홍성찬 외, 『일제하 경제정책과 일상생활』, 혜안, 2008.
그랜트 매크래켄, 이상률 옮김, 『문화와 소비』, 문예출판사, 1997.
돈 슐레이터, 정숙경 옮김, 『소비문화와 현대성』, 문예출판사, 2000.
장 보드리야르, 이상률 옮김, 『소비와 사회』, 문예출판사, 2002.
피에르 부르디외, 최종철 옮김, 『자본주의의 아비투스』, 동문선, 1995.
______________, 최종철 옮김, 『구별짓기 : 문화와 취향의 사회학』, 새물결, 1995.
피터 코리건, 이성용 외 옮김, 『소비의 사회학』, 도서출판 그린, 2001.
G. 짐멜, 안준섭·장영배·조희연 옮김, 『돈의 철학』, 한길사, 1983.

박태원 소설에 나타난 소비주체의 욕망과 갈등 연구

1. 들어가며

전통사회에서 개인의 정체성과 행동양식이 신분이나 생활공동체 내부의 관계에 의해 결정되었다면, 근대 사회에서 개인의 정체성은 선험적으로 주어지지 않으며 복잡한 환경과 상황 속에서 개인에 의해 구성된다. 개인의 사회적 좌표는 안정적인 지위 질서에 기반하지 않고 그가 소유하거나 사용하는 사물과 사물의 이미지로 재현될 수 밖에 없다. 근대사회에서 소비문화는 지위와 정체성을 부여하는 위계의 매개체 역할을 수행하기도 한다. 개인의 정체성을 형성하고 이를 연출하는 것은 상품과 서비스의 사용을 통해서이다.[1] 근대사회에서 소비는 의식과 행동의 구조를 결정하는 보다 근원적인 조건이 되는 것이다.

근대적 대도시는 소비문화의 진원지이자 익명적인 소비주체[2]의 활동공간이다. 박태원의 소설에서 경성이라는 도시 공간[3]은 상점들

---

1 돈 슐레이터, 정숙경 옮김, 『소비문화와 현대성』, 문예출판사, 2000, 48쪽.

2 소비자라는 용어가 생산자의 대척점에서 재화를 소모하는 기능적 위치를 지칭한다면, 소비 행위 안에서 정체성을 구성하고 의미를 실천하는 행위자라는 사회문화적 맥락을 포섭하기 위해 이 글에서는 소비주체라는 용어를 사용한다.

3 근대적 도시로서의 경성은 박태원 소설의 배경이자 조건이며, 박태원의 소설을 설명하는 핵심기제이기도 하다.(방민호, 「1930년대 경성과 '소설가 구보씨의 일일'」, 「박태원 문학의 재인식』, 예옥, 2010) 근대와 식민이라는 이중성 혹은 근대

에 의해 형성된 거리와 잠재적 소비자들인 군중들의 이미지를 만들어냈으며, 특별한 목적 없이 상품의 진열대 사이를 떠도는 '배회자'는 새로운 근대적 주체로 형상화되었다. 1930년대는 새로운 상품과 소비문화가 근대적 감수성과 연계되었던 시기이기도 하였다. 경제적 조건과 문화적 환경의 차이에 따라 다양한 소비의 형태가 나타났으며, 새로운 소비문화는 유행의 형식으로 빠르게 유통되었다. 소비를 통한 자기 존재의 증명은 근대 소비사회의 본질이며, 박태원이 발견한 근대도시 경성의 새로운 풍속이었다. 흔히 박태원의 소설적 방법으로 거론되는 '고현학'이란 이런 근대적 양상에 대한 관찰이며[4] 상품과 화폐의 교환구조에 대한 관찰이기도 하다.

화폐와 상품의 교환질서가 지배하는 현실에 환멸을 느끼면서도, 상품세계와 새로운 소비문화의 매력에 빠질 수밖에 없었던 것이 1930년대 문학의 난처한 존재조건일 것이다. 계몽주의와 사회주의의 퇴조에 따라 새로운 글쓰기의 가능성이 모색되던 1930년대 문학에서, 상품과 소비는 환멸과 매혹의 상반된 태도를 수반하는 문제였다. 이는 의식의 기저에 침전되어 있던 식민성와 근대성의 이중구조와 혼합되며 복잡다기한 문학적 현상으로 표출되었다. 이 글은 박태원 소설의 다양한 갈등구조가 이 시기 문학의 지형을 반영한다는 가설에서 출발하여, 박태원의 소설에 나타나는 상품 세계와 소비주체의 갈등 양상을 분석하고자 한다.[5]

적 공간과 전근대적 공간의 중첩이라는 경성의 복합적 성격이 작가의식과 작품에 어떻게 작용하는지는 앞으로 고찰해봐야 할 문제이다.

4 김흥식, 「박태원의 소설과 고현학」, 「박태원 문학의 재인식」, 예옥, 2010.

5 이 글은 작가의 자의식이 두드러지게 나타나는 「소설가 구보씨의 1일」을 주된 분석대상으로 삼되, 당시 소비문화의 양상이 드러나는 『여인성장』과 『애경』, 「명랑한 전망」 등의 작품들을 함께 다루기로 한다.

2. 만보객의 시선과 상품의 세계

근대는 이념과 제도의 차원이 아니라 감각의 층위에서 경험될 때 강한 규정력을 지닌다. 근대의 다양한 내포들은 상품의 형식으로 소비됨으로써 신체와 의식에 전이된다. 간단한 몸짓에도 문화적 취향과 습성이 투영되어 나타나기 마련이다.

> 여자는 모멸하는 코웃음을 치고, 아마 서양영화에서라도 보고 배운 것이겠지. 이러한 경우에 양녀들이 흔히 그러듯이 어깨조차 한번 으쓱하여 본다.[6]

종로의 난봉꾼을 무색하게 만드는 "숙자"의 노련함은 "코웃음"과 "어깨를 으쓱"하는 간단한 동작으로 압축된다. "아마 서양영화에서라도 보고 배운 것이겠지."라는 서술자의 설명이 없더라도 "숙자"가 "원체가 배우노릇허는 여자"(『애경』, 358쪽)라는 사실을 짐작케 한다. "숙자"는 "수진"의 아내지만 가출을 감행하고 카페의 여급 노릇도 마다하지 않는 적극적이고 분방한 성격을 보여준다. 그리고 그런 자유분방함은 "서양영화"로 상징되는 근대의 풍속을 몸으로 습득한 것에서 비롯한다.

박태원의 소설에서 종로와 본정을 넘나들던 '모던걸'과 '모던보이'들은 근대의 첨병이자 새로운 소비의 주체들이었다. 『애욕』에서 "담배를 재떨이에다 경박하게 탁 쳐서 재"를 터는 "젊은 여자"나 "질경질경 껌을 씹고있는 계집애"(「애욕」, 116쪽)는, 당시 종로나 본정의 찻집과 카페를 드나드는 "허영만 가진 계집들"의 "천박한" 행동 양식

6 박태원, 『애경』, 권영민 편, 『한국근대단편소설대계』 9, 태학사, 1988, 343쪽.

을 보여준다. 그러나 이들 "교양없는 네명의 사나이와 허영만을 가진 두명의 계집"은 돈을 얻어 "활동사진"을 찍을 궁리를 하거나, "명치제과"의 구석 자리에서 "지용"의 "가모가와"(鴨川)을 읊기도 한다(『애욕』, 117쪽)는 점에서 표피적으로나마 근대 문화의 흔적을 지니기도 한다.

박태원 소설에서 육화된 근대는 소비의 취향과 스타일, 태도로 드러난다. 소비의 과정에서 사물은 끊임없이 메시지를 발신하고, 박태원의 인물들은 그 의미와 기능을 읽어내는 관찰자의 임무를 충실히 수행한다.

> 음료 칼피스를, 구보는, 좋아하지 않는다. 그것은 외설(猥褻)한 색채를 갖는다. 또, 그 맛은 결코 그의 미각에 맞지 않는다. 구보는 차를 마시며, 문득, 끽다점(喫茶店)에서 사람들이 취하는 음료를 가져, 그들의 성격, 교양, 취미를 어느 정도까지 알 수 있을 것이 아닌가, 하고 생각하여 본다. 그리고 그것은 동시에, 그네들의 그때, 그때의 기분조차 표현하고 있을 게다.[7]

"구보"가 "칼피스"에 거부감을 갖는 것은 "외설한 색채"나 "미각에 맞지" 않기 때문이기도 하지만, 무엇보다 "비속한 얼굴"의 "중학시대 열등생"이 선호하기 때문일 것이다. 이런 거부감은, "조달수"를 즐겨 마시는 시인 "벗"에게서 여학생 같은 취향을 읽어내지만, 그것은 "가벼운 쓴웃음"을 짓게 할 뿐 "적어도 불쾌한 감정"은 아니라는 서술과 대조된다. 외설적이면서 입맛에 맞지 않는 "칼피스"는 금시계를 꺼내 보임으로써 스스로의 부를 과시하는 "전당포집 둘째 아들"의 비속함에 상응한다. "칼피스"와 속물적인 "사내"의 등가는 "음료"에서

---

7 박태원, 「소설가 구보씨의 1일」, 『소설가 구보씨의 일일』, 깊은샘, 2006, 42쪽.

"성격, 교양, 취미"를 파악할 수 있다는 생각의 발단이 된다. 근대사회에서 외모와 행동양식, 신체나 생활공간처럼 표면을 구성하는 이미지들은 우리 자신을 동일시하고 서로를 인지하게 하는 결정적인 방식이다. 모두가 낯선 존재인 도시 공간에서 외양이나 행동양식은 상대를 판단하는 유력한 근거이기 때문이다.[8] 결국 개인의 사회정체성이 형성되고 표출되는 것은 상품의 사용을 통해서 이루어지는 것이다.

도시라는 익명성의 세계에서 무엇을 사용하느냐는 그/그녀가 누구인지를 표시한다. 근대사회에서 소비는 개인의 취향과 태도, 집단과 경제적 지위를 드러낸다는 점에서 의사소통의 기능을 수행한다. 여기서 재화는 인간의 욕구에 대응하는 물건이라는 본래적 기능을 넘어 의미를 현시하는 기호로 그 쓰임새가 확장된다. 사람들이 계급이나 집단에 따라 다른 물건들을 사용함으로써 사회 구조 내의 자신의 위치를 드러낸다는 부르디외의 지적처럼[9], 소유하거나 소비되는 물건은 구별짓는 수단이며, 취향과 태도 그리고 지위를 드러내는 기

---

8 전지적 관점에서 신분과 출신, 삶의 이력을 통해 인물을 설명하는 방식과 달리, 외양이나 행동방식을 통해 인물을 설명하는 방식은 익명의 대상을 인지하는 근대 도시의 경험구조를 반영한다. 가령, 박태원의 소설에서 생활공간에 대한 다음과 같은 묘사는 인물의 성격과 경제적 지위를 드러내는 방법으로 사용된다. "주인의 서재라 일컫는 방은 바닥 하나만 조선 장판이요 그 외는 모든 것이 내지식으로 꾸며져 있었다. 도코노마에 걸려있는 한 폭 족자는 겸재의 산수요, 그 앞에 놓여 있는 1개 과히 크지 않은 항아리는 백자가 분명하다. 방 한가운데는 자개박이 응접 탁자 그 위에는 순은제 담배합과 재떨이가 놓여 있고, 무슨 나무로 만들었는지는 모르겠어도 한편 구석에 있는 사방 탁자는 매일 손질을 정성스레 하는 듯싶어 윤이 지르르 흐른다."(『여인성장』, 186쪽) 서재의 구조와 장식물이 조선식과 일본식이 섞여있다는 점은 소설 전체의 의미를 고려하면 매우 흥미로운 부분이다.

9 부르디외는 물건을 표출적인 것으로 보았다. 그는 다른 계급의 사람들은 서로 경쟁적이 되고, 물건들은 그런 경쟁에서 무기가 된다고 분석한다.(피터 코리건, 이성용 외 옮김, 『소비의 사회학』, 도서출판 그린, 2001, 32쪽)

호로 작용하는 것이다. 박태원은 끊임없이 물건과 사람을 연계하고, 그를 통해 성격과 취향, 계층을 드러내려고 한다. 상품과 소비에 작동하는 '아비투스'에 대한 관심은 감각적 표면에 집중하는 관찰자의 시선을 구성한다.

> 잔 고반시마(바둑판 무늬)진 엷은 회색 양복저고리는 더블이요, 백(白) 서지 바지는 걸으면 다리에 휘감기게 통이 넓었고 구두는 본래 흰 바탕인데다 요모조모 에나멜 쪽을 붙인 것이다.[10]

> 낡은 파나마에 모시 두루마기 노랑 구두를 신고, 그리고 손에 조그만 보따리 하나도 들지 않은 그들을, 구보는, 확신을 가져 무직자라고 단정한다. 그리고 이 시대의 무직자들은, 거의 다 금광 브로커에 틀림없었다.[11]

박태원의 소설에서 외양에 대한 묘사는 인물의 성격이나 취향, 경제적 지위를 드러내는 가장 중요한 표시로 기능한다. 첫 번째 인용문에서 "굵은 대모테 안경"을 쓴 "윤기진"의 매끈한 외모에 대한 묘사는, "10여 년 전에는 경박한 청소년들 사이에 제법 유행이었던 길게 늘인 구레나룻" 혹은 "알부랑자"라는 앞뒤의 서술을 고려하지 않더라도, 겉멋에나 신경을 쓰는 불량한 '모던보이'를 읽어낼 수 있게 한다. 경성역에서 관찰한 "무직자"들의 외양 역시 "모시 두루마기에 흰 고무신, 오직 새로운 맥고모자를 쓴"(「소설가 구보씨의 1일」, 38쪽) "유군"의 초라한 행색과 겹쳐지면서, 경성의 주변부를 떠도는 무산자들을 연상케 한다.

---

10 박태원, 『여인성장』, 『韓國解禁文學全集』 4, 삼성출판사, 1988, 183쪽.

11 박태원, 「소설가 구보씨의 1일」, 『소설가 구보씨의 일일』, 깊은샘, 2006, 41쪽.

근대도시를 배회하며 소비주체들을 관찰한다는 점에서 시선의 우월성은 「소설가 구보씨의 1일」의 기본전제라 할 것이다. 이 소설에서 "구보"의 관찰은 풍경-판단과 해석-생각으로 구성되는 경우가 많다. 사실적 풍경은 해석과 판단을 거쳐 쾌와 불쾌 혹은 우울과 명랑 등의 감정적 반응을 자극하거나 기억과 성찰의 재료가 되기도 한다. 거리와 사람들에 대한 관찰로부터 그것의 의미를 판단하거나 추측하고, 그것에서 연상된 기억과 생각을 되새김하는 방식이다. 근대적 도시 공간, 거리와 상점, 카페에서 관찰된 풍경들을 기록하면서 동시에 내적 성찰의 계기로 삼는 것이다. 결국 관찰자적 시선은 외부를 경유해 내부를 조망한다. 이 소설에서 군중들로 북적이는 도회의 거리만큼이나 과잉인 것은 "구보"의 "생각"이다. 내부로 회귀하는 자아의 시선은 지속적인 자기성찰을 유발한다. 상품세계를 살아가는 소비주체들에 대한 관찰은 궁극적으로 상품세계에서 소비주체로 살아가는 자아상의 발견으로 귀결되는 것이다. 이는 결국 상품과 화폐의 교환질서 속에서 '글쓰기'의 교환가치와 의미를 묻는 일이기도 할 것이다.

「소설가 구보씨의 1일」의 서사는 이런 일련의 과정들이 되풀이되면서 누적된다. 이 과정에서 관찰자는 우월한 위치에서 외부세계를 조망하는 존재가 아니다. 관찰자로서의 우월한 위치는 대상을 해석하고 평가할 때만 유지된다. "구보"의 관찰자적 시선은 자신을 향한 타자의 시선을 발견하기도 한다. 그는 모멸적인 시선이나 어색하고 불편한 시선 혹은 의혹과 감시의 시선들에 노출된다.[12] 누군가의 시

12 "자전거 위의 젊은이는 모멸 가득한 눈으로 구보를 돌아본다"(22쪽)나 "자기를 볼 때마다 황당하게, 또 불쾌하게 시선을 돌리는 사내"(35쪽), "린네르 즈메에리 양복 입은 사내의, 그 온갖 사람에게 의혹을 갖는 두 눈을 발견하였을 때"(40쪽) 등의 시선들은 거리나 공공장소에서 경험하는 시선들이다. 또한 "병원의 젊은 조수는 결코 익숙하지 못한 솜씨로 그의 귓속을 살피고"(23쪽)처럼 자신이 볼 수 없는 신체의 내부를 관찰하는 시선도 있다.

선의 대상이 되었을 때, 구보는 급격하게 우울과 불안과 수치심을 경험한다.[13]

타자의 시선을 발견하는 것은 봄으로써 보임을 의식하는 것이다. "구보"의 '가장'은 그런 타자의 시선에 대응하는 자기표현의 방법이다. "늙지는 않았고, 오직 늙음을 가장하였을 따름"(47쪽)이라는 벗의 평가는 "구보"의 작품에 대한 평가이면서 구보의 방법에 대한 지적이기도 하다. "구보"는 곧잘 "가장"한다. 그러나 구보의 "가장"은 실제를 은폐하고 그럼으로써 상대를 기만하는 허위의 가면과 다르다. "구보"에게 고독을 사랑하는 것과 고독을 사랑하고 있는 것이라 꾸미는 것의 구분은 모호하다.[14] 마찬가지로 "명랑한, 혹은 명랑을 가장한 웃음"(48쪽)에서 "명랑한 웃음"과 "명랑을 가장한 웃음"은 등가로 서술된다. 이는 명랑한 척 한다거나 우울하다는 것이 아니라 "가장" 자체가 방법이고 "구보" 자신의 본질임을 암시한다.

「소설가 구보씨의 1일」에서 중산층 소시민은 소비를 통해 자신들의 행복을 가장하고, 카페 여급들은 젊음과 웃음을 가장한다. "구보" 역시 '고현학'을 빌어 관찰자적 태도를 가장하고, 고독과 명랑을 가장한다. 가장 뛰어난 관찰자가 가장 섬세한 가면을 쓰는 것이다. 근대도시 경성의 거리와 카페에서 세련된 소비주체는 어떻게 보이는가 혹은 어떻게 능숙하게 가장하는가를 통해 만들어지는 것이다.

---

13 이광호, 「박태원 소설에 나타난 시선주체와 문학사적 의미」, 『인문학연구』 45, 2013, 331쪽.

14 "구보"는 "일찍이 고독을 사랑한 일이 있다"는 말을 "자기는 고독을 사랑하고 있는 것이라고 **꾸며왔었는지**도 모를 일이다"로 수정한다.(「소설가 구보씨의 1일」, 26쪽) 결국 고독을 사랑한 것과 고독을 사랑한다고 가장한 것 사이의 구분은 모호해진다. "그의 육체는 건강하였고, 또 그의 복장은 화미하였고…(중략)…구보는 제 자신, 포용력을 가지고 있는 듯싶게 **가장하는** 일 없이, 그의 명랑성에 참말 부러움을 느낀다."(53쪽)에서 포용력을 가장하거나 가장하지 않고 부러움을 느끼는 것의 구분 역시 모호하다.

3. 과시적 소비와 상품이라는 가면

소비사회에서 소비주체는 어떻게 존재하는가가 아니라 어떻게 보이는가를 고민한다. 박태원은 상품을 통해 자기존재를 과시하는 소비가 광범위하게 확산되었음을 발견한다. 그는 근대적 도시공간을 살아가는 소비주체들이 재화의 소비에 있어 필요를 충족하는 데 머물지 않음을 간파한다. 경성이라는 근대적 도시 공간에서 과시적인 소비문화는 이미 일상적 생활문화로 자리 잡은 것이다.

> 여자는 남자와 마주 대하여 앉았을 때, 그 다리를 탁자 밖으로 내어 놓고 있었다. 남자의 낡은 구두가 탁자 밑에서 그의 조그만 모양있는 숙녀화를 밟을 것을 염려하여서가 아닐 게다. 그는, 오늘, 그가 그렇게도 사고 싶었던 살빛 나는 비단 양말을 신을 수 있었다. 그리고 그것은 그렇게도 자랑스러웠던 것임에 틀림없었다.[15]

카페의 "건너편 탁자"를 보고 "구보"가 노트에 쓴 글의 내용이다. 술을 마시던 중 "구보"가 발견한 것은 다리를 탁자 밖으로 내어놓은 여급의 모습이다. 그리고 그 자세의 원인이 새로 산 "비단양말" 때문일 것이라고 추측한다. 사소한 삽화이지만 상징적이다. 마찬가지로 "화신상회" 승강기 앞의 "젊은 내외"나, "한 잔 십전짜리 차" 대신에 맥주를 마시며 우월감을 드러내는 "사내"는, 자신들의 행복을 타자가 읽어주기 열망하는 기호들이다.

> 젊은 내외가, 너덧 살 되어 보이는 아이를 데리고 그곳에가 승강기를 기다리고 있었다. 이제 그들은 식당으로 가서 그들의 오찬을 즐길 것이

---

15 박태원, 「소설가 구보씨의 1일」, 『소설가 구보씨의 일일』, 깊은샘, 2006, 72쪽.

다. 흘낏 구보를 본 그들 내외의 눈에는 자기네들의 행복을 자랑하고 싶어하는 마음이 엿보였는지도 모른다.[16]

무심결에 들어간 "화신상회"에서 "구보"는 아이를 데리고 승강기를 기다리는 "젊은 내외"를 발견한다. 그들이 백화점 식당에서 점심을 먹으리라는 예상과 함께 "구보"를 바라보는 그들의 시선에서 "자기네들의 행복"을 자랑하려는 마음을 읽어낸다.

단순히 허기를 채우기 위해 백화점 식당을 찾지 않는다는 점에서 백화점 식당은 문화적인 의미소로 기능한다. 백화점 식당은 『천변풍경』의 "포목점 주인"이 가족을 데리고 외식하는 장소이듯이,[17] 중산층들이 자신들의 경제적이고 시간적인 여유를 과시하는 장소라 할 수 있다.[18] "젊은 내외"는 백화점 식당이라는 사회 문화적 의미를 소비한다. 이런 소비가 "자랑"이 될 수 있는 것은 경제적이고 시간적인 여유와 화목한 가정이라는 중산층의 덕목 때문이다. "구보"가 "그들을 업신여겨" 볼까 하다가, 문득 생각을 고쳐, 그들을 축복하고자 하는 것은 경제적 여유와 화목한 가정이 행복의 조건일 수 있음을 인정하는 것이다. 그럼에도 불구하고 그것을 표출하려는 마음은 불편함을 낳는다.

---

16 위의 책, 24쪽.

17 포목전 주인은 "때로, 육십 노모까지를 끼워서 온 가족을 인솔하고 백화점 식당으로 가서 점심을 먹는 취미"(박태원, 『천변풍경』, 깊은샘, 1996, 35쪽)를 갖고 있다.

18 "기미꼬"와 "금순"이 "하나꼬"와 함께 백화점 순례를 마치고 들른 "백화점 식당"은 "원래, 그리 불행하다거나, 슬프다거나 그러한 사람들이 오는 곳이 아니다. 하루하루를 평온무사하게 보낼 수 있었던 사람, 얼마간이라도 행복을 스스로 느낄 수 있었던 사람, 그러한 이들이, 더러는 아내를 동반하고, 또는 친구와 모여서, 그리고 대부분의 경우 자녀들을 이끌고, 결코 오랜 시간을 유난스럽게 즐기기에는 적당치 않은 이곳을 찾아온다."(『천변풍경』, 239쪽)

> 그뿐 아니라, 그는 한 잔 십 전짜리 차들을 마시고 있는 사람들 틈에서 그렇게 몇 병씩 맥주를 먹을 수 있는 것에 우월감을 갖고, 그리고 지금 행복이었을지도 모른다.[19]

카페 장면은 값비싼 물건의 소비를 통해 자기 현시적 욕망을 실현하는 것이 이미 사회에 미만함을 보여준다.[20] 맥주를 마시며 우월감을 표시하는 부박한 소비나 그들의 무지에 대해 구보는 적극적으로 불쾌감을 드러낸다. 자신들의 행복을 과시하려는 "젊은 내외"의 모습을 업신여길까 하는 마음이나, "생명보험회사의 외교원"에 대한 경멸은, "우월감"의 노골적인 표출에서 비롯된다.

백화점 식당을 찾은 "젊은 내외", 아들의 원고료로 치맛감을 마련하고 이를 자랑하는 "어머니", "비단양말"을 자랑하기 위해 다리를 내놓고 앉은 카페의 여급은 모두 과시적 소비주체라는 점에서 유사하다. 마찬가지로 카페에서 만난 "생명보험회사의 외교원"은 경성역 대합실에서 관찰한 "시골신사"[21]나 "전당포집 둘째 아들"과 등가의 존재들이다.

그들은 모두 '가장'(假裝)에 실패한다. "전당포집 둘째 아들"의 "금

---

19 박태원, 「소설가 구보씨의 1일」, 『소설가 구보씨의 일일』, 깊은샘, 2006, 65쪽.

20 커피가 '십 전'인데 비해 1936년 '기린맥주' 한 병의 소비자 가격은 35전이었다. (조선은행 조사부, 『조선경제연감』, 조선은행 조사부, 1948, Ⅲ-137쪽) 쌀값을 기준으로 1930년대 중반의 1원이 2004년의 10,000원 정도로 환산된다면, 맥주 한 병의 가격은 대략 3,500원 정도라 할 수 있다.(쌀값을 기준으로 한 1원의 가치 환산은 한국은행의 경제통계시스템(http://ecos.bok.or.kr/)을 참고함) 맥주가 약주보다는 훨씬 비쌌고 카페를 드나드는 사람들의 주머니 사정이 좋지 않았다는 점을 고려하더라도, 카페에서 맥주를 여러 병씩 마시는 것이 대단한 정도의 소비는 아니라고 할 수 있다.

21 "시골신사가 노파와 사이에 되도록 간격을 가지려고 노력하는 것을 발견하고, 그리고 그를 업신여겼다."(「소설가 구보씨의 1일」, 40쪽)에서처럼 흥미로운 관찰대상이었던 "시골신사"는 업신여김의 대상으로 변화한다.

시계"와 "칼피스"가 액면 그대로의 주체를 반영하는 것처럼, "생명보험회사의 외판원"이 "구보"를 "구포"라 부르는 것이나 "몇 병의 맥주"는 그의 무지와 속물근성을 고스란히 드러내는 것이다. 필요에 의한 소비가 아닌 과시적 소비는 본질적으로 이미지의 소비이자 상품이라는 '가면'의 소비이다. 과시적 소비에서 '가면'(상품의 표면 혹은 이미지)은 주체의 욕망이나 의도의 흔적을 갖지 않아야 성공적일 수 있다.

반면, 박태원의 소설에서 좋은 취향은 상품의 기표와 기의의 아슬아슬한 어긋남에서 발생하거나[22], 애초에 '가장'할 필요가 없을 때 가능하다. 소유가 소비보다 압도적으로 우위에 있을 때, 소비를 통한 '가장'은 필요 없는 것이 된다. 『여인성장』에서 "한양은행 두취"인 "최종석"의 가족들은 소비를 통해 욕구를 충족시키는 데 거리낌이 없다. 웅장한 문화주택, 얼음 채운 맥주와 멜론, "저우바오지"와 "주오샹로우", "코티" 화장품, 호텔 식당과 끽다부로 펼쳐지는 상품세계의 현란함은 평범한 소비주체의 욕망을 훨씬 상회한다. "본정 가네보 서비스 스테이션"(『여인성장』, 242쪽)에서 "김철수"에게 선물할 여러 장의 넥타이를 요령껏 고르는 "숙경"의 소비는 비평의 범주를 벗어난다. 백화점 식당에서의 외식으로 행복을 표시하거나 맥주를 마시며 우월감을 드러내는 행위들의 얄팍함을 경멸하는 비판적 태도는, "반도호텔"의 "비프스테이크"와 "캐딜락" 자가용의 "경적" 앞에서

22 가령, 『여인성장』에서 "숙경"의 시선을 빌어 묘사되는 "김철수"의 외양은 "윤기진"의 매끈한 외모와 대비된다. "예술가들이 흔히 그렇듯이, 철수도 별로 몸치장을 안 하는 사람이었다. 셔츠는 대하는 사람에게 불쾌한 감정을 일으키지 않을 정도로 늘 깨끗한 것을 입고 있었으나 양복이나 구두나 솔질을 자주 하지는 않는 모양이요, 넥타이도 취미는 과히 나쁘지 않았으나, 매는 자리에 손때를 인정할 수 있을 정도로 오래된 것이다."(박태원, 『여인성장』, 『韓國解禁文學全集』 4, 삼성출판사, 1988, 243쪽.) 좋은 취향을 가졌지만 치장에는 신경을 쓰지 않는다는 김철수의 외양은, 겉멋에만 신경을 쓰는 '모던보이'와 상반된 습속을 보여준다.

침묵할 수밖에 없는 것이다.

4. '구별짓기'와 욕망의 회로

「레디 메이드 인생」에서 채만식의 인물들이 "마코"와 "해태" 사이를 떠돈다면,[23] 박태원의 소비주체들은 "마코"와 "웨스트민스터" 사이에서 갈등한다. 「명랑한 전망」에서 실직한 "희재"는 "담배도 인제는 마코"(「명랑한 전망」, 225쪽)로 바꿀 수밖에 없는 상황에 처한다. 그런 "희재"가 옛 애인 "혜경"을 만나 담배를 피우는 장면은 흥미롭다.

> 혜경이 앞에서 마코를 꺼내는 것이 암만하여도 희재에게는 용기가 안 났던 것이다. 그것을 알아차리기라도 한 듯이 혜경이는 속 핸드백 속에서 웨스트민스터를 꺼내 탁자위에 놓으며 "참 담배 태시죠"[24]

"만년필"을 계기로 "명치정 다방 황국"에서 다시 만난 두 사람의 처지를 상징적으로 나타내는 것이 "마코"와 "웨스트민스터"이다. "마코"를 차마 꺼내지 못하는 "희재"의 위축된 모습은, "웨스트민스터"를 꺼내놓고 "싱긋 웃는" "혜경"과 대비된다. "마코"가 표상하는 세계

23 채만식의 「레디메이드 인생」에서 담배를 사는 장면은 상징적이다. "P는 담배가가 주인을 한 번 거듭떠보고 다시 자신의 행색을 훑어보다가 심술이 버쩍 났다. 그래서 잔돈으로 꺼내려던 것을 일부러 일 원짜리로 꺼내 드는데 담배가가 주인은 벌써 마코 한 갑 위에다 성냥을 받쳐 내어민다. '해태 주어요'."(「레디 메이드 인생」, 『채만식 전집』 7, 창작과 비평사, 1989, 54쪽) 애초에 마코를 사려다 해태를 사는 장면은 "P"의 과잉된 자의식을 보여주는 동시에 '마코'와 '해태' 사이를 불규칙하게 떠도는 룸펜 지식인의 소비성향을 드러낸다.

24 박태원, 「명랑한 전망」, 권영민 편, 『한국근대단편소설대계』 9, 태학사, 1988, 233쪽.

와 "웨스트민스터"가 표상하는 세계의 차이는 현격하다. 그것은 이미 "장사정 골목 안 여덟간짜리 사글세집"(「명랑한 전망」, 213쪽)과 "성북동의 문화주택"의 차이에서 예견된 것이기도 하다. "희재"가 "애자"를 떠나보내고 "혜경"과 다시 교제를 시작한 것은, 결국 "마코"에서 "웨스트민스터"로의 이끌림이자 화려한 상품세계로의 편입 욕구를 상징하는 것이다.

채만식이 '마코'와 '해태'의 격차에 주목하고 부조리한 사회상과 기형적인 경제구조를 문제 삼았다면, 박태원은 "마코"를 대신해 영국제 담배를 탁자 위에 올려놓음으로써 무국적의 상품세계에 대한 소비주체의 욕망을 암시한다. 박태원의 소설들은 상품세계로의 이끌림과 소비주체의 욕망에 주목한다. 상품의 구입과 사용에 작동하는 상이한 소비성향은 경제적 지위는 물론 문화적인 차이를 드러내기도 한다.

『애경』에서 "정숙"의 동창회 장면은 자연스럽게 분화되어 가는 당대의 소비성향과 그에 따른 '구별짓기'를 포착하고 있다. 여학교 동창생들의 생활은 졸업 후 어떤 남편과 만났는가에 따라 확연히 달라진다. 동창생들의 경우 학력이 동일하다는 점에서 소비성향의 차이는 대개 경제적 조건의 차이를 반영한다. 특히 생활공간은 경제적 지위에 따른 위계를 가장 잘 보여준다. "소쇄한 문화주택"(419쪽)을 상상케 하는 "금화장"이나 "명륜정"과 달리, "정숙"이 사는 "관동정"의 집은 "번지 밑에 호번이 백호 이상 붙은 것이 누가 듣기에도 빈촌"(419쪽)처럼 느껴진다. "박사부인과 지배인 부인"이 "조선호텔과 반도호텔의 음식솜씨"(425쪽)를 화제로 삼을 때, 가난한 "교원"의 아내와 "문사"의 아내는 학창시절의 추억을 더듬을 수밖에 없다. "박사부인"과 "부잣집 맞며누리", "포목전의 젊은 아씨"와 "은행지배인의 영부인"이 당시 유행이었던 "베루벳또 치마"를 두르고 있을 때, 가난한 "보통학교 교원의 아내"와 "문사"의 아내만이 "하부다이 치마"를 두르고 있는 장면은 상품의 위계에 따른 소비성향에 차이를 단적으로 보여준다.

박태원의 소설은 세속의 욕망과 일상적 습속에 주목하면서 소비성향의 차이를 근대적 감수성의 차원에서 접근한다. 『애경』의 "정숙"이 자신의 가난을 부끄러워하고 친구들의 생활을 부러워하면서, "역시 돈이 제일이야…"(421쪽)라는 세속의 정서와 태도를 두 번에 걸쳐 되새길 때, 『천변풍경』의 "민주사" 역시 "돈이 제일지. 지위가 제일이지."(『천변풍경』, 32쪽)라는 경험적 진리를 되뇐다. 그리고 이런 경험적 진리는 『천변풍경』에서 반복되는 지극히 사소한 흥망성쇠들에 의해 지지된다. 작가는 복잡한 인간관계의 기저에 자리한 돈의 흐름과 계층에 따른 소비의 분화를 공들여 관찰한다. "마코"와 "피죤", "사십전짜리 교직"과 "연분홍 하부다이 치마" 혹은 "번견하부다이", 기생과 "카페여급"과 "식당여급"[25] 등으로 분화되는 상품의 위계는 그 자체로 경제적 지위의 반영이자 당대 소비문화의 단면을 엿볼 수 있게 한다. 또한 박태원의 인물들은 "화신상회"에서 "양말"(「오월의 훈풍」)을 사기도 하지만, "본정 가네보 서비스 스테이션"에서 "넥타이"(『여인성장』)를 구입하기도 한다. "대창옥"의 설렁탕으로부터 백화점 식당의 점심, "조선호텔"이나 "반도호텔"[26]의 "비프스테이크"

25 『천변풍경』에서 나이와 경제적 지위에 따라 방탕도 분화되는 양상을 보인다. "민주사"가 기생을 찾는다면, 젊은 약제사 "최진국"은 카페 여급에서 기생으로 옮아가고, "이쁜이"의 남편은 카페 여급과 식당 여급 사이를 오가며 방탕한 생활을 계속한다. 점룡이와 용돌이 찾은 "근화식당"은 일종의 '소식당'으로 추정된다. 당시 성업 중이었던 "小食堂이라는 데는 체조교관의 비난이나 주임나리의 횡포를 주먹질하는 곳"으로 카페와 달리 주머니가 가벼운 학생이나 소점원들이 드나들던 곳이었다.(이서구, 「신판경성지도」, 『중앙』, 1935.5, 30쪽)

26 "최종석"은 "김철수"를 "반도호텔"로 불러 "비프스테이크"를 먹으며 "강순영"의 문제를 상의하거나(『여인성장』, 300~302쪽), "반도호텔"의 "끽다부"에서 "커피"를 마시며 "숙경"의 문제를 상의한다.(353쪽)

로 이어지는 상품의 위계는, 그 자체로 소비문화의 한 단면일 뿐 구조적인 문제로 환원되지 않는다.

『여인성장』에서도 생활공간은 '구별짓기'의 중요한 표지이다. "김철수"와 그의 가족이[27] 취할 수 있는 소비의 최대치는 "삼선교"에 새로이 짓는 "건평 27평"의 문화주택이다. 그것은 세 가구가 함께 사는 "청진정" "강옥화"의 집과 비교할 수 없을 만큼 훌륭한 것이지만, "명륜정"에 자리한 "최종석"의 "크고 호화스러운" 문화주택[28]에는 결코 미치지 못하는 것이다. 그러므로 "김철수"와 "숙경"의 결합에는 현격한 소비성향의 차이를 극복하고 우월한 소비주체로 상승하려는 대중적 욕망이 투영되어 있다. 「명랑한 전망」에서 "혜경"의 "웨스트민스터"가 거절하기 어려운 유혹임에도 불구하고 "희재"는 아내와 자식을 선택함으로써 전통적인 규범으로 회귀하는 것과 달리, 『여인성장』은 "김철수"로 하여금 "강옥화" 대신 "최숙경"을 선택하게 함으로써 세속적 욕망의 회로를 따라간다.

가난하지만 헌신적인 아내에게로의 귀환은 전통적인 규범을 재확인하는 것이다. 그러므로 처와 자식에게로 돌아가는 「명랑한 전망」

---

27 "김철수"의 아버지 "현재" 역시 20여 년 전 번안과 번역으로 이름이 있었던 문사로 현재는 "대동야승"을 번역 중이다.(『여인성장』, 157쪽) 문사 집안이라는 점에서 문화자본은 풍부하나 상대적으로 경제적 여력은 부족하다고 할 수 있다.

28 『여인성장』에서 새로 짓는 "김철수"의 문화주택은 "건평 28평 7홉 2작의 단층건물"로, "숙경"의 시선에 의하면 "자기 집에다 대면, 우선 평수만 하더라도 문제가 되지 않은 작은 집이었으나, 숙경이가 일부러 그렇게 생각하려들기 때문이 아니라, 모든 배치가 규모 있이, 매우 합리적으로 되어 있는 듯싶었다."(222쪽) 반면, "최종석"의 집은 "수백 평이 넘는 대지는 그만두고라도 건축에만 19만 몇 천 원이라나 하여튼 20만 원 가까운 공비를 들었다는 집이다. 높고 긴 벽돌담 안에 우뚝 서 있는 이층 양옥이 본관이요 그 본관에 가리어 집 정면에서는 보이지 않지만 후원에 따로이 지어놓은 한 채 기와집이 하인배들이 거처하는 곳이다"(39쪽)처럼 부의 규모를 드러낸다. "김철수"의 설계도면이 "합리적"인 배치와 규모를 보여주지만, "최종석"의 집과 비교가 되지 않음은 물론이다.

의 작위성은 욕망을 배신하고 도덕적 귀결을 선택하는 데서 발생한다. 반면, 『여인성장』의 통속성은 당대 소비 사회의 욕망의 회로를 반영하는 데서 발생한다. 『여인성장』의 서사는 욕망의 회로를 따라 흘러감으로써 윤리적 작위성을 비껴간다. 「명랑한 전망」이 윤리와 욕망의 긴장관계에 기반하지만, 소비주체의 욕망 실현에 집중하는 『여인성장』에는 근본적인 갈등이 내재하지 않는 것이다.

5. 소비주체로서의 욕망과 글쓰기의 향방

박태원 소설의 기저에 흐르는 근본문제 중 하나는 소비주체로서의 욕망과 글쓰기라는 행위를 어떻게 결합할 것인가의 문제라 할 수 있다. 이는 작가를 등장인물로 하는 박태원의 작품들에서 거의 빠지지 않고 다뤄진다. 특히 「소설가 구보씨의 1일」에서 글쓰기는 과연 행복을 담보할 수 있는가라는 질문이 지속적으로 반복된다. 내부로 회귀하는 자아의 시선은 지속적인 자기성찰을 유발하며, 이는 궁극적으로 상품세계에서 '글쓰기'의 가치를 묻는 일이기도 하다는 점을 지적했듯이, 글쓰기와 행복의 상관성에 대한 질문은 결국 글쓰기가 지니는 교환가치에 대한 의문이기도 하다. 글쓰기의 가치와 의미에 대한 성찰은 작품 내적 문제이면서 동시에 박태원 소설의 위상과 방향이라는 작품 외적 문제와 연동된다는 점에서 중요한 문제라 할 수 있다.

상징자본으로서의 글쓰기가 가장 고평가된 작품은 『여인성장』이다. 『여인성장』에서 "김철수"가 "한양은행 두취"인 "최종석" 앞에서 당당할 수 있었던 것은 "조선 문단에서 어엿하게 자기의 자리를 하나 가지고 있는 신진 작가"(『여인성장』, 183쪽)라는 자의식 때문이다. “최종석”의 집에 놓고 온 “〈개조〉 10월호”는 “김철수”의 유일한 자본을 표상한다. 이런 “김철수”의 상징자본이 지니는 가치는 “숙자”나 “숙경”에 의해 지지되는데, 이들이 갖는 문화에 대한 소비 욕구는 한시적이라는 점에서 한계가 있다.

“다방 낙랑”에서 “엔리코 카루소의 엘레지”(「피로」)의 예술적 가치를 감식하는 것은 화자인 “나”이다. 그러나 “신진 소프라노 가수의 목소리”를 “성량도 충분하였고 창법도 훌륭하였다”(『여인성장』, 233쪽)고 평가하는 ‘좋은 취향’은 누구의 것인지 분명치 않다. 다만 “숙경”의 것이 아니라는 것은 분명하다. “정자옥 오층 갤러리 전람회”에서 “풍경 두 점과 정물 한 점”을 구입(231쪽)하는 “숙경”이 실제 그림에 얼마나 조예가 있는지는 중요하지 않다. “김철수”의 안목이라는 문화자본을 구입하면 되기 때문이다. 『여인성장』에서 금융자본과 결합한 문화자본은 무사히 상품세계로 안착하지만, 박태원의 다른 작품들에서 글쓰기로 대표되는 상징자본은 그 가치를 제대로 인정받지 못한다.

『여인성장』에서 “김철수”의 글쓰기는 이례적으로 환전의 질서를 벗어나 있다. 선불로 받은 “이백원”은 “강옥화”에게 증여됨으로써 교환구조를 벗어나는 동시에 “이백원”의 금전적 가치를 초과한다. 반면 『애경』에서 “신호”의 “창작집 인세”는 “이백원”이라는 액면가 그대로 환산된다. 『애경』에서 인세 “이백원”은 “전당 오십원”, “싸전 반찬가게 외상값 갚는 데 사십여원”, “양복지 두루마기”의 값을 치르는 데 사용되고, 남은 “육십여원”은 “백천온천”에 가는 것으로 소진된다.[29] 『애경』의 “이백원”과 『여인성장』의 “이백원”은 동일한 가격이지만 다른 가치를 지닌다. 『여인성장』의 “이백원”은 환전성과 다른

29 박태원, 『애경』, 권영민 편, 『한국근대단편소설대계』 9, 태학사, 1988, 369쪽.

차원에서 글쓰기의 가치를 드러낸다는 점에서 낭만적이다.

환전성 혹은 교환가치로서의 글쓰기에 저항하는 것이 글쓰기의 가치를 높이는 것은 분명하나 그것은 현실적으로 어려운 일이다. 상징자본으로서의 가치 극대화는 「소설가 구보씨의 1일」에서 나오듯이 원고료를 받지 않는 것이다.[30] 매문(賣文)을 하지 않는다는 말은 글쓰기를 화폐가치로 측정하려는 태도에 대한 반발이지만, 현실적으로는 실행하기 어려운 것임은 물론이다. 현실에서 글쓰기의 주체는 항상 소비주체와 겹치기 때문이다.[31]

대부분의 작품 속에서 '원고료'는 환전성이 지배하는 세계에서 무력하다. 두 벌의 "치마감"을 장만하는 데에도 빠듯한 "소설가 구보"의 원고료는, 작품 내부의 문제이면서 작품 외부의 작가적 문제이기도 했다.[32] 원고료로 살아야 하는 작가들에게 생활의 문제는 결국 「소설가 구보씨의 1일」에서처럼 글쓰기의 가치를 계속 회의하게 만든다.

---

30 카페에서 만난 "최군"이 "조선서 원고료는 얼마나 됩니까."라고 묻자, "구보"는 "자기는 이제까지 고료라는 것을 받아 본 일이 없어, 그러한 것은 조금도 모른다"고 대답한다.(「소설가 구보씨의 1일」, 66쪽)

31 「재운」에서도 이런 갈등이 피력된다. "문필로 생계를 도모하는 나로서는 도리어 잘된 일이라, 할 것으로, 그 겨울을 나는 동안에 나는 월 평균 삼백여원의 원고를 쓰고, 또 할 수 있었다. 그러나 뜻있는 작가라면, 자기의 작품 활동을 원고료 수입의 다소로써 계산하여 마땅할 것이냐? 나는 때로 그러한 것을 생각하고 마음이 서글펐던 것이다. 그래도 장작이나 몇 구루마 더 사고, 옷가지나 몇 벌 더 장만하여, 나의 처자들이 감기 한번 안 앓아 보고, 그 겨울을 날 수 있었던 것은, 그나마 다행하다고 할 밖에 없는 일이었다.(박태원, 「재운」, 권영민 편, 『한국근대단편소설대계』 9, 태학사, 1988, 654쪽)

32 당시의 〈신동아〉의 원고료는 400자 원고 1매에 25전이었으며, 〈조선일보〉의 소설은 회당 2원에서 3원, 〈중앙일보〉의 소설은 회당 2원에서 1원 50전 정도로 기록된다.(『신인문학』, 1934.8, 83쪽) 또한 전업 작가의 경우 대략 월 60원(채만식, 이기영 등)이나 70원(김동인) 정도의 원고료 수입이 있었던 것으로 나타난다.(B기자, 「문인들의 월수입조사」, 『신인문학』, 1934.8, 84쪽)

소비주체의 욕망은 급속히 팽창하지만 상징자본의 가치는 상대적으로 절하되는 상황에서 글쓰기는 소비주체의 욕망을 실현하는 데 무기력할 수밖에 없다. 상품세계에 던져진 박태원의 소설의 근본적 갈등은 여기에서 비롯된다. 『여인성장』의 "김철수"가 소비주체로서의 욕망을 실현시키듯이, 글쓰기를 통해 소비주체의 욕망을 상상적으로 실현할 수도 있을 것이다.[33] 이와 달리 『애경』에서 "정숙"은 "유실이네"의 평범한 생활에서 "적지 않은 감동"을 받는다. 가난한 속에서 "구태어 비범한 것, 구태어 신기한 것을 구하려 들지 않고 그저 평범함 속에서 그들의 평생을 마치고자 한다"(『애경』, 447~448쪽)처럼, 욕망의 부피를 줄이고 만족을 구한다면 "그저 무의미하다고 생각한 생활의 방도"가 마냥 의미없는 것만은 아닐 수 있다는 생각에 도달하는 것이다. 이런 생각에 투영된 '건전한' 태도가 상징자본으로서의 글쓰기를 지속하게 하는 자기 동력은 될 수 있겠지만, 상품세계를 돌파하는 합리적 근거가 될 수 있었는지는 의문이다. 나아가 이런 태도가 일제 말기 암울한 현실과 어떤 긴장관계를 형성하고 굴절되는지는 앞으로 살펴봐야 할 과제라 할 것이다.

---

33 제국의 영역을 넘어 보다 포괄적인 시장성을 추구할 때 파시즘 체제와의 긴장관계가 무화되기도 한다.(하신애, 「식민지 말기 박태원 문학에 나타난 시장성」, 『상허학보』 32, 2011, 348쪽)

참고문헌

1. 기본자료

권영민 편, 『한국근대단편소설대계』 9, 태학사, 1988, 343쪽.

박태원, 『韓國解禁文學全集』 4, 삼성출판사, 1988.

______, 『천변풍경』, 깊은샘, 1996.

______, 『소설가 구보씨의 일일』, 깊은샘, 2006.

2. 논문 및 단행본

강영심 외, 『일제 식민지 근대적 일상과 식민지 문화』, 이화여대 출판부, 2008.

공제욱·정근식 편, 『식민지의 일상, 지배와 균열』, 문학과학사, 2006.

김성한, 「1930년대 대중소설과 소비문화의 관계양상 연구」, 『한국현대문학연구』 12, 2002.

김진균·정근식 편저, 『근대주체와 식민지 규율 권력』, 문학과학사, 2000.

김학면, 「박태원 소설에 나타난 '시선'과 '기억'」, 『구보학보』 1, 2006.

민혜숙, 「산책자 구보의 욕망 분석, 경멸과 선망의 이중주」, 『현대문학이론연구』 52, 2013.

방민호 엮음, 『박태원 문학의 재인식』, 예옥, 2010.

______, 「경성 모더니즘과 박태원 문학」, 『구보학보』 9, 2013.

송기섭, 「박태원 소설의 도시풍경과 그 내부」, 『한국문학논총』 56, 2010.

신형기, 「박태원, 주변부의 만보객」, 『상허학보』 26, 2009.

연세대학교 국학연구원 편, 『일제 식민지배와 일상생활』, 혜안, 2004.

이경훈, 「미쓰코시, 근대의 쇼윈도우-문학과 풍속1」, 『현대문학의 연구』 15, 2000.

______, 「긴자(銀座)의 추억 : 식민지 문학과 시장」, 『현대문학의 연구』 39, 2009.

______, 「박태원 소설에 대한 몇 가지 주석」, 『구보학보』 5, 2010.

이광호, 「박태원 소설에 나타난 시선주체와 문학사적 의미」, 『인문학연구』 45, 2013.

이은선, 「박태원 소설에 나타난 주체-타자 연구Ⅱ」, 『구보학보』 5, 2010.
전우용, 「종로와 본정-식민지 경성의 두 얼굴」, 『역사와 현실』 40, 2001.
정은경, 「박태원이라는 균열」, 『구보학보』 7, 2012.
조선은행조사부, 『조선경제연보』, 조선은행조사부, 1948.
최병택·예지숙, 『경성리포트-식민지 일상에서 우리를 보다』, 시공사, 2009.
하신애, 「식민지 말기 박태원 문학에 나타난 시장성」, 『상허학보』 32, 2011.
홍성찬 외, 『일제하 경제정책과 일상생활』, 혜안, 2008.
그랜트 매크래켄, 이상률 옮김, 『문화와 소비』, 문예출판사, 1997.
돈 슐레이터, 정숙경 옮김, 『소비문화와 현대성』, 문예출판사, 2000.
장 보드리야르, 이상률 옮김, 『소비와 사회』, 문예출판사, 2002.
피에르 부르디외, 최종철 옮김, 『자본주의의 아비투스』, 동문선, 1995.
______________, 최종철 옮김, 『구별짓기: 문화와 취향의 사회학』, 새물결, 1995.
피터 코리건, 이성용 외 옮김, 『소비의 사회학』, 도서출판 그린, 2001.
G.. 짐멜, 안준섭·장영배·조희연 옮김, 『돈의 철학』, 한길사, 1983.

염상섭의 『효풍』에 나타난 상품세계의 변동과 갈등 양상 연구

1. 들어가며

해방기[1]는 대개 격렬한 정치적 갈등의 시기로 재구성되기 마련이지만, 사람들의 일상과 감각적 경험을 규정한 것은 쌀을 비롯한 생필품 부족, 물가폭등과 인플레이션, 무질서와 '모리'로 대표되는 생활의 문제이기도 하였다.[2] 결핍과 과잉의 불균형은 정치적 무능과 경제적 불능의 사회적 증상이었다. 소비는 폭증하였지만 생산은 거의 마비된 상황[3]에 인플레이션까지 겹치면서 남한사회는 심각한 경제난에

---

1 해방기(1945~1949)는 짧지만 비균질적인 시기를 아우르는 명칭이다. 이 시기는 해방과 군정, 단정과 전쟁 등의 불연속적인 사건들로 구획된다. 그러나 해방이 미소의 분할 점거의 형태로 이뤄지면서 한반도가 냉전체제로 편입되는 것은 예정된 것이기도 하였다. 결국 군정으로부터 단정으로 이어지는 정치적 분기점들은 냉전체제로 편입되는 일련의 과정이며, 남한의 경우 미국 중심의 자본주의로 재구조화되는 과정이라 할 수 있다. 이런 측면에서 이 글은 해방 직후로부터 전쟁 이전까지를 해방기라 통칭하기로 한다.

2 해방기의 일상생활에 대한 사회·문화사적 접근으로는 전상인의 「해방 공간의 사회사」(박지향 외, 『해방 전후사의 재인식 2』, 책세상, 2006)와 이봉범의 「해방 공간의 문화사」(『상허학보』 26집, 2009) 등이 있다.

3 일본의 제국주의 경제체제에 종속되어 있던 남한의 경제는 해방과 분단으로 인해 비정상적인 상태에 놓이게 된다. 해방은 식민지 경제체제, 보다 직접적으로는 태평양전쟁기의 통제경제로부터의 자유를 가져왔지만, 기존 경제 질서의 마비에서 파생되는 일정 수준의 경제적 혼란은 감수해야할 부분이기도 하였다. 그러나 분단으로 인한 유통망의 붕괴와 원자재 및 에너지의 부족 사태는 심각한 경제적 불능 사태를 초래하였다. 대부분의 산업이 생산 기능을 회복하지 못한

봉착하였다. 한편에서는 쌀을 비롯한 기초 생필품의 부족 사태가 벌어졌지만, 다른 한편에서는 적산과 미군수품, 원조물자가 범람하는 기묘한 상황이 연출되기도 하였다.

해방에 의한 급격한 사회 변동은 새로운 상품의 등장과 가치체계의 변화로 경험되었다. '미도리'와 '양갱', '정종'과 '내지어'를 대체하기 시작한 '럭키스트라이크', '쵸콜릿', '위스키' 그리고 '영어'는 이 시기 가치체계를 재구성하는 새로운 기호들이었다. 제한된 방식으로 경험되었지만 미국 상품은 감각적 차원에서 기존의 상품들을 압도하였으며, 민주주의나 자유 등의 정치적 기호들과 뒤섞여 소비됨으로써 서구에 대한 갈망을 항구적으로 내면화하였다.

『효풍』은 새로운 상품의 등장과 그것에 결부된 욕망의 내적 흐름을 적실하게 포착함으로써 해방기 한국 사회에서 새롭게 생성되는 가치체계의 일단을 드러내 보인다. 해방 이후 발표된 단편들이 해방 정국의 현실과 그 의미를 탐색한 결과라면, 『효풍』은 당시의 사회상과 이념적 선택의 문제를 상품세계에서 갈등하는 인물들의 욕망과 겹쳐서 살피고 있다는 점에서 주목을 요하는 작품이다.

2. 미제(美製) 혹은 '진짜'의 등장과 가치체계의 변화

『효풍』의 첫 장면에 등장하는 "경요각"은 이 소설의 문제적 상황을 압축해 보여주는 공간이다. "경요각"은 "가짜인지 진짜인지 금반지, 보석반지…(중략)…금은보석 장신구로 소담스럽게 꾸며"[4] 놓거

상황에 미군정의 정책 오류까지 겹치며 남한 사회는 심각한 경제난에 봉착했다.

4 염상섭, 『효풍』, 실천문학사, 1998, 9쪽. 이하 작품 인용은 면수만 표기함.

나, "진짜인지 가짜인지? 고려자기니…(중략)…이삼백 점은 빽빽이 늘어놓은"(12쪽) 곳이다. 물건들의 진위가 애매한 것처럼, "경요각" 역시 "골동품상"인지 "무역상"인지 혹은 모리의 공간인지 모호하게 처리된다. 이런 공간적 특성은 스스로를 "양심적으로 무역하는 사람"이라고 자처하지만 실상은 "모리배"와 다를 것이 없는 "이진석"의 정체를 암시하는 것이기도 하다.

해방 직후의 사회적 혼란은 '진짜'와 '가짜'의 혼재 혹은 그 구별의 어려움에서 발생한다. 비양심적인 상술과 시장질서의 혼란에서 비롯된 '가짜'들의 범람은, 다양한 이념의 표출과 단체의 난립으로 양산된 정치적 '사이비'들의 시장판이었다. 기존의 질서와 규범이 붕괴되고 그것을 대체할 새로운 가치와 기준이 미처 등장하지 않은 상황은 이런 혼란을 더욱 가중시켰다. 진위를 구별하기 어려운 데서 오는 인식의 혼란은 선택과 판단을 어렵게 하는 장애로 작용한다. 특히 '애국'과 '모리', 민족과 반민족을 어떻게 구별할 것인가는, 최초의 민주적 선거를 앞둔 1948년의 가장 첨예한 문제였을 것이다.[5] '진짜' 애국자나 '진짜' 민족주의자를 골라야 하지만 이념과 양심은 검증하기 어려운 문제여서, 선거의 국면에서 판단과 선택은 더욱 어려운 것이 되었다. 진위를 구별하는 것이 중요하면서도 어려운 상황에서 '진짜'라는 꼬리표를 달고 나타나는 상품은 그 자체로 흥미로운 대상이다.

---

5 1948년 3월 17일 미군정 법령으로 국회의원선거법이 공포되고, 1948년 5월 10일 남한만의 단독 선거가 실시되었다. 『효풍』은 1948년 1월1일부터 연재가 시작되었으니 창작 시점과 작품의 시간적 배경은 거의 동시대적이라 할 수 있다.(소설의 서사는 1947년 12월 크리스마스 전날 시작되어 그해 겨울을 배경으로 진행된다.) 연재 당시 〈신민일보〉의 편집장이었던 염상섭은 1948년 4월 28일 〈신민일보〉의 '선거 거부' 사태로 경찰에 연행되어 조사를 받기도 하였던 만큼, 단독 선거는 연재 당시 가장 시급한 정치적 현안이자 작가 개인의 관심사였을 것으로 추측된다.

> 장만춘이는 시장했던지 진짜 위스키라는 것을 두 잔 마시더니 벌써 얼굴에 나타나며 셋째 잔을 따르려는데 머리를 내두른다.(22쪽)

"경요각"의 연회에 등장하는 "진짜 위스키"는 "정종"과는 다른 급의 술로 여겨지며 국적불명의 기존 위스키들을 '가짜'로 만드는 위력을 발휘한다. 미군수품이나 원조물자로 들여온 미국산 위스키나 브랜디가 과연 '진짜'에 걸맞은 제품인지 확인하기는 어렵지만, 이 미국산 상품들은 등장과 동시에 '진짜'이자 가장 우월한 상품으로 취급된다. 진짜와 가짜를 구별할 수 없거나 그 기준이 모호한 상황에서 '미제'라는 꼬리표가 확실한 '진짜'의 기준이 되는 것이다. 그리고 소설에서 '진짜'로 명명된 미국산 소비재들은 등장인물에 의해 우월한 맛과 효과를 지닌 것으로 여겨진다. "사이다에 위스키를 쳐서 먹으면 향취가 좋다"(24쪽)는 "이진석"의 말을 "혜란"은 "좋기는 좋으나"라고 인정하고, "김관식"은 "이진석"이 가져온 "진짜 브랜디"[6]를 마시고 "술맛이 좋다"고 평가한다. 또한 "베커"가 보내온 페니실린을 먹고 "혜란"이 기운을 차리자 "역시 그 미국약에 효험을 보았구나."라고 말함으로써 미국 약의 효과를 인정한다.

> 당장 맥주와 샐러드가 들어왔다.
> 맥주를 한 모금 켜고 난 베커는 마담의 눈치빠른 분별에 흡족하였다.
> "뺄류 립본만은 못하죠?"
> 마담도 브라운 씨 덕에 언젠가 맛본 일이 있는 미군들이 먹는 맥주 말이다. 베커는 웃기만 한다. 자기 나라 물건이 좋은 거야 더 말해서 무엇 하느냐는 눈치이다.(109쪽)

---

6 "이진석"은 "혜란"의 병문안을 올 때 "조선사람으로는 얻기 어려운 진짜 브랜디를 두 병이나 가지고"(319쪽) 온다.

인용 부분의 미국 맥주 "뺄류 립본"[7]은, "취송정"의 연회 장면에 등장하는 "진짜 위스키"나 "이진석"이 "김관식"에게 선물한 "진짜 브랜디"와 등가의 물건이다. 그것은 '진짜' 맥주인 것이다. 진고개 "댄스홀"의 "맥주와 샐러드"가 환기하는 세련됨의 정도는 미국 맥주 "뺄류 립본"과의 거리재기를 통해 생경하게 노출된다. 댄스홀을 드나드는 사람들이 "모던"과 "인텔리"라는 말에 코웃음을 치는 미국인 "베커" 앞에서, 일본을 거쳐 수입되었던 "모던"은 남루한 모습으로 발견된다.[8] 개화 이후 일제 강점기에 유통되었던 서구적 근대의 모사품들은 새롭게 등장한 '진짜' 앞에서 함량 미달을 드러낼 수밖에 없는 것이다. 그러므로 "댄스홀의 맥주"와 "미군들이 먹는 맥주"의 차이는 말할 필요가 없는 것으로 여겨진다. "뺄류 립본만은 못하죠?"라는 "가네코"의 질문에 "베커"는 웃음으로 긍정을 표시한다. "베커"의 웃음이 맥주를 포함해 "자기나라 물건이 좋은 거야 더 말해 무엇하느냐"는 의미로 해석되는 것은 미국 제품의 우월성에 대한 합의가 서술 이전에 전제되어 있기 때문에 가능하다.

미군수품들이 시장에서 밀거래되기는 했지만 일반인들에게 미제 상품은 쉽게 접할 수 있는 물건이 아니었다. "브라운"이나 "베커"와 같은 미국인의 주선이나 선물의 형식이 아니면 "조선사람으로는 구하기 어려운" 것이 미제 물건이었다. 이런 유통방식은 구조적으로 미제 물건의 가치를 높이는 역할을 하였다. 뜻밖의 선물이나 특혜의 방식으로 획득된 물건은 그 사용가치를 넘어 과시적 소비에 사용되

---

7 "뺄류 립본"(Blue Ribbon)은 1844년에 설립된 미국의 Pabst Brewing Company에서 만든 맥주이다.

8 "'조선 청년남녀는 누구나 딴쓰를 할 줄 아우'/하고 묻는다./'이런 데 다니는 청년은 모던이랍니다. 인텔리층이죠. 여자는 나 같은 난봉꾼이구요. 호호호….'/'모던? 인텔리?'/하고 베커는 코웃음을 치다가"(108쪽)에서처럼, 미국청년 "베커" 앞에서 "조선"의 "모던"은 무색할 수밖에 없는 것이다.

기도 하였다.[9] 또한 '진짜'를 소비해본 경험이 세련된 취향과 판단능력의 토대가 된다는 점에서 미국 상품에의 접근성은 그 자체로 상징 권력이 되기도 하였다.

궁극적으로 원조물자나 군수품으로 유통된 미국상품은 새로운 입맛과 욕망을 창출하였다. 그것은 '진짜'이며 근대화 혹은 진보의 산물이었기에 거부할 수 없는 유혹이었다. 결국 미국의 우월성은 체제나 이념보다 상품의 소비를 통해 경험되었다. 미군정의 정책 실패에서 비롯된 불신이나 경계의 시선이 없었던 것은 아니지만, 미국적 가치는 그 실체와 상관없이 상품의 형식으로 소비됨으로써 당시 한국인들의 정서에 내면화되었다.

> 모과통이 나온다. 이름도 모를 실과가 나왔다. 마른 포도, 초콜릿갑, 캔디 상자들이 나왔다. 비스킷 봉지, 우윳가루 봉지, 레몬가루통, 고기통조림…나중에는 포도주 병까지 나왔다.(327쪽)

미국인 청년 "베커"가 보낸 상자를 뜯자, 방안은 "명동 피엑스(PX)"를 벌인 것처럼 물건들이 쏟아져 나온다. 상자에서 나온 갖가지 물건들은 해방 이후 군수품과 원조물자의 형식으로 쏟아져 들어온 '미제' 상품들을 연상케 한다. 이 신기하고 매혹적인 물건들은 미국이라는 풍요로운 세계를 상징한다. "그 언젠가 구제품 배급준 것 있죠? 그보담 열 갑절은 되구 물건이 좋지요."하고 침을 삼키는 "계집애년"의 말은 당대 한국인들의 보편적 태도를 함축한다. 그러므로 "혜란"의 모친은 "서양애가 보낸 물건이라 께름"해 하면서도, "포도주 병"을 "이진석"이 가져온 브랜디 두 병과 함께 "김관식"의 서재

9 "수만"이 "혜란" 앞에서 "럭키 스트라이크"를 꺼내 피우는 장면이나 "이진석"이 "김관식"에게 "진짜 브랜디"를 선물하는 장면은 이런 과시적 소비의 사례일 것이다.

탁자에 치장하듯 올려놓고, 장래의 안사돈인 "병직"의 모친에게 상자에서 나온 "양과자"를 대접하는 것이다.

미국은 새로운 입맛이자 '진짜'에 대한 감각 그리고 풍요를 상징하는 기호가 된다. 상품의 우수성이 체제의 우월함을 감각적으로 설득하는 근거가 되며, 이는 '미제'(made in USA)에 대한 항구적인 동경을 형성하는 원초적인 계기가 된다. 위스키, 브랜디, 럭키스트라이크, 페니실린 등과 함께 미국 자체가 궁극의 상품으로 자리잡는 것이다. 그러므로 "혜란"에게 주어진 미국유학은 거부하기 어려운 유혹이며, 완고한 "김관식"도 딸의 미국 유학에는 긍정적인 반응을 보이는 것이다.

『효풍』의 서사를 구성하는 중심축은 상품세계에 던져진 채, 미국적 가치와 전통적 가치 사이에서 방황하는 "혜란"의 심리적 갈등이기도 하다. "병직"과 "베커" 혹은 결혼과 미국유학이라는 중첩되는 선택지 사이에서 방황하는 "혜란"의 갈등은, 정신적 가치와 감각적 자극 사이의 갈등으로 현상한다. "병직"과의 관계가 의리와 의무에 기반한 것이라면, "베커"와의 관계는 새로운 감각적 경험을 자극하는 것으로 그려진다. 가령, "스팀의 훈훈한 쾌적한 온도가 별안간 더워진 듯이 혜란이는 얼굴이 화끈 달면서 두 볼이 발개졌다."(70쪽)에서처럼, "훈훈한 쾌적한" 느낌과 분위기에 취해 "입술이 벌어지며" 얼굴이 달아오르는 "혜란"의 반응은 감각적이고 육체적인 것이다. 인천으로 가는 "베커"의 "번즐번즐 윤이 흐르는 고급차" 속에서 "혜란"이 보이는 반응은 "베커"의 세계로 이끌림을 상징한다.

> 이러한 훌륭한 차 속에 편안히 몸을 실리고, 앞뒤로 젊은 신사들에게 옹위가 되어 교외로 산책을 나간다는 것은 서양의 어느 소설에서 보던 귀족의 따님이 된 듯싶은 기분이 들먹거리는 가슴속에 은은히 피어올랐

다. 옆에서 가다가다 미칠 듯 말 듯하게 소로를 끼쳐오는 싱글한 향기는 이 남자가 무슨 향수를 뿌렸는지는 모르겠으나 그것이 아메리카 냄새라기보다는 남자의--이성의 냄새같이 맡아져서 전신으로 느글느글한 감촉을 받았다(270~271쪽)

"들먹거리는", "은은히", "싱글한", "느글느글"처럼 "베커"의 세계는 감각을 자극한다. "혜란"이 "김관식"과 "병직"의 만류에도 불구하고 "경요각"을 그만두지 못하는 것은 월급 "오천 원"이 아쉽기 때문이라고 하지만, 심층에는 새로운 상품세계로의 끌림이 작용하기 때문일 것이다. "혜란"이 "병직"과의 결혼을 선택함으로써 의리를 지키고 전통적인 가치를 수호하는 것으로 소설은 마무리된다. 그러나 새로운 상품세계가 환기하는 감각적 자극과 그것에의 매료는 해소되지 않고 남겨진다. "혜란"이, 조선이 "원자(原子)의 나라"가 되거나 "조선돈이 미국돈과 일 대 일로 교환"(282쪽)될 때로 미국 유학을 미룸으로써 민족적 자존심을 표방하기도 한다. 하지만 미국을 따라잡아야 하는 선진국 혹은 선망의 대상으로 상정함으로써 주체의 내부에 지속적인 결핍의 구조가 재생되는 한계를 벗어날 수는 없었다.

3. 교환 구조에서 살아가기

『효풍』은 해방기 사회상을 배경으로 다양한 군상들의 현실적 욕망과 이념적 갈등을 다루고 있다. 좌우 대립이라는 이념적인 문제로부터 전통적인 가치와 미국적 가치 사이의 갈등, 그리고 물질적 욕망을 둘러 싼 상이한 태도들이 충돌하기도 한다. 이념적 갈등과 선택의 차원에서 "병직"이 좌에서 중도로 돌아온다면, "혜란"은 우에서 중도로 돌아오는 것으로 그려진다.[10] 그러나 "혜란"을 소설의 중심인물로 놓고 볼 때, 소설의 문제적 상황은 이념적 갈등보다는 세속의 욕망과 내면적 갈등을 중심으로 전개되는 양상을 보인다.

"혜란"을 중심으로 형성된 인물들의 대립구도는 공간의 분할로 나타난다. 시류에 편승해 자신의 세속적 욕망을 추구하는 인물들은 "경요각"과 "취송정"을 중심으로 관계를 형성한다. 『효풍』의 전반부에서 주요 공간적 배경으로 등장하는 "경요각"과 "취송정"은 당대 한국사회의 부조리한 풍경을 고스란히 담아낸다. "경요각"은 "골동품과 미인을 미끼로" "서양사람을 이용하자는" 모리의 공간이다. 또한 "취송정"에서는 매일 밤 "위스키"와 "비프스테이크"가 차려진 연회나 "딴쓰" 파티가 벌어지기도 한다. 이 두 공간을 배경으로 "이진석", "장만춘", "박종렬", "가네꼬" 등 이기적 욕망에 따라 움직이는 인물들은 미국인 유력인사를 둘러싸고 협잡과 비리를 모의한다.

"경요각"과 "취송정"의 속성을 가장 적실하게 체현한 인물이 "이진석"이다. 그는 "무역바람에 낀 브로커"로 "마카오 종이"로 이득을 본 뒤, 스스로를 "양심적인 무역상"으로 자처하는 인물이다.[11] 흥미로운 점은 그가 이데올로기의 강박으로부터 자유로운 태도를 보인다는 것이다. 사업가 "박종렬"이 "빨갱이"라면 질색을 하는 것과 달리,[12] "이진석"은 "빨갱이"로 지목받은 "혜란"의 이념적 성향을 문제 삼지 않

---

10 김재용, 「8 · 15 이후 염상섭의 활동과 '효풍'의 문학사적 의미」, 『효풍』, 실천문학사, 1998, 359쪽.

11 "이진석은" 스스로를 "우리 같이 양심적으로 무역을 해보겠다는 사람"으로 자처하며, 생필품을 들여올 권리가 "요새같이 모리배의 패에 넘어가서야 이거 큰일 아닌가요?"(12쪽)라며 현실을 개탄하는 당당함으로 보인다.

12 주류회사 사장이자 우익 청년단을 지도하는 "박종렬"이 좌익과 대립각을 세우는 것은 자연스러워 보인다. 그러나 일제 강점기 도의원었던 "박종렬"의 행적은 당시 반공주의의 일단에 친일파들의 '빨갱이 몰이'가 작동하고 있음을 암시하는 것이기도 하다.

는다. "혜란"이 상품가치를 지니는 한 그에게 이념은 부차적인 문제일 뿐이다. "쓸모가 있을 위인인지 진맥을 하기에 바쁘다."(14쪽)에서처럼, 그에게 중요한 것은 진위 여부가 아니라 "쓸모"가 있는지의 여부일 뿐이다. "이진석"은 "빨갱이"든 "가짜"든 자기에게 이익이 된다면 아랑곳하지 않는다는 점에서 냉정한 사업가의 기질을 보여준다. "병직"의 월북자금으로 쓰일 것을 알면서도 "오만 원"을 빌려주고 그 대가로 "혜란"에게 인천행을 요구하는 장면에서, "이진석"의 교환에 대한 감각과 계산을 엿볼 수 있다.

"이진석"은 경박하고 탐욕적이며 이해타산에 밝은 인물이라는 점에서 고지식한 학자풍의 "김관식"과 대비된다. "혜란"의 부친인 "김관식"은 체면과 신념을 중요시하며 세속의 논리에 비껴서 있는 인물이다. 그는 미국에서 영문학을 공부했지만, 학교에서 강의만 할 뿐 영어를 출세의 수단으로 사용하지 않는다.[13] "김관식"이 현실원리에 비껴서 있는 인물이라는 점은 〈거리에서〉에서 확인된다. 특히 이발소의 삽화에서 전날까지 "육십 원"이었던 이발료를 "백이십 원"으로 올려 받는 장면은 당시의 "무서운 물가"와 무질서를 가늠케 한다.[14]

---

13 염상섭의 해방기 단편인 「양과자갑」에 등장하는 영문학자 "영수"는 『효풍』의 "김관식"과 유사한 인물이다. "영수"는 학문을 위한 영어와 실용적인 영어를 구별한다. "영수"는 "내 영어는, 어디, 집 얻어대라구 배우고, 통역하라구 배운 영어던가? 통역에나 써먹자고 미국 가서 공부 했을라구…"(「양과자갑」, 『두 파산』, 현대문학, 2010, 286쪽)고 말함으로써 자존심을 내세운다. 『효풍』에서도 "이진석"과 "장만춘"의 영어가 환전성을 갖는다면, "김관식"의 영어는 환전성이 현격히 떨어진다. 당시 미군정에 소속된 한국인 통역관들의 전횡과 비리에 대한 비판이 적지 않았던 만큼, 영어를 욕망의 실현 수단으로 삼는 "장만춘"과 "이진석"은 비판적으로 서술되기도 한다. 일제 강점기의 일본어가 그러했듯이 해방기의 영어가 또 다시 제국의 언어가 될지도 모른다는 의심이 작동하는 것이다. 염상섭을 비롯한 채만식과 주요섭의 작품에 나타나는 권력언어로서의 영어에 대한 복잡한 심경은 이 시기 언어의 지형과 연관지어 면밀히 분석해봐야 할 문제이다.

14 "'백이십 원예요.'/하는 말이 시원스럽게 나오지를 못한다./이발료는 요사이 거

> 영감은 돌쳐서며 겉날리던 이발소에서의 불쾌를 우연히 여기서 삭혀 버린 듯이 비로소 기분이 명랑하여졌다.
>
> 구두쟁이가 마다는 이십 원을 더 준 것이 이발소쟁이가 더꺼리질한 이십 원을 찾은 거나 다름없는 생각이다.(123쪽)

"김관식"은 이발소에서 머리 깎는 삯으로 "백이십 원"을 지불하지만, 남들보다 "이십 원"을 더 낸 것을 알고 불쾌감을 느낀다. 거리로 나와 구두를 닦은 후, 원래 "사십 원"을 받지만 "마수거리"로 "이십 원"만 받겠다는 "구두쟁이"에게 "사십 원"을 다 지불한다. "구두쟁이"에게 "이십 원"을 더 줌으로써 이발소에서 바가지 쓴 "이십 원"을 되찾은 거라 생각한다. 실제로는 "사십 원"을 초과 지출한 셈이지만, "김관식"은 제값을 지불한 것이라 여기는 것이다. "구두쟁이"의 노동에 대한 대가가 아니라 그 정성에 "이십 원"을 더 지불하고, 그럼으로써 "이십 원"을 되찾았다고 여기는 계산법은 자본주의적 교환논리에서 벗어나 있는 것이다. 그것은 "이 바쁜 세상에 조건없는 일이 어디 있을구!"(268쪽)라는 "이진석"의 교환논리와 비교해보면 더욱 비현실적이다.

"김관식"이 초점인물로 등장하는 〈거리에서〉와 〈서재에서〉는 "거리"와 "서재"라는 이질적 공간의 대비를 통해 당시의 사회상과 "김관식"의 성격을 드러낸다. 그는 "사시미"가 싫어지듯이 "삐푸스틱"도 싫어졌다고 말함으로써 해방기 거리의 풍속에 혐오감을 표시한다. "거리"가 "박종렬"이나 "이진석" 같은 인물들의 터전이라면, "양서며

리의 담뱃값 쌀값만큼 도금(야미 공정가격)이라는 것이 없는 모양이다./'언제부터 올랐소?'/'오늘부텀입니다.'/어제까지 육십 원이 갑절이 된 셈이다. 일백이십 원을 주고 나오며 보자니 옆에서 깎던 사람은 백 원 한 장만 내어준다."(121쪽)에서처럼, 이발요금이 하루만에 갑절이 오르고 그마저 사람에 따라 다르게 부른다. 해방기 시장과 거리의 무질서가 고스란히 드러나는 장면이라 할 수 있다.

한서가 그뜩 찬" 좁은 "서재"만이 "김관식"의 공간인 것이다. 친구인 "박종렬"이 그를 거리의 삶으로 끌어내려 하지만 "김관식"은 서재에 머무는 삶을 고수한다. 그런 "김관식"의 태도는 개결하지만 퇴영적이다. 현실을 거침없이 비판할 수는 있지만 그 부조리한 현실을 타개할 능력은 부족할 수밖에 없다. "세상을 서재의 유리구멍으로만"(311쪽) 내다봐서는 세상을 온전히 파악할 수도, 바꿀 수도 없다는 점은 자명하다. 서재로 들어가는 "김관식"의 모습을 "뒷모양이 마치 양지에 모가지를 빼냈던 달팽이가 제 딱지 속으로 움츠러지는 것"(312쪽)에 비유하듯이, "김관식"은 새로운 현실에 적극적으로 대응하지 못하는 구세대의 무기력을 표상한다.

"이진석"과 "김관식"이라는 대립적인 두 기호는, "혜란"으로 대표되는 새로운 세대들이 극복해야 할 삶의 방식이자 가치관을 상징한다. "혜란"은 이 상이한 태도 사이에 놓여 있다는 점에서 문제적인 인물이다. "이진석"의 속물근성을 경멸하면서도 직업적 이유에서건 불가피한 상황에 의해서건 교환구조에 끌려 들어간다. "김관식"의 사고방식은 "혜란"의 생각과 태도로 변주되어 나타나기도 하지만, "혜란"은 교환구조를 외면하지 않으며 그 구조에 매몰되지도 않는다는 점에서 "김관식"과 차별성을 보인다. 『효풍』에서 "혜란"은 "서양사람 교제의 미끼"로 사용된다는 점에서 하나의 상품이지만, 자신이 "골동품 이상의 미끼"가 될 수 있음을 인지함으로써 교환구조에서 살아남는 것이다.

"베커"를 설득해 "홍삼 이백 근"을 내가고 "종이 소금 옷감"을 들여오려는 "이진석"의 사업에서 "혜란"은 가장 중요한 상품으로 발견된다. "혜란"이 지닌 일차적 상품성은 영어를 구사한다는 것이지만, 보다 가치있는 요소는 "혜란"의 외모이다. "혜란"의 매력적인 외양은 "베커"와 "이진석"의 시선에 의해 묘사되는 방식으로 서술된다. "베커"와 "이진석"의 거래에서 "혜란"이 성적 대상으로 기능한다는 점은 그들이 "혜란"을 바라보는 방식에서 드러난다. "서양청년은 두 사람의 인사가 끝나기를 기다리며 잠간 비껴서서 혜란이의 홀삭한 몸매와 양장을 한 옷매를 흥미로운 눈으로 바라보고 섰다."(11쪽)나, "베커는 혜란의 시선을 피하면서도 조선옷 입은 맵시를 슬쩍슬쩍 눈여겨보다가,"(45쪽)처럼 "혜란"은 자주 "베커"의 시선에 노출된다. "이진석" 역시 "한 걸음 앞선 혜란이의 뒷맵시를 감칠 듯이 바라보며"(160쪽)처럼 "혜란"을 시각적으로 대상화한다.

> 진초록빛 외투에 싸인 날씬한 뒷모양-가냘픈 어깨집에서 허리께로 흘러내리면서 살짝 퍼진 곡선미, 실크스타킹이 제 살결 같은 쪽 곧은 종아리에서부터 반즐거리는 구두 뒤축에 몰린 발목까지 전체가 아름다운 조각을 보는 것 같이 눈에 스며든다."(160쪽)

"베커"와 "이진석"의 시선은 주로 훔쳐보는 방식으로 "혜란"의 신체 특히 여성적인 요소를 부각시킨다. "혜란"은 시선을 회피하는 방식으로 시선주체들의 욕망을 분산시키기도 하지만,[15] 시선에 적극적으로 대응함으로써 대상화를 극복하기도 한다. 허둥대는 "베커"의 모습을 보고 "왜 저고리가 눈이 부시던가"(45쪽)하고 자신의 조선옷 맵시에 자신감을 보이며, "무심코 바다를 바라보고 섰는 혜란이의 뒤에서 한 장 재그럭 찍었다. 혜란이는 알고도 모른 척하고 박이게 해 주었다."(273~274쪽)처럼, 사진 촬영에 적극적으로 응함으로써 "베

15 "혜란이는 면구스러워 선웃음으로 그 눈길을 피하면서"(168쪽)나 "혜란이는 이 때껏 이 남자에게서 이렇게 침다란 얼굴표정을 본 일도 없지마는 그 눈길을 얼른 피하면서,"(231쪽)처럼, "베커"나 "이진석"의 시선을 회피함으로서 욕망의 대상화를 탈피한다.

커"의 욕망에 스스로를 노출하기도 한다.[16]

"혜란"은 시선에 노출되어 있음을 자각하듯이, 교환구조에서 상품이 된다는 점을 인식함으로써 욕망의 희생양이 되지 않으며 교환구조에 매몰되지도 않는다. "경요각"이 "자기를 미끼로 서양사람을 이용하자는 협잡꾼 모리배의 간판 밖에 아무것도 아닌 것"(142쪽)을 인지하고 있으며, 나아가 자신의 처지와 상품성을 적극적으로 활용하기도 한다. "김관식"으로 상징되는 구세대가 교환구조를 외면하는 것과 달리, 그 구조 안에서 자신의 처지와 가치를 냉철하게 인식하고 대처하는 것이 보다 합리적인 생존방식일 수 있음을 암시하는 것이다.

『효풍』에서 "혜란"은 해방된 남한 사회의 젊은 세대 혹은 새로운 가능성의 세대를 표상한다. "혜란"과 닮은꼴인 "가네코"가 해방 이후 한반도에 잔류한 과거 일본의 유물이라면, "혜란"은 미래를 새롭게 개척해갈 해방된 조선의 가치를 상징한다고 할 수 있다. "과학적 연애"를 신봉하는 "화순"이 감정과 욕망에 휩쓸리고 충동적으로 월북을 결행하는 것과 달리, "혜란"은 새로운 상품세계에 매료되면서도 자신의 가치와 이념을 지켜간다. 또한 교환구조가 지배하는 현실세계에서 "혜란"은 약자이지만 무기력하지 않으며, 강자의 욕망에 희생당하지 않는 지혜를 발휘한다. 현실에 수세적이지 않으며 자기중심을 지킨다는 점에서 "혜란"은 작가가 지향하는 가치와 태도를 내포한다고 할 수 있다. 또한 좌우에 편중되지 않고 민족을 이념의 출발

---

16 "혜란"은 보는 주체가 아니라 보이는 주체로 그려지곤 한다. 그녀는 자신이 시선에 노출되어 있음을 자각함으로써 수동적인 대상화를 벗어난다. 소설의 곳곳에서 "혜란"은 타자의 시선을 통해 자신이 처한 상황과 자기 정체성에 대한 반성적 의식을 작동시킨다. 가령, "베커"의 집에서 시중드는 "아낙네"의 "힐끔힐끔 치어다보는(…중략…)그 흘겨보는 듯한 눈찌"(72쪽)나 "늙은이 부처가 실쭉한 낯빛으로 혜란이의 얼굴을 멸시하는 눈으로 바라보는 것"(181쪽)에서 자신의 처지와 상황을 인식하는 것이다.

점으로 삼는 민족주의적 태도를 견지한다는 점에서 작가 염상섭의 정치적 입장을 반영하는 것으로 보인다.

4. 이념적 지형 변화와 『효풍』의 서사

『효풍』은 이념적 대립과 갈등, 체제 선택의 문제를 다루면서도 정작 좌익의 실체에 대해서는 모호하게 처리한다. 특히, "이동민"으로 표상되는 남한 내의 사회주의자는 경찰의 추적에[17] 의해 주조된다. 소설은 풍문이나 전언의 형식으로 "이동민"의 소식을 전하거나 그가 남긴 흔적만을 서술한다.[18] 좌익들의 실체 역시 마찬가지여서, "박석"의 뒤를 쫓던 "수만" 일행은 흑석동 어귀에서 제지당함으로써 한걸음도 더 들어가지 못하며, 가까스로 찾아낸 은신처는 텅 비어있을 뿐이다. 『효풍』에서 사회주의자 혹은 "빨갱이"는 실체가 없는 흔적이거나 기의가 빠져나간 기표처럼 사용된다. "정말 빨갱이"가 되었냐는 "장만춘"과 "브라운"의 질문을 "혜란"이 농담으로 넘겨버리는 대화 장면에서 남한에서 "빨갱이"는 의미가 빈 기호처럼 사용된다. "빨갱이"가 아직은 치명적인 기호가 아니기에 희화화될 수 있는 것이다. 자신이 "빨갱이"가 아니라면 문제될 것이 없다는 태도는 사상과 이념이 양심의 문제라는 관념의 소산이다.

"혜란"이 "빨갱이"로 몰려 학교에서 쫓겨났지만 "정말 빨갱이"가

---

17 조형래, 「'효풍'과 소설의 경찰적 기능」, 『사이』 3집, 2007.

18 가령, "맨발인 화순이는 깡충 뛰어 저편 마루로 건너서며 방문을 열었다./그러나 빈 방석 두 개와 재떨이가 놓여있을 뿐이다."(56쪽)처럼 "이동민"의 흔적만 서술되고 있다. 소설의 초반부에서 "이동민"은 중요한 기능을 담당하지만 끝내 모습을 드러내지는 않는다.

아니듯이, "병직"의 월북은 정치적 입장에 기반한 체제선택이 아닐 수 있다. "그이는 빨갱이가 아녜요."(333쪽)라는 "혜란"의 변명이 아니더라도, "병직"의 사상적 지향은 어떤 "독재"도 부정하며 민족 통합의 중요성을 강조한다는 점에서 "혜란"과 함께 민족주의에 더 가깝다고 할 수 있다. 좌익 성향이 강했던 "화순"이 월북을 선택하는 과정에 경찰에 대한 심리적인 반발이 크게 작용했듯이, "병직"의 선택에도 "화순"과의 관계 그리고 부친과의 갈등이 크게 작용한 것이다. 특히 "병직"을 비롯한 젊은 층들의 월북에 대한 태도는 다분히 낭만적이었다. "병직"이 "구경삼아 한 번은 가보고" 싶어 하는 것이나, "태환"이 "이북이 어떤 꼴인지 가보고 싶다는 소리"(85쪽)를 하듯이, 북한을 한 번 다녀오고 싶다는 생각은 "요새 청년의 공통한 감정이나 희망"(85쪽) 같은 것이기도 하였다. 단정이 수립되고 분단이 고착화되기 직전의 상황에서 월북은 이념에 따른 체제 선택의 문제가 아닐 수도 있었다. "태환"의 말처럼 젊은 축들의 혈기나 호기심 수준에서 북한행을 고려하는 정도라면, 아직까지는 이념의 현실 구속력이 강하게 작용하지 않고 있음을 짐작케 한다. 『효풍』이 발표된 시점에 "빨갱이"는 비록 불법이었지만, 반공이 일상의 국면에서 생각과 행동을 규율하는 수준의 규정력을 갖지는 않았던 것이다.

『효풍』이 연재되던 1948년은 남한에 단독 정부가 수립된 해이며,[19] 이 시기는 미소의 분할 점령이 결국 분단의 형태로 고착화되는 시점이자, 분단체제가 강한 구속력을 발휘하며 일상적 삶의 환경을 조율하기 시작한 시점이기도 하다. 분단은 필연적으로 사상과 이념의 구별을 강제하였지만, 월북이나 월남처럼 적극적인 선택이나 조직적 활동으로 표현되지 않으면 일상적 차원에서 사상을 검증하는

19 『효풍』은 1948년 1월 1일부터 1948년 11월 3일까지 〈자유신문〉에 연재되었다.

것은 어려운 일이었다.[20] 그러나 남북의 군사적 긴장이 고조되고 남한 내의 정치적 갈등이 격화되면서 사상의 문제는 더 이상 양심의 자유가 아닌 것이 되어 버린다. 특히 단정 수립을 전후로 해 남한에서 벌어졌던 크고 작은 소요사태는 강력한 반공정책에 동력을 제공하게 된다. 결과적으로 1948년 이후 남북통일과 이념적 통합의 모색이 냉전체제에 의해 압살되며, 염상섭을 비롯한 '중간파'의 입지도 좁아진다.[21]

이를 반영하듯이 『효풍』의 서사도 급격히 마무리되는 양상을 보인다. "병직"과 "혜란"은 결혼을 선택하고 "조선에서 살기"를 표방하지만, 그 선택은 어떤 끌림에 의한 것이라기보다 당위적 차원의 귀결이라 할 수 있다. 이런 서사적 결말은 관념적인 만큼 설득력이 떨어진다. 정치적 대안의 모색이나 이념적 통합의 가능성이 봉쇄된 시점에서 『효풍』의 서사는 더 이상 진전되기 어려웠던 것이다. 결국 『효풍』의 갑작스런 결말에는 반공주의 규율사회로 급격히 경사되기 시작한 한국사회의 단층이 새겨져 있는 것이다.

---

20 사안에 따라 이념의 스펙트럼은 미시적으로 분화되기 마련이어서 이념적 지향을 명확하게 구획하기가 어렵다. 특히 단편적이거나 특정한 언어와 행동으로 사상과 이념을 판단하는 것에는 오류가능성이 내재하기 마련이다. 그러나 남한사회에서 좌익을 소탕하는 방식은 이런 구별의 어려움을 지나치게 단순화하는 방식으로 진행되었다.

21 염상섭의 민족주의적 입장은 그가 1948년 4월 11일에 〈문화인 108인 연서 남북회담지지 성명〉에 참가한 것에서도 확인된다. 『효풍』이 발표된 시점에 염상섭은 분단 극복을 위해 단정에 반대하는 입장을 가졌던 것으로 보인다. 그러나 이런 행적은 단정 수립 이후 좌익으로 의심받는 결과를 초래하였다. 단정 수립 이후 보도연맹이 주최하는 〈민족정신앙양 종합예술제〉(《서울신문》(1949.12.5)의 기사에 의하면 이 대회는 1949년 12월 3일과 4일에 개최되었다. 정지용의 사회로 염상섭, 오종식의 강연과 이북 문화인에게 보내는 경고문 낭독이 있었던 것으로 기록되어 있다.)에 참가한 것에서 확인되듯이, 염상섭도 스스로 사상적 전향을 공개적으로 드러내야만 했다.(류경동, 「해방기 문단형성과 반공주의 작동양상연구」, 『상허학보』 21집, 2007, 17쪽 참조)

5. 맺는 말

『효풍』은 해방기에 발표된 염상섭의 첫 장편소설로, 해방기의 사회상과 이념적 선택의 문제를 상품세계에서 갈등하는 인물들의 욕망과 겹쳐서 살피고 있다는 점에서 주목을 요한다. 이념과 체제의 선택은 자기 성찰과 숙고가 아닌, 상황에 따라 우연히 이뤄지거나 욕망과 감각적인 경험에 따라 이뤄지는 문제일 수도 있다. 이 소설은, 새로운 상품세계와 자본주의적 교환질서에 내던져진 주체의 선택과 갈등의 문제를 이념적 문제와 연동해 살핌으로써 해방기 사회상에 대한 총체적인 조망을 가능케 하는 작품이다.

『효풍』에 등장하는 상품과 소비, 이념을 둘러싼 갈등과 선택의 문제는 당대 사회상을 반영하는 동시에 사회 구성원들의 가치관과 욕망을 드러내는 기제라는 점에서 의미를 지닌다. 급격한 사회 변동에 따라 재화나 상품의 가치체계가 변화하고 이와 연동하는 주체의 욕망도 새롭게 구성된다는 점에서, 『효풍』에 등장하는 인물들의 행보는 흥미로운 분석 대상이라 할 수 있다. 특히 해방기에 새롭게 등장한 미국상품들은 새로운 취향과 욕망을 창출하며 가치체계와 의식의 변화를 유발하였다. 이런 변화는 이후 한국사회의 보편적인 심성을 형성하는 중요한 전환점이 되었다. 또한 이 소설은, 이념적 대립과 갈등의 문제를 새로운 상품세계와 교환의 구조에 던져진 인물들의 갈등과 함께 그림으로써, 당시 한국인의 의식과 태도를 추적해볼 수 있는 단서를 제공한다.

『효풍』은 해방의 가능성과 현실성의 충돌을 경험했을 염상섭의 고민과 지향이 새겨져 있는 작품이라 할 수 있다. 해방기는 정치적 체제와 이념, 경제구조와 사회문화적 가치관 등을 새롭게 선택하고 구성해가야 하는 가능성의 시기로 주어졌다. 그러나 해방이 미소의 한반도 분할 점거라는 형식으로 이뤄지는 순간 분단과 냉전체제로의 편입은 예정된 것이었다. 소설은 "혜란"과 "병직"이 조선적 가치를 선택함으로써 주체적인 민족의식을 보이는 것으로 귀결되지만, 당위적인 결말이 갖는 관념성은 이 소설의 전체 서사를 약화시키는 결과를 낳는다. 그리고 이런 서사적 결말은 해방기가 잠시 열어보였던 새로운 사회로의 가능성이 급격히 봉쇄되는 정치적 상황의 또 다른 증후라고 할 수 있을 것이다.

참고문헌

1. 기본자료

염상섭, 『효풍』, 실천문학사, 1998.

2. 논문 및 단행본

김동석, 「해방기 소설의 비판적 언술 연구」, 고려대 박사학위논문, 2005.

김병구, 「염상섭 '효풍'의 탈식민성 연구」, 『비평문학』 33호, 2009.

박지향 외, 『해방 전후사의 재인식』 2, 책세상, 2006.

서준섭, 「염상섭의 '효풍'에 나타난 정부 수립 직전의 사회, 문화적 풍경과 그 의미」, 『한중인문학연구』 28집, 2009.

서철원, 「해방기 단편소설에 나타난 미국 대중문화 양상 연구」, 『국어문학』 55집, 2013.

안서현, 「'효풍'이 불지 않는 곳: 염상섭의 '無風帶' 연구」, 『한국현대문학연구』 39집, 2013.

이봉범, 「해방 공간의 문화사」, 『상허학보』 26집, 2009.

임철규, 『눈의 역사 눈의 미학』, 한길사, 2004.

조형래, 「'효풍'과 소설의 경찰적 기능」, 『사이』 3집, 2007.

주은우, 『시각과 현대성』, 한나래, 2003.

돈 슬레이터, 정숙경 옮김, 『소비문화와 현대성』, 문예출판사, 2000.

피에르 부르디외, 최종철 옮김, 『자본주의의 아비투스』, 동문선, 1995

1950년대 정비석 소설에 나타난 소비주체의 향방 – 『자유부인』과 『민주어족』을 중심으로

1. 문제제기

1950년대 한국사회를 구성하는 가장 강력한 체험은 전쟁이었다. 1953년 7월 정전 협정이 체결되었지만 한국 사회는 상당기간 전시의 후방과 다름없는 상황에 놓여 있었다. 3년의 전쟁은 엄청난 인명피해와 경제적 손실을 남겼으며, 불안과 공포의 경험은 치유되지 않은 채 한국인의 기억과 정서 속에 고스란히 각인되었다. 정전 이후에도 지속된 남북의 군사적 긴장은 전쟁의 재발 가능성을 항구화하였으며, 일반 국민들이 느끼는 생존의 위협과 불안은 강력한 반공주의와 권위주의적인 정치체제의 근간이 되었다.

그러나 전후의 폐허와 혼란을 극복하고 일상으로 복귀하려는 사람들의 욕구 역시 강렬한 것이었다. 전쟁 기간 동안 파괴되거나 가동이 중지되었던 생산시설이 재가동되고 도로나 전기, 통신망 등의 기반시설이 복구되었으며, GNP와 공업생산량이 꾸준히 증가하는 추세를 보였다.[1] 특히 도시로의 인구집중이 가속화되고 주거시설과

---

1 1953년 이후 생산량의 꾸준한 증대에도 불구하고 공업 구조는 해방 전보다 소비재 편중이 심화되었다. 원조의 형식으로 도입된 물자의 대부분이 소비재이거나 그 원료이어서, 공업화 역시 원조물자를 가공하는 가공 산업을 중심으로 진행될 수밖에 없었다.(김대환, 「1950년대의 한국경제의 연구」, 진덕규 외, 『1950년대의 인식』, 한길사, 1981, 173쪽)

생활기반 시설이 복구되면서 번화가의 상권도 부활하기 시작하였다. 영화관, 백화점, 다방, 음식점 등이 밀집한 도시의 번화가를 중심으로 사람들이 모여들고 소비가 되살아나면서 새로운 도시의 풍경이 형성되었다.

도심의 번화가를 중심으로 형성된 소비문화는 풍속과 세태의 변화를 드러내는 지표라 할 수 있다. 전후의 소비는 경제의 원활한·회복에 따른 자연스러운 현상은 아니었다. 왜곡된 경제구조에 의해 부의 편중이 심화되고 소비여력이 일부 계층이나 집단에 집중되면서 그들의 과시적 소비나 낭비가 사회문제가 되었다. 특권층의 과시적 소비에 대한 비판이나 생산 없는 소비에 대한 우려에도 불구하고, 새로운 유행과 상품은 당시 대중들의 욕망을 자극하는 것이었다. '아베크'라 명명된 도시의 연인들은 카페나 다방에서 그릴이나 영화관으로 이어지는 동선을 따라 움직이거나, 가로등과 '쇼우 윈도-'의 불빛을 배경으로 도회의 밤거리를 배회하기도 하였다. 경제적 여유가 있는 계층은 자동차를 타고 호텔과 요리점, 고급 레스토랑을 순회하며 양주와 양담배, 외제 화장품 등의 '양품'(洋品)을 소비하였다.[2] 서구문화와의 직간접적인 접촉이 활발해지면서 의복과 머리모양에 변화의 바람이 불었다. 한복에서 양장으로, '빌로오드'에서 '나이론'으로, '퍼머넌트'에서 '쇼트-컽'으로 유행이 교체되었으며, '햅번-스타일'이나 '코도-르 스타일', '몬로 스타일'처럼 의상과 머리모양, 화장기법을 아우르는 패션이 '스타일'의 형태로 유행하기 시작하였다.

2 전쟁을 계기로 군사 및 구호의 성격을 지닌 막대한 양의 원조물자가 도입되면서 한국은 미국 상품의 거대한 소비시장이 되었다. 담배나 술, 화장품, 영화 등 일반 대중이 접할 수 있는 소비재들로부터 영어, 자유, 미국식 민주주의 등의 문화적이고 정치적인 기호들까지 '미제'는 그 자체로 우월한 가치를 지닌 것으로 여겨졌다. 국산품의 공급이 부족하고 품질이 떨어진 탓도 있겠지만, 객관적인 품질과 상관없이 소비 성향 자체가 '최고급품=미제(외제)'로 구조화된 것이다.

주 독자층이었던 도시민의 감각과 욕망에 민감하게 반응할 수밖에 없었던 신문소설이 새로운 유행과 소비문화를 적극적으로 수용한 것은 자연스러운 현상이었다. 1950년대의 본격문학이 전후의 폐허 의식, 인간 근원의 탐색과 전통주의, 실존주의에 기반한 현실 비판, 전통과 이념에 대한 성찰 등으로 분화된다면,[3] 이 시기 신문소설은 도시민의 일상과 욕망을 적극적으로 포착하고 서사화하려는 경향을 보인다. 신문 연재라는 매체와 창작 조건의 특성상 대중의 기호에 영합하려는 상업주의로부터 자유로울 수 없지만, 당시 한국 사회의 욕망과 보편심성을 담고 있다는 점에서 이 시기 신문소설에 대한 적극적인 고찰이 필요하다.[4]

이 논문은 소비를 매개로 1950년대 신문소설을 조망하는 작업의 일환으로, 정비석의 『자유부인』과 『민주어족』에 나타난 소비주체[5]의

---

3 권영민, 『한국현대문학사』, 민음사, 1999.

4 최근 들어 1950년대 신문소설들에 대한 관심이 증가하고 있다. 이영미 외, 『정비석 연구』(소명, 2013)는 1950년대 정비석의 신문소설뿐만 아니라 정비석 문학을 이해하는 단초를 제공한다는 점에서 의미있는 성과라 할 수 있다. 여성적 소비 혹은 당대의 문화적 지형을 정비석의 신문소설과 연관지어 살핀 연구로는 이선미의 「'햅번 스타일', 욕망/교양의 사회, 미국영화와 신문소설」(『현대문학의 연구』 47, 2012)과 임은희의 「1950년대 신문소설에 나타난 취향의 재편과 젠더성」(『한국문예비평연구』 45집, 2014)이 있다. 1950년대의 문화적 징후로 정비석의 소설을 읽어낸 작업으로 권보드래의 「실존, 자유부인, 프래그머티즘-1950년대의 두 가지 '자유' 개념과 문화」(『한국문학연구』 35집) 역시 주목할 만하다. 소비주의와 주체 구성의 층위에서 영화 『자유부인』을 살피고 있는 주유신의 「'자유부인'과 '지옥화': 1950년대 근대성과 매혹의 기표로서의 여성 섹슈얼리티」(『주유신 외, 『한국 영화의 근대성』, 소도, 2001)는 사회문화적 기호로서 『자유부인』을 바라볼 수 있게 한다는 점에서 의미있는 성과이다.

5 이 논문에서 소비주체는 소비 행위 안에서 정체성을 구성하고 의미를 실천하는 행위자를 포섭하는 용어로 사용한다.(류경동, 「박태원 소설에 나타난 소비주체의 욕망과 갈등 연구」, 『현대문학이론연구』 56집, 2014.3, 278쪽) 다만 정체성 구성보다 소비 행위자라는 의미가 부각되는 경우 '소비하는 주체'로 구별하여 사용한다.

선택과 갈등을 분석해보고자 한다.[6] 대중적 인기는 물론 사회적으로 커다란 반향을 일으켰던 『자유부인』과 뒤이어 발표된 『민주어족』은 1950년대 신문소설의 대표적인 두 작품이라 할 수 있다. 독자들의 반응이나 영향력, 작품성이나 문학사적 평가 등에서 『자유부인』과 『민주어족』은 상당한 차이를 보이지만, 소비라는 문제의식에서 『민주어족』은 『자유부인』의 연장선에 자리하는 작품이라 할 수 있다. 이 논문은 두 작품을 대상으로 소비에 대한 욕망이 인물의 선택과 갈등에 어떻게 작용하는지를 살펴보고 그것이 어떤 서사적 전개과정으로 귀결되는지를 분석해보고자 한다. 이런 작업은 1950년대 정비석의 신문소설뿐만 아니라, 이 시기 신문소설에 나타난 소비의 양상과 생산의 문제를 고찰하는 작업의 단초가 될 수 있을 것이다.

2. 소비에의 욕망과 교환의 서사

『자유부인』은 부부인 '오선영'과 '장태연'의 일탈과 가정 복귀를 기본서사로 한다. 이성에 대한 이끌림에서 시작한다는 점에서 두 일탈의 계기는 유사하다.[7] 그러나 '장태연'이 계몽의 주체로 설정됨으로

---

6 정비석의 『자유부인』은 1954년 1월 1일부터 8월 9일까지 〈서울신문〉에 연재되었다. 연재 당시 신문의 판매부수가 급증했으며(연재가 종결되자 판매부수가 5만 2천부 이상이 격감되었다고 한다), 단행본으로 출간된 이후에도 14만부가 팔릴 정도로 폭발적인 인기를 끌었다. 『민주어족』은 1954년 12월 10일부터 1955년 8월 8일까지 〈한국일보〉에 연재되었다. 본고의 인용은 단행본으로 출간된 『자유부인』(정음사, 1954)과 『민주어족』(정음사, 1955)으로 하되, 필요한 경우 정비석의 『여성의 적』(정음사, 1956)과 『슬픈 목가』(춘조사, 1957) 등을 참고하였다.

7 '장태연'이 '박은미'를 발견하는 방식은 '오선영'이 '신춘호'나 '한태석'에 의해 발견되는 방식과 유사하다. 정비석의 소설에서 대부분 남성은 발견의 주체로, 여

써 계몽의 서사를 형성한다면, '오선영'은 소비하는 주체로 자본주의적 교환의 서사에 편입되는 차이점을 보인다. 작가는 '박은미'에 대한 성적 욕망에서 촉발된 '장태연'의 일탈에, '문맹자에게 한글을 가르치는' 의무의 형식을 부여함으로써 낭만적인 계몽의 서사를 구성한다. '장태연'의 연애는, 대가를 바라지 않는 남성 지식인의 헌신과 배우고자 하는 여학생의 열의가 사랑으로 승화되는 상상의 이야기를 기반으로 한다. 그러나 '장태연'과 '박은미'의 관계는 야학이 끝나고 계몽의 목적이 완수되면서 마무리된다. 결국 '장태연'의 일탈은 강습이 끝나고 '박은미'의 결혼 소식을 접하게 됨으로써 일상으로 복귀할 수밖에 없는 것이다. '장태연'이 상상했던 연애의 판타지는 그것이 착각이었음이 밝혀지는 순간 휘발되어 버리는 것이다. 이 과정에서 '장태연'이 도덕적 타락 없이 일상으로 복귀할 수 있었던 것은 '박은미'와의 관계가 교환의 구조에 편입되지 않았기 때문이다. '장태연'은 '박은미'와의 관계에서 '한글 강습'의 대가를 거절하고 가르치는 것을 학자의 의무로 설정함으로써 교환의 요소를 제거한다. 마찬가지로

성은 발견의 대상으로 설정된다. 가령, "장 교수는 그렇게 말하다가, 문득, 곤색 스카아트 밑으로 드러나 보이는 은미의 하얀 종아리가 눈에 띄이는 바람에, 별안간 가슴이 설레였다.(…) 뜻하지 않았던 곳에서 비상한 아름다움을 발견한 장 교수는, 점잖지 못하게 남의 집 처녀의 종아리를 잠시 황홀하게 바라보고 있었다."(65쪽)에서처럼, '비상한 아름다움'을 지닌 '박은미'의 '종아리'는 욕망의 대상으로 발견된다.

마찬가지로 "신춘호는 오 여사의 허리에 팔을 돌려 보다가 대뜸 감격에 넘치는 어조로 말하였다"(87쪽)에서처럼, '오선영'의 '몸의 가치'는 '신춘호'에 의해 발견된다. 그녀는, "이성의 품에 안겨 보는 것도 감격적인 사실이거니와, 자기 몸에 대해 새로운 가치를 발견했다는 것도 또 하나의 감격"(88쪽)이라 여긴다. 이렇게 발견된 육체로부터 '오선영'의 일탈이 비롯된다. 또한 '오선영'은 '신춘호의 황홀한 시선' 속에서 자신의 욕망을 재발견하기도 한다. 바라봄이 아니라 보임을 통해 자신의 정체성과 욕망을 발견한다는 점에서 '오선영'의 주체화는 타자의존적일 수밖에 없다.

'한글 강습회' 마지막 날 받은 '옷감'과 '넥타이'는 감사의 선물이지 가르침에 대한 보수가 아니다.

'장태연'의 일탈이 계몽의 서사로 구성되는 것과 달리, '오선영'은 소비에의 욕망을 쫓아 자본주의적 교환의 서사에 편입되는 것으로 그려진다. 소설의 첫 부분에서 '화교회' 참석을 위한 '오선영'의 외출은, 가정의 굴레를 벗어나 '자유'를 찾아나서는 시발점이자 사회적 욕망을 자기화하여 소비주의에 편입되는 계기가 된다.[8]

> 오늘 회비는 천환이었다. 모두가 천 환짜리 한 장씩을 쭉쭉 뽑아놓는다. 백 환 지폐나 십 환짜리를 내놓는 사람은 한 사람도 없다. 오선영 여사도 오늘 아침 단골가게에서 일부러 바꾸어 온 천 환 한 장을 서슴치 않고 내놓았다. 천 환이라면 대학을 세 군데나 나가야 하는 남편의 하루 수입이며, 장 교수네 살림살이로서는 일주일분의 부식비에 해당하는 금액이기도 하였다.[9]

고급 승용차를 타고 호화판으로 꾸민 회장에 모인 여성회원들의 화사한 옷차림은 '일반 국민의 생활수준'과 대비된다. 남편들의 '공정수입'이 '천 환'이 안 되는데도[10] 동창회 회비로 '천 환'을 내놓는 가정

---

8 바우만에 따르면 소비주의의 매력은 그것이 다른 생활영역에서 제약받고 있다고 느끼는 사람들에게 자유를 제공해준다는 것이다.(스티븐 마일스, 박형신・정현주 옮김, 『현실세계와 사회이론』, 일신사, 2003, 121쪽) 소비가 개인 자유의 중심이라는 점에서 『자유부인』에서 '오선영'이 추구하는 '자유'는 결국 소비에의 욕망에 다름 아닐 것이다.

9 정비석, 『자유부인』(上), 정음사, 1954, 19쪽.

10 공식적인 통계수치를 보면 당시 공무원들이 월급만으로 생활하는 것은 불가능에 가까운 일이었다. 1954년 1월 쌀 5되의 가격이 550환(김준영, 『해방 이후 한국의 물가통계』, 성균관대학교 출판부, 2000, 33쪽)이었으므로 공무원들의 월급은 쌀 한 말이 안 되는 수준이었다. 거기에 인플레이션에 의한 물가의 급등은 임금 노동자의 생활을 더 고통스럽게 만들었다. 1955년 6월에는 쌀 5되의 가격

주부들의 모습은 그 자체로 부조리한 현실의 축소판이다. 특히 '백 환 지폐'나 '십 환짜리'가 아닌 고액권 지폐 한 장씩을 '쭉쭉 뽑아놓는다'는 서술은 동창회와 같은 사교모임이 갖는 자기 과시적 속성을 부각시킨다. 남편의 월급이 '칠백 몇 환'밖에 안 되는데 '송이버섯 값'으로 한 달에 '삼천 환'을 썼다는 '세무서 마누라'의 말과, '너비아니'를 넉넉히 구하기 위해 정육점에 '십만 환'을 대줬다는 'M은행 중역 부인'의 말은 '허위와 허영'이 뒤섞인 자랑이라 할 수 있다.[11]

무엇을 어떻게 쓰는가가 집단과 계층을 구별하는 수단이라면, 낭비와 사치는 보다 우월한 지위를 드러내는 표현방식이기도 하다. 사교모임에서 오고간 대화들은 소비를 통해 소유와 지위를 과시하려는 여성들의 자기 현시적인 욕망을 드러낸다.[12] 이런 대화에 내재하는 과장과 허위의 속성을 깨닫지 못한 '오선영'은 호화판 모임을 통해 자기가 가장 불행하다는 생각만을 얻게 된다. 소비를 통한 '구별짓기'가 차이의 이쪽에 자리한다는 만족감을 얻는 것이라면, '오선영'은 현실적 이익은 물론이고 소속감이나 유대감 등의 정서적 가치조차

이 1,400환으로 올라 1954년 대비 세 배 가까운 상승률을 보인다. 이런 상황에서 관료들의 부정부패는 차라리 필연에 가까운 것이었다.

11 『자유부인』에는 정치인과 관료의 부패, 사회에 만연한 '모리'와 '사바사바'에 대한 비판적 서술이 자주 등장하지만, 그 부패가 현상하는 과정에 항상 여성의 인격적 결함 혹은 부주의가 결부되어 있다는 서술은 눈여겨 봐야할 문제이다. 가령, '화교회'에서 친구 남편의 취업 청탁과 함께 '은제 반상기'를 받았다고 자랑하는 '국장 마누라'의 모습은, 비리 자체보다 그것의 부주의한 누설에 초점이 놓이게 한다. 이 시기 여성에 대한 인식의 한계를 감안해 본다면, 부패한 상류층 여성의 몰지각이나 무지, 비윤리성을 조롱하는 서술방식은 남성/권력에 대한 직접적 비판의 부담을 줄이고 남성독자들의 정서적 동의를 구하려는 서술전략이라 할 수 있다.

12 여성들의 자기 과시적이고 경쟁적인 소비는 『자유부인』에 반복적으로 나타난다. 필요에 의한 것이 아니라 허영과 경쟁심, 자기 과시적 욕망에 의식에 의한 소비가 여성적 소비의 본질로 여겨진다.

획득하지 못한다. 회비 '천 환'의 지출을 통해 '현실에 대한 불만과 허영심'만을 얻었다는 점에서 '오선영'의 소비는 실패하고 만다. 그러나 그 실패는 또 다른 소비를 충동함으로써 '오선영'은 자본주의적 소비 구조에 편입하게 된다.

'화교회'에서 얻은 열패감 혹은 시대에 뒤떨어진 것 같은 초조함[13]은 충족될 수 없는 결핍의 구조를 형성한다. 취직을 하고 댄스를 배우며 '양장'과 '나일론 옷'을 마련하고 계에 가입함으로써, '민주시대'의 유행을 따라잡기 위해 안간힘을 쓰지만 그녀의 소비는 파탄으로 마무리되기까지 멈추지 않는다. 결코 만족에 도달할 수 없다는 점에서 '오선영'의 소비는 자본주의적 소비의 본질을 체현하고 있다. 자본주의 사회에서 소비에 대한 욕망은 주체의 필요나 결핍에 의해 생성되는 것이 아니라, 외부에서 반복적으로 주어지는 것이다. 소비는 욕구의 충족이 아닌 욕구의 창출을 통해 지속된다. 문제는 그렇게 연속되는 소비의 과정에서 주체가 경제적으로 혹은 윤리적으로 소진된다는 점이다. '오선영'은 소비에의 욕망을 좇아 교환의 구조에 편입되지만 성과 없는 소비를 반복하다 도덕적 파탄에 이르게 된다.

『자유부인』에서 '오선영'을 중심으로 형성된 인물들의 관계와 갈등의 이면에는 돈과 성을 매개로 한 교환관계가 내재한다. 가령, '원효삼'이 가져온 과자상자에 들어있던 '삼만 환'은 '이만 칠천 환'짜리

13 첨단의 유행이 대개 젊은 세대들에 의해 선도된다는 점에서 새로운 문화의 향유는 세대 간의 갈등을 수반한다. 헤어질 때 악수를 청하는 '신춘호'에게 '너무 봉건적이지 않고 싶어서' 손을 맞잡은 '오선영'은 행동은, 새로운 가치관과 행동양식을 표방하는 신세대에 대한 기성세대의 어색한 반응이기도 하다. '너무 봉건적이지 않고 싶어서' 새로움을 선망하는 '오선영'의 조바심은 그녀의 소비가 끊임없이 미끄러지는 근본적인 이유이다. 새로운 세대가 세대 간의 차이를 극대화하는 방식으로 자신의 정체성을 구성한다는 점에서 젊은 세대의 감각을 따라잡으려는 '오선영'의 욕망은 충족되기 어려운 것이기 때문이다.

'투피스 양복'을 맞추는 데 사용되고, 양복값 잔금은 다시 '나이롱' 옷감으로 교환된다. '오선영'은 뇌물의 대가로 남편 몰래 '원효삼'의 성적을 고쳐줌으로써 교환을 완성시킨다. '신춘호'와의 관계 역시 일련의 교환으로 구성된다. 댄스 교습과 성적 일탈의 대가로 '점심을 사 주고 와이셔츠를 사 주고 넥타이를 사 주지만', 결국 '채산이 맞지 않는' 거래였음을 깨닫는다. 허영심이나 섣부른 욕망에서 비롯된 '오선영'의 선택은 합리적인 교환의 결과를 얻지 못한다. '오선영'이 사업자금을 미끼로 접근한 '백광진'과 외상거래를 하는 것이나 '삼십만 환'짜리 계에 무리하게 가입하는 것은 모두 허영심이 낳은 잘못된 선택이며, 그 결과 '이십만 환'을 사기 당하고 곗돈을 마련하기 위해 상점의 공금을 횡령하기에 이른다.

'채산이 맞지 않는' 교환의 반복 속에서 '오선영'은 경제적으로도 도덕적으로도 소진된다. '오선영'이 챙긴 '원효삼'의 '삼만 환'은 돈을 받고 성적을 고쳐주는 '협잡'을 낳고 결국 '장태연'의 도덕적 위신에 상처를 입힌다. '한태석'에게 빌린 '이십만 환'이나 '신춘호'에게 사준 '오천 환'이 넘는 와이셔츠와 넥타이는 모두 성적 일탈 혹은 그것에의 욕망으로 귀결된다. 경제적 실패로 인해 소비와 교환을 지속할 수 없을 때 소비하는 주체는 파멸에 직면한다. 소설의 말미에 '백 환짜리 한 다발'을 챙겨 들고 댄스파티로 향하는 '오선영'의 모습은 실패한 소비주체의 발작적인 행동일 수밖에 없다. 비록 '오선영'은 무사히 가정으로 복귀하지만, '최윤주'는 교환의 실패와 도덕적 타락으로 비참하게 파멸함으로써 '자유부인'의 말로를 상징적으로 보여준다.

정비석의 소설에는 교환에 실패함으로써 도덕적 파멸의 길을 걷는 여성들이 자주 등장한다. 『자유부인』의 '오선영'과 '최윤주', 『민주어족』의 '고순례', 『여성의 적』의 '신현옥'은 교환에 실패함으로써 남성적 욕망의 희생자가 된다.[14] 이런 인물들의 실패에는, 소비주체로 등장하기 시작한 여성들에 대한 우려와 불안이라는 1950년대 성의식의 한계가 투영되어 있을 것이다. 『자유부인』 역시 가부장적 질서와 가족의 가치로 소산되지 못한 욕망을 봉합하지만, 욕망의 회로를 따라 폭주하는 여성 인물들을 통해 기성의 질서가 포섭하지 못하는 위험한 것, 불안한 것들의 등장을 예고한다. 새로운 유행과 상품, 스타일에 대한 끌림은 이성이나 규범으로 제어할 수 없다는 점에서 또 다른 '자유부인'들의 등장은 필연적이라 할 것이다.

3. 소비하는 주체에서 생산하는 주체로의 유영

전쟁 직후 한국사회의 경제적 상황은 결핍과 과잉의 심각한 대비로 현상하였다. 대부분의 국민들이 낮은 임금과 인플레이션, 생필품 부족으로 생활고에 시달린 반면, 특혜와 편법으로 부를 축적한 일부 특권층들의 과시적 소비가 사회 문제가 되기도 하였다. 1950년대 정비석의 신문소설은 정치적 혼란과 경제적 부조리, 여기에서 비롯된 사회·문화적 무질서를 결핍과 과잉의 불균형으로 드러낸다.

과잉소비는 정작 필요한 곳에 재화를 분배하지 못한다는 점에서 공공의 이익에 반한다. 생산이 미비한 상황에서의 과도한 소비는 부패나 부조리의 사회적 징후이기도 하다. 『자유부인』에서 '어둡지도 않은데 방안 전등'을 켜고 '전기풍로'로 '곰탕'을 데움으로써 '상시선'이라는 특혜를 과시하는 국회의원 '오병헌'의 집은, '보통선'이 들어와 정작 밤에는 '침침한 등잔불'을 켜고 연구를 해야 하는 '장태연'의

---

14 도덕적 결함에도 불구하고 교환에 실패하지 않는 인물들은 몰락하지 않는다. 『여성의 적』의 '권동철'이나 『민주어족』의 '김은애'와 '배영환'은 부도덕하지만 무능하지 않기에 몰락의 길을 걷지 않는다.

집과 대비된다. 나아가 국어학자의 어두침침한 서재는 '엘씨아이 댄스홀'의 휘황찬란함이나 '창경원 파티'의 화려함과도 대비된다. 필요를 상회하는 과시적 낭비와 기본적인 필요조차 충족시키지 못하는 결핍의 불균형은 당대 사회의 근본 문제를 함축한다.

정비석의 소설은 국민 대다수가 '절량가정'에 속하는 경제상황에서 '특제'와 '고급'을 외치는 특권층의 과잉소비를 비판적으로 바라본다. 『민주어족』에서 '등외귀족'으로 묘사된 '배영환'은 '뷕크'를 타고 '그릴'과 요릿집, 영화관을 순례하며 외국인에게만 출입이 허용되는 호텔의 댄스홀을 드나든다. '친정아버지가 요새 한창 드날리는 세도가'인 '김은애' 역시 젊은 애인을 대동하고 경마장과 영화관을 드나들며 '완전한 자유부인'의 면모를 과시한다. "어중이 떠중이들까지 크리스마스라고 떠들어대는 꼴 보기 싫어서"[15] 비행기를 이용해 해운대 호텔로 밀월여행을 가는 '김은애'의 모습은 당시 일반 대중이 간접적으로나마 경험할 수 있는 과잉소비의 최대치였을 것이다.[16]

당시의 경제상황이나 사회적 의식의 수준에서 이런 소비행태가 부도덕한 것으로 비춰진 것은 물론이다. 빈곤과 낭비의 불균형은 궁극적으로 생산과 소비의 불균형이라는 근본문제와 연결된다. 생산

---

15 정비석, 『민주어족』, 정음사, 1955, 185쪽.

16 속도와 쾌적함은 어느 사회나 특별한 소비의 대상이었다. 『여성의 적』의 첫 부분에서 맥주회사 사장인 '권동철'이 '금방 기름항아리에서 건져낸 듯이' 번들거리는 '세당 자동차'를 타고 시내를 가로지르는 장면은 속도에 대한 과잉소비의 전형이라 할 수 있다. 그의 자동차는, "삼시간에 남대문을 통과하였다. 정거장을 지나면서부터는 속도가 점점 빨라졌다. 그리하여 한강통에 이르렀을 때에는 '메터' 바늘은 삼십마일에서 삼십오마일 사십마일로 자꾸 상승하기 시작하였다. (…) 앞을 달려가는 자동차를 연방 뒤로 떨어뜨리며 '세당' 자동차는 쏜살같이 앞으로 앞으로!"(『여성의 적』, 13쪽) 질주한다. 교통경찰의 단속 역시 "나중에 뭐라고 하면 벌금을 냈으면 그만이겠지!"라고 대수롭지 않게 치부하며, 결국 "제지하는 교통순경도 놀라운 속도에 위압을 느꼈는지 막연히 서서 바라보기만"(『여성의 적』, 14쪽) 한다.

없는 소비는 1950년대 한국 경제의 심각한 구조적 문제였다. 전쟁은 물론 전후의 복구 기간에도 군수품과 소비재 중심의 원조물자가 도입되면서 생산은 없고 소비만 팽창하는 경제 구조가 심화되었다. 한국의 제조업 역시 소비재나 가공 산업을 중심으로 재편될 수밖에 없었다. 『민주어족』은 과잉 소비로부터 생산의 필요성을 발견함으로써 사회적 문제에 대한 대안을 제시한다.

> 택시가 밤거리를 쾌속도로 달려 나가자(…) "타고 보니 역시 좋기는 좋군. 돈도 없는 사람들이 무리를 해서 택시를 타는 까닭을 이제야 알겠는걸!"(『민주어족』, 206쪽)

'민생 알미늄 제작소' 엔지니어 '홍병선'은 '강영란'과 함께 처음으로 택시를 타고, 밤거리를 '쾌속도'로 달리는 쾌적함과 편리함에 동의한다. 그러나 그는 택시비 '사백 환'이 '버스값 20회분'에 해당한다는 계산을 통해 '돈 없는 사람들이' 택시를 타는 것이 합리적인 소비인지에 대해 의문을 제기한다. 편리함과 쾌적함의 대가로 과도한 비용을 지불하는 소비성향의 문제점을 지적하는 것이다. 나아가 작가는, '츄럭' 같은 것은 별로 늘지 않고 승용차만 자꾸 불어가는 현상을 '생산은 아니하고 가만 앉아서 호강만 할려드는' 사람들의 심리로 진단한 '운전수'의 말을 통해, '생산기관은 자꾸 줄어가는데, 소비와 사치는 나날이 성행'하는 세태를 비판한다. 생산이 부재한 상황에서 소비만이 확대되는 문제는 결국 생산의 필요성으로 연결된다.

『민주어족』의 서사는 근본적으로 소비와 생산의 대립을 주축으로 구성된다. 이는 인물의 대비는 물론이고 서술의 층위에서 당위와 욕망, 이성과 감각 등의 대립으로 현상한다.[17] 가령, '홍병선'이 택시의 쾌적함을 감각적으로 수긍한다면, 비용을 계산하여 합리성을 따져 묻는 것은 이성적 판단이다. 도시의 번화가가 배경으로 등장할 때 감각적이고 관능적인 서술이 우세한 반면, '민생 알미늄 제작소'를 배경으로 서사가 진행될 때는 관념적인 논변이나 웅변이 우세하게 등장하는 것 역시 소비와 생산이라는 대립이 서술 양상의 차이로 현상한 결과라 할 수 있다.

독자들은 생산의 당위적 필요성에 수긍하면서도 화려한 소비의 세계가 환기하는 감각적 자극에 끌릴 수밖에 없다. 『민주어족』에서 생산을 강조하는 '홍병선'이나 '박재하'의 계몽적이고 금욕적인 태도는 사회적 정당성을 지니지만, 경제적 여유와 소비가 환기하는 쾌적함 역시 거부하기 어려운 것이다. 이 상이한 두 세계를 오가는 '강영란'은 이 소설에서 가장 문제적인 인물이다. '강영란'은, 소비가 지니는 감각적 쾌에 대한 매료와 그것에 대한 반성적 의식이 동시에 작동한다는 점에서 흥미로운 인물이다. '오선영'이 경제적 실패로 인해 도덕적 타락에 빠진 것과 달리, '강영란'은 상품세계에 매료되면서도 그것과의 거리두기를 통해 스스로의 욕망을 온전히 실현하는 인물로 그려진다.

'강영란'은 '홍병선'과 함께 건강한 전후 세대를 표상한다.[18] 그녀는

---

17 '박재하'가 '강영란'의 구애를 거절하는 장면은 욕망/감각과 금욕/이성이라는 대립적 의미소들의 충돌을 함축적으로 나타난다. "박재하를 마주 보고 있는 영란의 눈에서는 이상한 광채가 떠돌고 있었다. 희망과 절망이 혼동되어 있고, 비상하게 빛나는 시선이었다. 대장부의 이성을 마비시키고, 사업을 망치고야말 듯이 놀랍도록 아름다운 시선이었다."(『민주어족』, 402)에서처럼, 작가는 '박재하'를 통해 사업과 연애, 이성과 욕망을 각각 대립시키고 이성적 판단과 사업의 성공을 선택하도록 한다. 또한 아름답지만 차마 응시할 수 없는 여성의 눈은, 이성으로 규제할 수 없는 감각과 욕망의 범람처럼 불안한 것, 위험한 것을 상징한다. '강영란'이 사무실의 불을 끄고 '홍병선'으로 하여금 자신을 찾게 하는 소설의 마지막 장면은 의미심장하다. 이는 어둠을 통해 욕망의 눈을 무력화함으로써 두 연인의 이성적 결합을 암시하는 것이라 할 수 있다.

18 『자유부인』의 '신춘호'와 '오명옥', 『민주어족』의 '배영환'이 소비주의에 매몰된

전통적이고 봉건적인 '강영희'는 물론이고, 완전한 '자유부인'인 '김은애'와도 대비되는 인물이다. '강영란'은 유행의 첨단에 서 있는 전후의 신세대이자 '용모'와 '학식'을 겸비한 현대여성으로 그려진다. '쇼트헤어'에 '최신형인 '코도-르 스타일"로 치장하고, 영화관과 댄스홀을 자유롭게 드나들지만, '박재하'의 애국주의적인 계몽 담론에 적극적인 지지를 보이기도 한다. 그녀는 '하이힐'과 '핸드백' 대신 도시락을 싸들고 직장을 다닌다는 것에 자부심을 갖으며, 일하는 사람의 모습을 '근로와 생활에서 오는 아름다움'으로 심미화하기도 한다.

'강영란'은 '박제하'와 '홍병선'을 중심으로 형성된 생산의 담론에서는 대개 청자나 계몽의 대상으로 기능하지만, '배영환'을 중심으로 형성된 소비의 과정에서는 자기 욕망을 적극적으로 실현하면서도 비판적 의견을 드러내는 발화자로 기능한다. 그녀는 '배영환'의 이기적이고 부박한 소비에 대해 비판적이면서도 그것이 환기하는 감각적 쾌를 마다하지는 않는다. '뷕크' 자동차에 운전수까지 대동한 '배영환'에 대해, "영화를 한번 구경하는데, 얼마나 많은 물자와 인력과 시간을 소비한 것인가."라는 비판적 의문을 표시한다. 또한 문패 없는 요릿집에서의 호화판 식사를 낭비로 규정하고 '배영환'의 귀족 취미를 경멸하기도 한다. 그러나 이런 비판과 달리, 식사 후 자동차에 오르며 "오늘은 내가 여왕이나 된 것 같애요."라며 '명랑'함을 표출한다. 'M그릴'에서 저녁식사를 할 때, '스페샬 · 룸'을 찾는 '배영환'의 귀족적 취미를 비판적으로 바라보지만 '스페샬 · 룸'의 '깨끗하고 조용'함에 긍정적 반응을 표시하기도 한다. '강영란'은 '배영환'의 취향과 태도에 반감을 지니지만, '배영환'의 결혼상대에 대해 '야릇한 질

전후의 신세대를 표상한다면, 『민주어족』의 '강영란'과 '홍병선', 『여성의 적』의 '한승조'와 '백설희', 『슬픈 목가』의 '강병철'과 '이선옥'은, 무능하고 부패한 기성세대와 대비되는 새로운 사고방식과 실천력을 지닌 인물들로 묘사된다.

투심'을 느끼고 '배영환'의 고백에 '황홀한 행복감'을 느낀다는 점에서 양가적인 욕망을 내포한 인물이다. '강영란'은 '김은애'처럼 욕망의 회로를 따라 움직이지도 않지만, '홍병선'처럼 이성적이고 금욕적인 생활방식을 고수하지도 않는다. 그녀의 양가적인 태도는 결국 사랑과 결혼을 매개로 '박재하'('홍병선')와 '배영환' 사이에서 갈등하는 것으로 표출된다. '박재하'(혹은 '홍병선')로 표상된 공동체의 계몽적 서사에 공감하면서도, '배영환'으로 대표되는 화려한 소비세계에 끌리기도 하는 것이다.

『민주어족』에서 '강영란'을 중심으로 형성된 갈등의 구조는 소비와 생산의 사회적 긴장관계를 반영한다고 할 수 있다. '배영환'의 귀족 취미와 낭비의 배경에는 'H 은행장'인 아버지 '배유호'의 금융 자본이 자리하는 반면[19], 엔지니어인 '홍병선'은 '박재하'의 산업 자본과 함께 생산을 상징하는 인물이다. '배유호'가 정략결혼을 통해 아들의 출세와 가문의 이익을 도모하는 데 주력하는 것에 비해, '민생 알미늄 제작소'의 '박재하'는 국산품의 생산을 통해 수입을 대체함으로써 국익에 보탬이 되고자 한다. 단순한 이윤 창출이 중요한 것이 아니라 물건을 스스로 만들어내는 것이 시급한 사회적 현실은 생산에 공적 정당성을 부여한다. 이런 상황에서 서사적 갈등은 당위적 차원에서 봉합될 수밖에 없다. '강영란'은 '홍병선'을 선택함으로써 자신의

---

19 재화의 생산 없이 이자를 통해 부를 증식한다는 점에서 '계'나 고리대금, 은행 등의 금융 산업은 부정적으로 그려진다. 해방 이후 기형적인 부의 축적이 적산이나 원조물자 불하, 달러 경매나 고리대금을 통해 이루어졌다는 점에서 금융 자본에 대한 부정적 인식이 확산되어 있었다. 특히 1950년대의 심각한 인플레이션이 가져온 비정상적인 금융구조는 경제 구조 개선의 최대 걸림돌이었다. 가령, 공식 환율과 실제 환율의 차이에 따라 달러를 경매 받아 암시장에 팔면 엄청난 시세 차익을 챙길 수 있었으며, 공식 환율에 따라 달러를 구입하고 이를 지불 수단으로 수입 물자를 들여오기만 하면 몇 배의 수익을 올릴 수 있는 구조에서 공장을 짓고 물건을 생산하는 것은 오히려 비경제적인 일로 여겨졌다.

욕망을 공공의 이해와 일치시킨다. 자유로운 소비에의 욕망이 계몽의 구조 안으로 포섭되면서 생산이라는 사회적이고 이념적인 요구에 용해되는 것이다.

4. 맺는 말

화폐와 상품의 교환구조에 환멸을 느끼면서도 새로운 상품세계와 소비문화에 매료될 수밖에 없었던 난처함이 근대 이후 한국문학의 존재조건이자 다양한 글쓰기의 동인이었다. 1930~40년대 대중소설에서 소비는 세련된 기호와 취향을 지닌 남성 지식인들에 의해 독점되었다. 그들은 세련된 취향과 교양을 통해 당대의 지배적인 가치관이나 대중적 욕망과 '구별짓기'를 시도하거나, 비속한 소비문화를 비판하면서도 스스로는 '좋은' 소비를 선취하는 태도를 보이기도 하였다. 이 과정에서 소비하는 여성은 대개 계몽의 대상이거나 소비함으로써 소비되는 대상으로 기능하였다.

그러나 1950년대 정비석의 신문소설은 "아프레 걸"로 명명된 여성들을 소비주체로 설정하고, 당대의 대중문화의 표면에 나타난 서구지향과 '유행'의 유행, 여성들의 소비에 주목한다. 여전히 남성적 소비는 세련되고 생산적인 것으로 취급되고, 여성적 소비는 비합리적이고 소모적인 것으로 묘사되지만, 그의 소설에는 가부장적 가치로 수렴되지 않는 위험한 것 혹은 불안한 것으로서의 여성적 욕망이 드러나기도 한다.

특히 『자유부인』과 『민주어족』은 욕망의 회로에 따라 움직이는 여성들을 서사의 전면에 등장시켜 풍속과 세태의 변화를 그려내고 있다. 『자유부인』의 '오선영'이 교환의 구조에 편입되면서 소비하는 주체로 재구성된다면, 『민주어족』의 '강영란'은 생산 없는 소비의 문제를 발견하고 소비하는 주체에서 생산하는 주체로 변신을 모색한다. 표면적으로 '오선영'이 교환의 실패와 도덕적 타락으로 상처를 입은 채 가부장적 질서로 회귀하지만, 일탈의 과정에서 보여주었던 욕망과 소비에의 이끌림은 대중적 욕망을 반영하는 동시에 자극하는 것이었다. 『민주어족』은 소비와 생산, 감각적 쾌와 이성적 판단, 욕망의 충족과 공공의 이상이라는 대립항을 설정함으로써, 생산 없는 소비를 비판하고 생산에 공적 정당성을 부여한다. 이 과정에서 '강영란'은 소비에의 욕망을 계몽적 담론으로 대체하고 생산하는 주체를 심미화함으로써 전후 세대의 새로운 가능성을 제시한다.

현대사회에서 소비는 단순히 필요나 욕구를 충족시키는 행위가 아니라 사회적 의미를 실천하는 행위이며, 문학 텍스트에 나타난 소비 행위에는 자연스럽게 작가의 경험과 태도, 집단과 계층의 아비투스와 이데올로기가 투영되어 있다. 정비석의 신문소설을 비롯한 1950년대의 신문소설들에 나타나는 계층과 집단, 성별에 따라 위계화된 소비 성향과 취향의 구조에 대한 연구는 앞으로의 과제라 할 것이다.

참고문헌

1. 기본자료

정비석, 『자유부인』, 정음사, 1954.

______, 『민주어족』, 정음사, 1955.

______, 『여성의 적』, 정음사, 1956.

______, 『슬픈 목가』, 춘조사, 1957.

2. 논문 및 단행본

강상희, 「계몽과 해방의 미시사」, 『한국근대문학연구』 24집, 2011.10.

권영민, 『한국현대문학사』. 민음사, 1994.

권보드래, 『아프레걸 思想界를 읽다: 1950년대 문화의 자유와 통제』, 동국대출판부, 2009.

김건일, 『한국의 근대와 근대성』, 백산서당, 2003.

김동윤, 「1950년대 신문소설의 한 양상-정비석의 '자유부인'론」, 『국문학보』 14집, 1997.

______, 『신문소설의 재조명』, 예림기획, 2001.

김일영, 「정비석의 신문소설 '자유부인'에 나타난 풍속의 양상」, 『인문과학연구』 4집, 2003.

김준영, 『해방 이후 한국의 물가경제』, 성균관대 출판부, 2000.

류경동, 「박태원 소설에 나타난 소비주체의 욕망과 갈등 연구」, 『현대문학이론연구』 56집, 2014.

박지향 · 김철 · 김일열 · 이영훈 엮음, 『해방 전후사의 재인식』, 책세상, 2006.

이선미, 「'햅번 스타일', 욕망/교양의 사회, 미국영화와 신문소설」, 『현대문학의 연구』 47집, 2012.

이영미 외, 『정비석 연구』, 소명, 2013.

이유선, 『현대사회와 소비문화』, 일신사, 2005.

임은희, 「1950년대 신문소설에 나타난 취향의 재편과 젠더성」, 『한국문예비평연구』 45집, 2014.12.

주유신 외, 『한국 영화와 근대성』, 소도, 2001.
진덕규 외, 『1950년대의 인식』, 한길사, 1981.
돈 슬레이터, 정숙경 옮김, 『소비문화와 현대성』, 문예출판사, 2000.
장 보드리야르, 이상률 옮김, 『소비와 사회』, 문예출판사, 2002.
피에르 부르디외, 최종철 옮김, 『자본주의의 아비투스』, 동문선, 1995.

1950년대 정비석의 신문소설에 나타난 '연애' 연구

1. 들어가는 말

전후 한국사회는 급격한 사회변동과 가치체계의 변화를 경험하였다. 인구의 이동과 도시화는 지역이나 혈연에 기반한 공동체를 약화시켰으며, 전통적인 생활양식과 가치관의 변화를 초래하였다. 전쟁을 통해 경험한 생존의 위협은 개인의 욕망을 우선시하는 풍조를 낳았으며, 미국을 중심으로 한 서구의 사고방식과 개방적인 성문화가 유입되면서, 성과 사랑에 대한 습속의 변화가 나타나게 되었다.

식민지 시기 지식인 사회에서 주창되었던 연애는 1950년대에 이르러 대중적으로 확산되는 경향을 보인다.[1] 전통적인 유대관계가 약화되고 개인주의가 확산되면서, 이성 간의 만남과 결혼이 연애의 방식으로 이루어지는 것은 자연스러운 일이었다. 그러나 자기 욕망에 충실하려는 전후 세대의 등장과 개방적인 성문화의 확산은 연애 그 자체만을 탐닉하려는 경향을 부추기기도 하였다. 연애의 유행은 복구가 시작된 전후의 도시에 새로운 활력소로 작용하였다. '아베크족'이라 명명된 도시의 연인들은 카페와 다방, 그릴이나 영화관으로 이어지는 도심의 소비 공간을 배경으로 새로운 대중문화를 주도하였

1 김지영, 「1950년대 여성잡지 '여원'의 연재소설 연구」, 『여성문화연구』 30호, 2013, 352쪽.

다. 연애가 유행하고 영화와 같은 서구문화의 향유가 늘어나면서 패션과 스타일 등의 여성적 소비가 사회적 이슈가 되기도 하였다.

1950년대 정비석의 신문소설에서 연애는 대중의 일상적 욕망을 자극하면서도 세태와 풍속을 드러내는 장치로 기능한다.[2] 그의 소설은 연애를 기본 모티브로 설정하되, 삼각관계를 축으로 하는 갈등과 화해, 고난 극복과 선남선녀의 결합이라는 연애 서사의 기본 문법을 채용하지 않는다. 이전 소설들에서 연애는 그 과정이 생략된 채 목가적이고 낭만적인 것으로 서술되었다면, 정비석의 소설은 연애에 내재하는 도시적 감수성과 내밀한 욕망을 구체적으로 포착하고자 한다. 정비석 신문소설은 연애의 관능적 요소를 기술적으로 배치함으로써 대중의 욕망을 자극하는 한편, 도시의 소비문화와 연동하는 연애의 양상을 통해 당대의 풍속과 세태를 재현한다. 그의 소설은, 낭

---

2 1950년대 정비석의 신문소설은 당대의 세태와 풍속을 구체적으로 반영하고 있다는 점에서 다각적인 분석의 대상이 되어 왔다. 1950년대 문화사적 맥락과 정비석의 신문소설을 연관지어 분석한 연구로는 권보드래의 『아프레걸 思想界를 읽다: 1950년대 문화의 자유와 통제』(동국대출판부, 2009), 이선미의 「헵번 스타일, 욕망, 교양의 사회, 미국영화와 신문소설」(『현대문학의 연구』 47집, 2012), 이영미 등의 『정비석 연구』(소명, 2013), 손혜민의 「전후 '근로대중'의 형성과 빈곤의 젠더화」(『여성문학연구』, 32집, 2014), 임은희의 「1950년대 신문소설에 나타난 취향의 재편과 젠더성」(『한국문예비평연구』 45집, 2014.12) 등이 있다. 1950년대의 소설 전반에 나타난 성과 사랑, 연애에 대한 연구로는 김지영의 「1950년대 여성잡지 '여원'의 연재소설 연구」(『여성문화연구』 30호), 이선미의 「1960년대 전후 (성)문화풍속과 '사랑'의 사회성」(『상허학보』, 2010.6), 김은하의 「전후 국가 근대화와 아프레 걸(전후 여성) 표상의 의미」(『여성문학연구』 16집, 2006), 임선애의 「전후 여성지식인, 자유부인의 결혼과 일탈」(「한국사상과 문화』 31집, 2005), 송경란의 「'여원'에 나타난 전후 연애담론 양상 고찰」(『한국어와 문화』 18집, 2015) 등이 있다. 이상의 연구들은, 1950년대 잡지와 신문소설에 나타나는 연애와 성의 문제를 폭넓게 조망하고 있다는 점에서 의미있는 성과들이라 할 수 있다. 정비석의 소설에 나타난 연애는 서사적 기능과 함께 이 시기 도시 문화와 성의식을 포괄한다는 점에서 중요하다. 특히 연애가 도시의 소비문화와 연동하여 나타나는 지점이나 세대 간의 연애에 내재하는 교환의 논리와 문화 접촉의 양상은 새롭게 주목해봐야 할 문제들이라 할 수 있다.

만적 연애를 탈신비화하고, 연애에 내재하는 교환의 논리를 폭로함으로써 자유연애[3]에 은폐된 욕망의 민낯을 고스란히 드러내고 있다. 또한 세대 간의 연애라는 설정을 통해 새로운 세대의 사고와 행동방식을 관찰하고, 신구 세대의 문화 접촉을 그려내고 있다는 점 역시 주목을 요한다.

이 논문은 정비석의 신문소설에 나타난 연애의 양상과 기능, 세대 간의 연애를 통해 형성되는 가치의 충돌과 계몽의 구조를 살피고자 한다. 정비석을 비롯해 김내성, 안수길, 박화성, 박계주, 김말봉 등의 신문소설에서 연애는 주요 모티브로 사용된다. 특히 1930~40년대의 장편소설에서 세대 간의 연애가 부도덕한 탐욕이나 축첩으로 그려졌던 것과 달리, 1950년대 대중소설들에서 세대 간의 연애는 금기를 넘어선 운명적 사랑, 새로운 세대의 등장과 세대론, 세태와 사회상을 담아내는 등 다양한 방식으로 다뤄지고 있다. 이 논문은 정비석의 『자유부인』과 『민주어족』을 중심으로 하여 『여성의 적』, 『슬픈 목가』 등에 나타난 연애의 양상을 살피고 그것의 서사적 기능과 의미를 분석해보고자 한다. 이는 1950년대 정비석의 신문소설에 나타난 성과 사랑에 대한 인식과 태도를 규명하는 작업이자, 1950년대의 사회상과 보편심성을 재구성하는 작업의 단초가 될 것이다.

2. 자유연애 혹은 소비되는 연애

1950년대 정비석의 신문소설에서 연애는 도시의 번화가를 배경으

---

3 이 시기 연애담론에서 자유연애는 아프레 걸로 표상되지만 연애결혼은 현모양처를 표상한다.(이선미, 「1960년대 전후 (성)문화풍속과 '사랑'의 사회성」, 『상허학보』, 2010.6, 427쪽) 결혼을 목적으로 하는 연애와 달리, 자유연애는 성애를 목적으로 하며 제도로 수렴되지 않는 연애라는 의미를 내포한다.

로 형성된 소비문화와 접목되어 나타난다. 과거 청춘 남녀의 만남이 특정 공간에서 은밀하게 이루어졌다면, 전후 연인들의 '아베크'는 고궁이나 밤거리, 다방과 그릴, 영화관과 댄스홀을 누비며 자유롭게 이루어진다.[4] 거리를 활보하는 젊은 연인들의 모습은 복구되기 시작한 도시에 새로운 활력을 불어넣는 풍경이기도 하였다.

> 밤은 이미 여덟시가 지났건만, 거리에는 아직도 사람들이 들끓었다. 군데군데 가로등이 켜 있고, 쇼우-윈도-에서는 광선이 발산하여, 거리가 제법 즐비해 보이는 것도 전쟁중에는 보지 못하던 풍경이었다.…(중략)…더구나 놀랍도록 새로운 풍경은, 서울의 밤거리에는 아베크의 무리가 많은 것이었다. 젊은 여자가 젊은 남자의 팔을 끼고 다니는 것쯤은 본인들도 아주 보통인 모양이었다."(『자유부인』(上), 54~55쪽)[5]

'오선영'이 발견한 "놀랍도록 새로운 풍경"은 도회의 밤거리를 배회하는 "아베크의 무리"가 많다는 것이다. 특히 "본인들은 아주 보통"

---

4 근대 이후 자유결혼과 연애가 추앙되었지만, 그것은 여전히 은밀하고 사적인 방식으로 진행되었다. 전후 미국문화의 영향 아래 형성된 젊은이들의 문화에서 연애는 보다 자유롭고 개방적인 방식으로 나타난다. 공개적인 장소에서의 애정 표현은, 기성세대의 우려와 거부감에도 불구하고, 차츰 자연스러운 모습으로 받아들여졌다. 『자유부인』에서 "사랑의 길의 변천사"를 통해 "연애의 변천사"를 기술한 부분은, 연애와 관련된 풍속과 세태의 변화를 함축적으로 드러낸다는 점에서 흥미롭다. "그 옛날에는 덕수궁 담 위에 있는 영성문 고개를 사랑의 언덕길이라고 일러 왔다.…(중략)…남의 이목을 꺼리는 젊은 남녀들이 흔히 사랑을 속삭이고자 영성문 언덕길을 찾아 왔던 것이다.…(중략)…오늘날에 이르러서는 사랑의 길 자체부터가 필요 없게 되었다. 서울 장안 전체가 사랑의 도시가 되어서, 연애는 아무 데서나 맘대로 속삭일 수 있게 되었기 때문이다."(『자유부인』(下), 8~9쪽)에서처럼, 작가는 "옛날의 그윽하던 모습"이 사라지고 연애가 지나치게 노골적이 된 것에 대한 아쉬움을 나타낸다.

5 이 논문은 정비석의 『자유부인』(上)(下)(정음사, 1954), 『민주어족』(정음사, 1955), 『여성의 적』(정음사, 1956), 『슬픈 목가』(춘조사, 1957)를 분석대상으로 하였으며, 본문에서는 작품명과 인용쪽수만 밝히고 자세한 출판사항은 생략한다.

이라 여기듯이 팔짱을 끼고 다니는 젊은 연인들의 모습은 도시의 일상적 풍경으로 자리 잡는다. 젊은 연인들의 거리낌 없는 애정 표현은 '노골적인' 극장의 광고판처럼,[6] 그동안 금기시되던 욕망의 표출이 자연스럽게 이루어짐을 의미한다. 극장 광고판의 파편화된 이미지가 영화의 관능적인 측면을 강조하듯이, 젊은 연인들의 애정표현은 은폐되어 있던 성애적 요소를 부각시키기도 한다. 이는 전후에 유입된 개방적인 성문화와 맞물리면서 "청춘의 엔죠이"로써의 자유연애가 성행하는 동력이 된다. 연애의 유행은 일상생활 속에서 잠재되어 있던 기성세대의 욕망을 재발견하고 그 충족을 위해 일탈을 감행하는 계기로 작용하기도 하였다.[7]

정비석의 소설에서 성애를 목적으로 하는 연애는, 일상 속의 여성이 남성에 의해 발견되고, 그를 통해 여성의 욕망이 재구성되는 방식으로 진행된다. 이때 여성의 육체는 남성적 시선에 의해 분절된 신체의 이미지로 발견된다. 가령, "장 교수는 그렇게 말하다가, 문득, 곤색 스카아트 밑으로 드러나 보이는 은미의 하얀 종아리가 눈에 띄이는 바람에, 별안간 가슴이 설레였다.(…중략…)뜻하지 않았던 곳에서 비상한 아름다움을 발견한 장 교수는, 점잖지 못하게 남의 집 처녀의 종아리를 잠시 황홀하게 바라보고 있었다."(『자유부인』(上), 65쪽)에서처럼, '박은미'의 "종아리"는 '장태연'의 훔쳐보기를 통해 "비상한 아름다움"을 지닌 대상으로 발견된다. 이와 유사하게 『민주

6 "단성사 광고판에는 남녀 간의 애정을 노골적으로 나타내인 그림들이 여러 장 걸려 있었다. 그것 역시 예전에는 금지해오던 그림들이었다."(『자유부인』(上), 55쪽)

7 "한상의 청춘 남녀가 대담무쌍하게 행길 한복판에서 열렬히 껴안고 키스하는 풍속"(『자유부인』(上), 59쪽)을 발견한 '오선영'은 "잃어버린 청춘에 대한 향수"를 느낀다. 『여성의 적』의 '김혜순 여사' 역시 '한승조'와 '백설희' 커플의 다정한 모습에서 청춘의 기억을 떠올리며 설렘을 느낀다.

어족』의 '박재하는', "영란의 뒷모습", 특히 "검은 머리밑으로 뽀얗게 들어나 보이는 사랑스러운 목덜미"(『민주어족』, 241쪽)에 시선을 빼앗긴다. '고순례'의 "하얀 목덜미"를 훔쳐보는 '배영환'의 행동(『민주어족』, 172쪽)은, '권동철'이 "하얀 육체에 새빨간 수영복"(『여성의 적』, 24쪽)을 입은 '백설희'에게 매료되고, '장현화'의 "나일론 원피스의 앞가슴"(『여성의 적』, 31쪽)에 시선을 빼앗기는 것과 동질의 것이다.[8]

남성적 시선에 의해 발견된 여성의 육체는 성애의 대상으로만 기능한다. "종아리"나 "뒷덜미"처럼 분절된 신체에는 정신이 깃들기 어렵다. '장태연'을 매료시킨 '박은미'의 "종아리"는 성적 기호로써 여성의 신체를 환기할 뿐, 어떤 정신성도 내포하지 않는다. 근대적인 의미의 연애가 개인과 개인, 정신과 육체의 조화로운 관계를 지향한다면, 『자유부인』에서 연애는 육체적인 것에 고착되어 출발하며, 여성은 성애의 대상으로 기능한다.

'장태연'이 '박은미'를 발견한 것처럼 '오선영' 역시 남성적 시선에 의해 발견된다. '오선영'은 "연애할 자격이 있다"는 '신춘호'의 말에 "잃어버렸던 청춘을 회복한 것 같아 매우 유쾌한 기분"이 되고, 중년 남성이 젊은 여성에게 매력을 느끼듯이 젊은 대학생과의 동행에서 '야릇한 연애감정'을 느낀다. 나아가 '신춘호'와의 댄스 교습에서 자

---

8 정비석의 신문소설에서 여성의 육체는 남성의 시선에 의해 발견되는 방식으로 구성된다. 그의 소설에서 여성의 육체는 욕망의 대상으로 발견됨으로써 대중의 성적 호기심을 자극하기도 하지만, 1950년대 소비문화의 다양한 요소들이 교차하는 소비의 공간이라는 점에서 새로운 접근이 필요하다. 그의 소설에서 여성의 육체는 '자태'나 '맵시'가 아니라, '종아리'나 '뒷덜미' 혹은 '가슴'처럼 분절된 신체로 현상한다. 이렇게 성적 대상으로 발견된 신체부위들은, 당시 유행했던 영화나 대중지, 패션과 스타일 등의 소비문화에 의해 새롭게 구성된 신체 이미지들과 유사한 것이다.

기 육체를 발견하고 그 육체를 향하는 남성적 시선 속에서 자신의 욕망을 재구성한다. "허리를 껴안기"는 순간 느낀 '이상야릇'한 흥분은, 평범한 가정주부였던 '오선영'이 욕망의 회로에 따라 움직이게 하는 동력이 된다.

> 웬일인가 시퍼 고개를 살짝 들어 보니, 신춘호의 황홀한 시선이 다섯 치가량 높은 곳에서 오 여사의 얼굴을 내려다보고 있었다. 오 여사는 별안간 가슴이 설레였다.
>
> 신춘호의 시선은-호소하는 듯, 애원하는 듯, 감격에 사무치는 정열의 시선이었다. 무언의 시선이었건만, 무척 많은 이야기를 속삭이고 있는 듯이 신비로운 시선이기도 하였다.(『자유부인』(上), 89쪽)

'오선영'은 댄스 포즈를 한 채로 '신춘호'의 시선을 받는다. 껴안은 상태에서 "다섯 치가량"의 거리를 두고 바라보는 시선은 대상을 지각하기 위한 것이 아니다. "정열의 시선" 혹은 "신비로운 시선"이 내포하는 것이 '신춘호'의 성적 욕망이라면, "오선영 여사도 무심중에 신춘호의 시선을 마주" 바라봄으로써 '신춘호'의 욕망에 호응한다.

> 스텝을 밟으면서도, 마음으로는 형용할 수 없는 감격에 잠겨 있었다. 이성의 품에 안겨 보는 것도 감격적인 사실이거니와, 자기 몸에 대해 새로운 가치를 발견했다는 것도 또 하나의 감격이었다.(『자유부인』(上), 88쪽)

'오선영'은 '신춘호'에 의해 성적 대상으로 발견되고 그 과정에서 자기 신체의 가치를 재인식한다. 이때의 "새로운 가치"란 성적 매력에 다름 아니며, '오선영'은 자신의 신체가 성적 대상임을 자각하고 그로부터 자신의 욕망을 재구성하는 것이다. 바라봄이 아니라 보임을 통해 자신의 정체성과 욕망을 구성한다는 점에서 '오선영'의 주체화는 타자의존적일 수밖에 없다. 보다 젊어 보이기 위해, 보다 '현대적'으로 보이기 위해, '오선영'은 스스로를 지속적인 소비와 교환의 구조에 던져 넣는다. '신춘호의 황홀한 시선'이나 한태석의 시선[9] 앞에서 '오선영'의 몸은 향유의 수단이면서 투자를 통해 관리해야하는 대상[10]이 되는 것이다. 그녀는 다방과 그릴, 화려한 '댄스홀'로 표상되는 소비 공간을 배회하고, 양복과 나일론 옷감, 미제 화장품 등의 최신 유행을 소비한다. 욕망의 회로를 따라 전개되는 '오선영'의 일탈은 만족이 좌절되거나 지연될수록 극단적인 방식으로 전개된다는 점에서 자본주의의 소비 구조와 유사하다고 할 수 있다.

그러나 『자유부인』에서 '오선영'의 일탈은 교환의 실패가 누적되며 지속할 수 없게 된다. '오선영'은 "민주시대"의 "현대여성"으로서 취직을 하고 사회활동을 시작하지만, 비합리적인 소비와 지출 때문에 파탄을 맞이한다. 그녀는, '원효삼'에게 받은 뇌물로 "투피스 양복"과 "나이롱 옷감"을 맞추고 곗돈을 마련하기 위해 상점의 공금을 횡령하며, 사업 자금을 미끼로 접근한 '백광진'에게 "이십만 환"을 사기당한다. 허영과 욕망에서 출발한 비합리적 선택은 경제적 실패로 귀결된다. 특히 '오선영'은 '신춘호'에게서 "청춘의 꿈"과 "정열의 분방",

---

9 『자유부인』에서 '오선영'의 육체가 남성들에 의해 발견되고, '오선영'이 그 시선 속에서 자신의 가치와 욕망을 재인식하는 장면이 자주 등장한다. "아주머니 몸은 놀랍도록 균형이 째어 있군요!"(『자유부인』(上), 87쪽)라는 '신춘호'의 칭찬을 통해 '오선영'은 "균형"과 "탄력"을 지닌 자신의 육체미를 자각한다. 또한 "미쎄스 오는 체격이 매우 좋으신데요. 치마저고리도 좋지만, 양장을 하셨으면 스타일이 더욱 돋보이겠는데요. 때때로 양장을 해 보시죠! 곡선미를 드러내는 데는, 역시 양장이 제일이더군요."(『자유부인』(上), 120쪽)라는 '한태석'의 말에 대해, "양복 입은 맵시를 한번 보여주고 싶었던 것"(『자유부인』(上), 189쪽)처럼 반응한다.

10 장 보드리야르, 이상률 옮김, 『소비와 사회』, 문예출판사, 2002, 194쪽.

"씩씩한 사랑의 파동"을 발견하고, 그와의 관계로부터 "자신이 잃어버렸던 청춘을 회복"하고자 한다. 이를 위해 "없는 살림살이에, 협잡질을 해가면서 점심도 사 주고, 와이셔츠와 넥타이를 사 주고, 심지어 기념사진까지" 자신의 돈으로 찾아오지만, "얻은 것이라고는 골수에 사무치는 고독과 불행의식뿐"(『자유부인』(下), 195쪽)이라는 결과에 봉착한다. 「자유부인」은 '신춘호'와의 관계가 "완전히 채산이 맞지" 않는다는 진술을 통해 연애관계에 내재하는 교환의 논리를 드러낸다.

정비석의 신문소설에서 애정을 전제하지 않거나 결혼으로 연결되지 않는 연애는 사회적 재화의 낭비라는 점에서 비판의 대상이 된다. 그런 연애는 제도로 수렴되지 않는 욕망의 과잉 상태처럼 불안하고 불온한 것이다. 자유연애나 기혼 남녀의 외도는 생산 없는 소비와 등가의 것이다. 특히 특권층이나 '자유부인'들의 자유연애는 탐욕과 방종에서 비롯된 비합리적인 소비행위로 여겨진다. 『자유부인』의 '신춘호'와 '오선영', 『민주어족』의 '김은애'와 '배영환' 혹은 '배영환'과 '고순례', 『여성의 적』의 '권동철'과 '장현화' 혹은 '신현옥'의 관계는 모두 성애를 목적으로 한 연애관계이며, 이는 본질적으로 생산 없는 소비행위로 규정된다.

특권층이나 '자유부인'들은 욕망의 충족을 위해 화폐와 육체의 교환을 관철시킨다. 가령, 『여성의 적』에서 '권동철'은 자신의 비서 '신현옥'을 온천으로 유인하고 나중에 그 대가로 퇴직금 '삼십만 환'을 지불한다. 그는 "여자들과의 관계는 돈을 주고 물건을 사는 것이나 다를 것이 없다"고 생각함으로써 자신의 여성 편력을 소비행위로 인식한다. '신현옥' 역시 "백화점에 진열된 가지가지의 상품들을 머릿속에 그려"(『여성의 적』, 349쪽)봄으로써 정조와 화폐의 교환을 수락한다. 『민주어족』의 '김은애'는 당시 일반인들이 직간접적으로 경험할 수 있는 과잉 소비의 극단을 보여준다. 그녀는 가정주부임에도 불구하고 젊은 애인을 대동하고 경마장과 영화관을 드나들며, 비행기를 이용해 연하의 애인과 부산으로 여행을 떠나기도 한다.

정비석의 소설은 이들 특권층이나 '자유부인'들의 방종과 탐욕을 도덕적 차원에서 다루지 않고 사회 경제적 차원에서 바라본다. 정비석의 소설에서 성애를 매개로 한 교환행위는 생산 없는 소비이자 재화의 낭비라는 점에서 비판의 대상이 된다. 지위와 배경을 무기로 여성을 유혹하는 『민주어족』의 '배영환'이나, 맥주회사 사장이라는 경제력을 바탕으로 여성 편력을 일삼는 『여성의 적』의 '권동철'은, 행위의 비도덕성보다 사회적 재화를 낭비한다는 점에서 부정적으로 서술된다. 그들의 탐욕은 희생자의 무지나 어리석음과 뒤섞임으로써 그 도덕적 결함이 희석되지만,[11] 욕망 충족을 위해 지불한 비용은 비합리적 낭비로 규정됨으로써 사회적 지탄의 대상이 되는 것이다.

정비석의 소설에서 경제력을 바탕으로 이성을 유혹하고 자신의 욕망을 추구하는 인물들이 남성이라면, 그들에 의해 발견되고 유혹

---

11 남성적 욕망에 적극적으로 대응하는 이들 여성 인물들에 대한 정비석의 시선은 미묘하다. 전후 여성의 사회활동이 많아진 만큼 여성이 자기 욕망의 주체로 등장하는 상황이 빈번해지는 것은 자연스러운 현상이었다. 그러나 당시 화제를 불러일으켰던 '박인수 사건'에 대한 일반적 태도처럼, 남성 인물의 성적 방탕보다 여성 인물의 방종이나 무지에 책임이 있다는 식의 설정은 남성적 탐욕에 도덕적 면죄부를 부여하는 것이기도 한다. 『민주어족』에서 "순진한 처녀를 유린한 배영환도 죽이고 싶게 미웠지만, 생면부지의 자기 앞에서 다짜고짜 울고만 있는 고순례에게도 영란은 까닭모를 울화가 치밀었다."(『민주어족』, 476쪽)에서처럼, '강영란'은, '배영환'에게 농락당한 '고순례'의 무지와 비주체성을 여성적 결함으로 지적한다. 이 대목에서 '강영란'이 느낀 "이것이 현대여성인가하는 경멸감"은 가해자의 잘못보다 피해자의 부주의에 더 분노하는 전도된 태도를 고스란히 드러낸다. 『여성의 적』에서 '권동철'이, '장현화'/'박동신'과의 관계에서 자신이 유혹당하는 것은 아닌가하는 의혹을 표시하는 장면들은, 결과적으로 '권동철'의 행동이 지닌 윤리적 결함을 희석시키는 역할을 한다. 이런 서술이 반복됨으로써 『여성의 적』에는 성찰적 태도는 소거되고 자극적인 세태 묘사만 남게 된다.

의 대상이 되는 인물은 대개 젊은 여성들이다. 그의 소설에서 성애를 목적으로 한 자유연애는 자본주의적 교환관계에 편입되어 있는 것으로 설정한다. 화폐와 육체가 교환되는 구조에서 여성 인물의 실패는 도덕적 결함에서 발생하는 것이 아니라 경제적으로 무능하거나 교환에 미숙할 때 발생한다. 『자유부인』에서 교환에 실패한 '오선영'은 더 이상의 소비가 불가능한 지점에서 가정으로 복귀할 수밖에 없으며, '최윤주'의 비극적 종말은 가정을 벗어난 무능한 '자유부인'의 말로를 상징적으로 보여주는 것이다.

그러나 연애를 교환관계로 인식하고 그 교환관계를 통해 자신의 욕망을 적극적으로 충족시키려는 인물들은 남성적 욕망의 희생자가 되지 않는다. 『민주어족』에서 '고순례'는 '배영환'의 탐욕의 제물이 되지만, '장현옥'은 자신의 욕망을 솔직하게 드러냄으로써 '배영환'에게 이용당하지 않는다. 『여성의 적』에서 '장현화'나 '박동신' 역시 '권동철'의 유혹에 넘어가는 것처럼 보이지만, 성을 매개로 교환에 적극적으로 대응함으로써 자기 욕망의 실현에 충실한 모습을 보인다. 또한 이혼을 하고도 경제적 자본이 소진되지 않는 『민주어족』의 '김은애'는 여전히 '자유로운' 삶을 지속하기도 한다.

정비석의 소설에서 자신의 욕망을 자각하고 이를 자기 방식대로 추구하는 여성 인물들이 대개 전후 세대라는 점은 흥미로운 부분이다. 가부장적 질서가 완강한 1950년대 사회에서 여성적 욕망은 불온한 것 혹은 위험한 것으로 치부되고 그것의 표출이 여전히 풍속의 타락으로 읽히기도 하지만, 급격한 사회변동과 가치체계의 변화에 따라 자기 욕망을 추구하는 여성 주체의 등장을 자연스러운 일이기도 하였다. 『민주어족』의 '강영란'이나 『여성의 적』의 '백설희'는 남성적 욕망에 노출되면서도 주체적인 선택을 통해 유혹을 벗어나 자기 삶을 살아가는 긍정적인 신세대상을 보여준다. 교환 구조에 편입되거나 그 속에서 소진되는 인물들과 달리, '강영란'이나 '백설희'는 교환의 구조를 넘나들면서도 남성적 욕망의 덫에 걸리지 않는 영리함을 보인다. 이런 여성적 주체들의 등장은 새로운 세대에 대한 작가의 기대가 투영되어 있다는 점에서 주목해볼 필요가 있다.

3. 세대 간의 연애와 새로운 문화의 탐색

『자유부인』에서 '오선영'과 '신춘호' 혹은 '장태연'과 '박은미'의 만남은 기성세대와 전후세대의 문화 접촉이라는 의미를 지니기도 한다. '오선영'과 '장태연'은 해방 전에 결혼한 중년 부부라는 점에서 전후의 세태 변화를 기성세대의 시선으로 관찰하는 기호로 기능한다. 『자유부인』에서 '신춘호'에 대한 '오선영'의 끌림은, "잃어버린 청춘에 대한 향수"이자 새로운 문화에 대한 호기심이기도 하다. 가령, 헤어질 때 악수를 청하는 '신춘호'에게 '너무 봉건적이지 않고 싶어서' 손을 맞잡은 '오선영'의 행동은, 새로운 가치관과 행동양식을 표방하는 신세대에 대한 기성세대의 어색한 반응이다. "봉건적이고 싶지 않아서" 악수에 응하는 '오선영'의 태도는, '봉건적'이라는 '박은미'의 지적에 불안감을 느끼는 '장태연'의 그것과 유사한 것이다.

전후의 젊은 세대는 '현대'나 '민주', '자유' 등의 긍정적인 기호를 선취하고 새로운 문화적 감수성을 표출함으로써, 기성세대와 구별짓기를 시도한다.[12] 새로운 세대가 세대 간의 차이를 극대화하는 방식

12 '신춘호'가 '오선영'에게 "현대여성은 적어도 댄스만은 마스터해야"(『자유부인』(上), 61쪽) 한다고 말함으로써, 최소한 둘의 관계에서 '댄스'는 '현대'에 도달하기 위해 반드시 익혀야할 본질적 요소가 되어 버린다. 용어의 엄밀한 개념을 따져 묻기 어려운 일상적 대화에서 이런 선언적 언어 사용은 화자의 의도를 관

으로 자신의 정체성을 구성한다는 점에서 젊은 세대의 감각을 따라잡으려는 기성세대의 욕망은 충족되기 어려운 것이다. 세대 간의 연애에서 기성세대의 불안감은 근본적으로 이런 결핍의 구조에서 생성된다. 결핍의 구조에서 시작된 기성세대의 욕망은 끊임없이 미끄러질 수밖에 없다. 『자유부인』의 '오선영'처럼, 댄스를 배우고 최신 유행을 소비하지만, 새로운 세대의 감각과 감성을 자기화할 수 없는 것이다. 가령, 당시 유행했던 '쇼-트·컽'에 대한 삽화는, 취향과 소비 성향의 차이를 통해 세대의 차이를 구축하는 방식을 함축적으로 보여준다.

> 오 여사는, 명옥의 머리가 짤막하고도 멋들어져 보이는 것이 유난스럽게 눈에 띄어서/"아이구머니! 네가 머리를 아주 멋지게 만들었구나! 이게, 요새 유행하는 머리냐?"/"아이참, 이게, '쇼-트·컽'이라는 거지, 뭐에요!"/"이걸 '쇼-트·컽'이라고 부르냐? 아마 최신식으로 유행하는 머린가 보구나?"/"우리나라에서는 최신식일지도 모르지만, 블란서 파리에서는 몇 해 전부터 유행한다는 걸요."/"그랬던가?… 아주 경쾌해 보이는게, 여간 좋아 보이지 않는데!"/"아주머닌 '파리양행·마담'으로 계시면서 이런 것도 모르셔요?"(『자유부인』(下), 105~106쪽)

위의 인용문에서 '명옥'의 "쇼-트·컽"은 '오선영'에게 새로운 소비의 대상으로 등장한다. 당시 새롭게 유행하기 시작한 '햅번 스타일'의 "쇼-트·컽"은, '댄스'나 '나일론 옷감'과 등가의 것이기도 하다. "쇼-

철시키는 효과를 발휘한다. 이와 유사하게 김내성의 『애인』에서 '박준모'가 사용하는 '민주주의'는 상대방을 공격할 때 사용되는 용어일 뿐, 그 함의는 텅 비어 있다. 전후 세대의 경박함을 드러내는 장면들이기는 하지만, 이렇게 선취된 기호들은 기성세대를 봉건적이고 비민주적인 세대로 설정한다는 점에서 효과를 발휘하기도 한다.

트·컽"은 "짤막하고도 멋들어져" 보이지만 "블란서 파리"의 것이자 젊은 세대의 것으로, 종로 "파리양행" 지배인인 '오선영'이 따라할 수는 없는 것이다. "나는 나이가 어리니까 이런 머리를 했지만, 아주머니는 젊지도 않는 분이 이런 머리를 하면 우습지 뭐애요!"(『자유부인』, 106쪽)라는 '오명옥'의 말에는, 취향의 차이를 통해 자신들의 문화적 정체성을 구축하려는 세대론적 전략이 녹아 있다. "최고급품"만을 취급한다는 종로의 "파리 양행"이 실상 "블란서 파리"의 철 지난 유행조차 따라잡지 못하듯이, 기성세대인 '오선영'이 젊은 세대의 감각을 따라갈 수 없음을 의미하는 것이기도 하다.

'오선영'이 젊은 세대의 문화에 호기심을 느끼고 소비를 통해 첨단의 유행을 따라잡으려 했던 것과 달리, '장태연'과 '박은미'의 관계는 한글교습을 매개로 계몽의 서사를 형성하는 것으로 그려진다.[13]

> 장 교수는 여자의 입에서 돈 이야기가 나오자, 모처럼의 매력이 상실되는 듯하였다. 인격을 무시당할 것만 같았던 것이다.(…중략…)문맹자에게 한글을 가르치는 것은 마치 자신의 천직인 것만 같다는 말투였다.(『자유부인』(上), 66~67쪽)

'장태연'은 '박은미'와의 만남에 "문맹자에게 한글을 가르치는" 소명의 형식을 부여한다. '박은미'의 "종아리"를 발견하면서 촉발된 '장태연'의 욕망은, 보수를 거절하고 교환관계이기를 거부함으로써 낭만적인 계몽의 형식 속에서 자연스럽게 은폐된다. 학자로서의 인격과 교

---

13 『자유부인』에서 '장태연'의 연애는, 대가를 바라지 않는 남성 지식인의 헌신과 배우고자 하는 여학생의 열의가 사랑으로 승화되는 상상의 이야기를 차용한다. (류경동, 「1950년대 정비석 소설에 나타난 소비주체의 향방」, 『Journal of Korean Culture』 31집, 2015.11, 136쪽)

육자로서의 의무가 부각되면서 성애의 요소는 약화되는 것이다.

『자유부인』에서 '장태연'의 성적 환상이 자주 방해받는 장면들은 여러모로 흥미롭다. 가령, "장태연 교수는 찻집으로 들어가려다 말고, 황급히 뒤를 돌아보았다. 짚차의 강렬한 헷드·라이트가 정면으로 비치는 바람에, 장 교수와 박은미의 모습이 면구스럽도록 분명하게 들어나 보였다."(『자유부인』(上), 140쪽)에서처럼, '장태연'와 '박은미'의 밀회 장면이 "면구스럽게" 드러나 보임으로써 연애의 분위기는 지속되지 않는다. 마찬가지로 불 켜진 '박은미'의 창 아래서 "'로미오와 쮸리엣'이라는 영화 중에서도 가장 로맨틱한 장면을 머릿속에 그려보며 망명자실한 채 불빛 밝은 영창을 우러러보고"(『자유부인』(下), 18쪽) 있던 '장태연'은 "저만치 어둠 속에서 기침소리와 함께 구둣발 소리"에 소스라치게 놀라 집으로 돌아간다. 이처럼 '장태연'의 성적 환상을 단절시키는 신호들의 개입으로 욕망의 자연스러운 흐름은 방해된다.[14]

『민주어족』의 '박재하'와 '강영란' 역시 세대 간의 연애라는 점에서 '장태연'과 '박은미'의 관계와 유사하다. 그러나 이 관계 역시 생산담론을 전파하는 계몽의 서사로 편입되면서 성애가 개입될 여지를 남겨두지 않는다. '박재하'는, "그윽한 시선으로 눈앞에 오롯히 서 있는 영란의 뒷모습을 어루만지듯이 바라보았다."(『민주어족』, 241쪽)에

14 '오선영'의 일탈 역시 아이들, 남편의 귀가, '미스 김'의 감시 등으로 방해받는다. 그러나 이런 방해는 '장태연'의 경우처럼 각성의 효과보다 욕망의 지연을 유발한다. 욕망의 지연은 보다 더 적극적인 욕망의 충족을 자극한다. 가령, '미스 김'의 감시는 '한태석'을 유혹하고야 말겠다는 욕망을 자극할 뿐 금지나 억제로 기능하지 못한다. '오선영'의 행위를 방해하는 장치들이 욕망의 지연과 그로 인한 욕망의 증폭이라는 서사적 기능을 수행한다면, '장태연'의 연애를 방해하는 "헷드·라이트", "기침소리"나 "구둣발 소리"는 이성적 태도로의 복귀를 유발한다는 점에서, 작가의 내면에 작용하는 사회적 감시와 검열을 상징하는 장치들이라 할 수 있다.

서처럼, '강영란'의 관능적인 자태에 매료되지만, "시계소리"에 놀라 이성적 태도를 회복한다.

> 눈앞의 여인을 껴안으려는 바로 그 순간, 공교롭게도 벽에 걸려있는 괘종시계가 여섯시를 치기 시작하였다. 박재하는 시계소리에 깜짝 놀라며, 불현듯 자신으로 돌아왔다.(『민주어족』, 242쪽)

'강영란'을 안으려는 순간 들려온 "시계소리"는 '박재하'의 욕망을 저지하고, "그를 지도해 나아가야 할 입장에 있는 나"(『민주어족』, 242쪽)라는 자기 위치를 각성시킨다. '박재하'는, 젊은 세대인 '강영란'과 '홍병선'을 이끌어야 한다는 책무를 설정함으로써 성애의 유혹에서 벗어난다.[15] 이런 자기반성은, 욕망의 회로를 따라 폭주하는 '오선영'과 '김은애'의 일탈이나 '권동철'과 '배영환'의 탐욕과 극단적인 대비를 이룬다.

세대 간의 연애에서 성애가 부각될 때 관계는 교환의 논리에 포섭된다. 이 경우 기성세대가 지닌 경제력과 젊은 세대의 육체가 교환됨으로써 연애의 타락이 가속화된다.[16] 욕망에 따라 교환의 논리가

---

15 '박재하'는, "잡념을 떨어버리고 냉정하게 바라보는 그의 눈에는, 영란도 하나의 평범한 여자에 불과해 보였다."(『민주어족』, 402쪽)처럼, 사업을 위해 '강영란'의 구애를 거절한다. 『민주어족』의 '박재하'와 '강영란'의 관계와 달리 성애가 개입될 때 계몽은 완수되지 않는다. 『슬픈 목가』에서 '강병철'은 '김경호'와 '최홍섭'으로부터 부여받은 개척사업의 가치를 '이선옥'/'한도숙'에게로 전파한다. 사업의 목적과 이상에 동의하는 '이선옥'과 달리, '한도숙'은 개간 사업의 취지보다 '강병철'이라는 남자에 대한 열정으로 도시생활을 청산한다.('강병철'이 '한도숙'과 육체관계를 맺는 것과 달리, '이선옥'과의 육체관계는 저지된다.) '한도숙'은 시골로 내려온 '이선옥'에 대한 질투로 방화를 저지르고 개간지를 떠나며, 결국 자살로 생을 마감한다.

16 1950년대 신문소설에서 세대 간의 연애는 자주 화폐와 육체의 교환으로 현상한다. 『애인』(김내성)의 '유민호'와 '박미경', 『실낙원의 별』(김내성)의 '고영해'와

작동될 때 세대 간의 견해 차이는 본질적인 문제가 아닌 것이 된다. 그러나 신구 세대 간의 문화적 차이 혹은 사고방식의 차이가 발견될 때 기성세대와 전후 세대의 문화적 접촉이 발생한다. 차이의 발견이 이해의 출발점이 되는 것이다.[17] "서로 간에 꼭 같은 말을 쓰면서도 두 사람 사이에는 언어의 개념이 다른 것 같았다. 생각하는 각도부터가 달랐다."(『자유부인』(上), 250쪽)에서처럼 심각한 차이의 발견에는 더 이상 성적 환상이 개입하기 어렵다. 실제로 '장태연'과 '박은미'의 대화는 영화와 댄스에 대한 생각의 차이, 사랑과 결혼 혹은 이

'이애리', 『사랑』(박화성)의 '장계선'과 '정남철', 『제이의 청춘』(안수길)의 '신현우'와 '백은주', 『별아 내 가슴에』(박계주)의 '허영희'/'홍정숙'과 '현선일' 등은 욕망을 추구하는 세대 간의 연애를 형성한다. 이들 관계는 화폐와 육체의 교환 논리에 포섭되며, 결국 도덕적 파탄으로 이어진다.

17 1950년대의 신문소설에서 기성세대의 상징자본과 젊은 세대의 새로운 문화가 만날 때, 세대 간의 연애는 계몽의 서사나 문화 접촉의 형식으로 형상화되곤 한다. 김내성의 『애인』과 『실낙원의 별』에서 전후파 여성인 '이석란'과 '고영림'은, 작가인 '임지운', '강석운'과의 연애를 통해 새로운 세대의 사유방식과 행동양식을 드러낸다. 기성세대의 입장에서 전후파 여성들의 태도와 행동을 어떻게 수용할 것인가가 중심 문제로 다뤄지면서 세대 간의 차이가 서사적 갈등의 요인으로 등장하기도 한다.

안수길은 『부교』와 『제이의 청춘』을 통해 신구세대의 문화적 차이나 사고방식의 차이를 보다 구체적으로 다룬다. 『제이의 청춘』에서 '엄택규'가 '김성희'와 덕수궁 "현대미술전"을 관람하는 장면이나, 『부교』에서 '임동호'가 젊은이들의 모임에 초대되어 "생상스의 음악"이나 "상송"을 같이 듣는 장면은, 새로운 세대와 기성세대의 문화적 감수성의 차이를 드러낸다. 『제이의 청춘』에서 '엄택규'는 "통 알 수 없는 그림"에서 피로를 느끼지만, '김성희'는 "많은 의미와 부르짖음"을 읽어내는 장면은 40대와 20대 사이에 존재하는 감수성의 차이를 암시한다. 또한 『부교』의 모임에서 한 청년은 "평범한 것, 범속한 것, 상식적인 것에 대한 항거"를 통해 기성세대와의 차별화를 주장한다. 안수길의 소설에서 기성세대로 표상된 인물들은 이런 차이에도 불구하고 새로운 세대와 소통하려 한다는 점에서 온건한 태도를 보인다. 그리고 이를 가능하게 하는 것이 기성세대가 지닌 상징자본이다. 잡지사 사장인 '엄택규'(『제이의 청춘』)나 의사이자 평론가인 '임동호'(『부교』)는 모두 문화적 교양을 지닌 지식인들로, 전후 세대의 새로운 가능성을 발견하고 후원자로서의 역할을 수행한다.

상과 현실에 대한 견해 차이로 구성된다. 그러므로 "새 세대의 생리"(『자유부인』(上), 250쪽)를 먼저 이해하려는 '장태연'의 태도는 기성세대의 합리적인 반응이자 세대 간의 문화 접촉이라는 의미를 지닌다고 할 수 있다.

정비석의 소설에서 세대 간의 연애는 전후 세대의 사고방식과 문화를 이해하는 통로로 기능한다. 또한 기성세대는 상징자본을 바탕으로 사회적 가치를 제시하고 새로운 세대가 이를 수용함으로써 계몽의 구조를 형성하기도 한다. 『자유부인』에서 '장태연'은 '박은미'에게 한글을 가르치고, 『민주어족』의 '박재하'는 소비의 세계에 머물던 '강영란'을 생산 담론으로 이끈다. 『자유부인』에서 '장태연'과 '박은미'의 관계가 한글교습을 매개로 계몽의 구조를 차용하는 것처럼, '박재하'와 '강영란'의 관계 역시 계몽의 구조를 형성한다. 『민주어족』의 '박재하'는 사업가지만 엔지니어로서의 자부심과 교양을 갖춘 인물이다. 감각적 쾌락과 화려한 소비의 세계에 속한 '배영환'과 달리, '박재하'는 공공의 이익을 위한 생산과 사회적 책무를 위해 헌신한다. '배영환'의 언어가 감각적이고 낭만적이며 욕망을 자극하는 것이라면, '박재하'의 언어는 이성적이고 웅변적이며 사회성을 지향한다. '강영란'은 '박재하'라는 개인에게 매료되는 것이 아니라 생산 담론의 윤리적 당위성에 설득 당하는 것이다.

소비와 생산 사이에서 갈등하던 '강영란'은, '박재하'를 통해 노동의 가치와 생산의 사회적 의미를 깨닫게 되며, 같은 세대인 '홍병선'과 맺어짐으로써 생산주체로 재구성된다. 『민주어족』에서 작가는 국가 권력을 이용해 '박재하'를 제거하고 그 자리에 '홍병선'을 위치시킴으로써 생산 담론의 정당성을 유지하면서 남녀 주인공의 연애를 가까스로 성사시킨다. 이를 통해 '박재하'가 표방한 생산 담론이 도덕적 훼손 없이 '홍병선'과 '강영란'이라는 새로운 세대에게로 이월되는 것이다.

4. 맺는 말

1950년대 정비석의 신문소설에 나타난 연애와 결혼, 성과 사랑의 문제는 대중들의 일상적 가치관과 욕망을 반영하는 동시에 전후 급격히 재구성된 사회·문화적 변화를 내포한다는 점에서 심층적인 고찰을 필요로 한다. 정비석은 성적 방종과 연애의 타락을 수반한다는 점에서 연애의 과잉을 비판적으로 바라보지만, 개인의 욕망을 우선시하고 전통적 가치관에 항거하려는 젊은 세대들의 문화적 감수성을 읽어내기도 한다. 또한 그의 소설은 낭만적 연애를 탈신비화하고, 연애에 내재하는 자본주의적 교환 논리를 폭로하기도 한다. 정비석의 소설은 1950년대의 연애에 내재하는 도회적 감수성과 욕망의 문제를 감각적으로 포착하고 있다는 점에서 이전 시기의 소설들과 차이를 보인다.

정비석의 신문소설에서 성애가 배제된 세대 간의 연애는 세대 간의 문화적 차이를 드러내는 동시에 문화 접촉의 기능을 수행하기도 한다. 그의 소설에서 성애를 목적으로 하지 않는 세대 간의 연애가 대부분 미수에 그친다는 점은 흥미로운 현상이다. 구조적 측면에서 세대 간의 연애는, 계몽의 서사를 형성하고 세대 간의 문화 접촉 이상의 서사적 기능을 수행하지 않는다. 비슷한 시기에 발표된 김내성의 『실낙원의 별』이 40대 작가와 20대 여대생의 연애를 과감하게 그려낸 것과 달리, 세대라는 한계를 넘어서기 위해 낭만적 도약을 감행하지 않는 것은 정비석의 소설이 지닌 나름의 윤리적 감각 때문이라 할 수 있다.

1950년대 신문소설에 나타난 연애는 풍속과 세태, 도덕적 타락과 탐욕의 문제를 정확히 포착하는 측거점이기도 하다. 이들 소설에서 연애는 금기를 넘어선 운명적 사랑, 새로운 세대의 등장과 세대 갈등, 세태와 사회상을 담아내는 축도 등 다양한 차원에서 다뤄진다. 특히 세대 간의 연애는 기성세대가 전후의 신세대들을 어떻게 이해하고 받아들일 것인가라는 문제를 내포한 것이기도 하다. 정비석을 비롯한 김내성, 안수길, 박화성, 박계주 등 1950년대 신문소설에 나타난 연애와 결혼, 성과 사랑에 대한 종합적인 고찰은 남은 문제라 할 것이다.

참고문헌

1. 기본자료

정비석, 『자유부인』, 정음사, 1954.

______, 『민주어족』, 정음사, 1955.

______, 『여성의 적』, 정음사, 1956.

______, 『슬픈 목가』, 춘조사, 1957.

2. 논문 및 단행본

강준만, 『한국 현대사 산책-1950년대편』, 인물과사상사, 2004.

고미숙, 『연애의 시대』, 북드라망, 2014.

권보드래, 『아프레걸 思想界를 읽다: 1950년대 문화의 자유와 통제』, 동국대출판부, 2009.

김동윤, 『신문소설의 재조명』, 예림기획, 2001.

김일영, 「정비석의 신문소설 '자유부인'에 나타난 풍속의 양상」, 『인문과학연구』 4, 2003.

김지영, 「1950년대 여성잡지 '여원'의 연재소설 연구」, 『여성문화연구』 30, 2013.

류경동, 「1950년대 정비석 소설에 나타난 소비주체의 향방」, 『Journal of Korean Culture』 31, 2015.

박지향 외 3인 엮음, 『해방 전후사의 재인식』, 책세상, 2006.

손혜민, 「전후 '근로대중'의 형성과 빈곤의 젠더화」, 『여성문학연구』 32, 2014.

이선미, 「1960년대 전후 (성)문화풍속과 '사랑'의 사회성」, 『상허학보』 29, 2010.

이영미 외 5인, 『정비석 연구』, 소명, 2013.

임은희, 「1950년대 신문소설에 나타난 취향의 재편과 젠더성」, 『한국문예비평연구』 45, 2014.

주유신 외 5인, 『한국 영화와 근대성』, 소도, 2001.

진덕규 외 10인, 『1950년대의 인식』, 한길사, 1981.

미셸 푸코, 이규현 옮김, 『성의 역사』 1, 나남출판, 2005.
장 보드리야르, 이상률 옮김, 『소비와 사회』, 문예출판사, 2002.
피에르 부르디외, 최종철 옮김, 『자본주의의 아비투스』, 동문선, 1995.

1950년대 김내성의 신문소설에 나타난 '연애' 연구
–『애인』과 『실낙원의 별』을 중심으로

1. 들어가는 말

근대 초기의 연애가 봉건 질서로부터의 이탈과 개인의 성립을 주창하는 지식인 사회의 문화적 표상으로 기능하였다면, 1950년대의 연애는 도시의 소비문화와 연동하며 보다 대중화된 형태로 현상하였다.[1] 전후의 급격한 사회변동에 따른 가치관과 생활방식의 변화는 가족제도와 성문화의 변화를 가져왔으며, 개인주의의 확산과 서구문화의 유입, 여성의 사회 진출과 전후 세대들의 등장은 연애의 새로운 유행을 촉발하였다. 특히 '아베크족'이라 명명된 도시의 연인들은 카페와 그릴, 극장과 댄스홀로 이어지는 도심의 소비 공간을 배경으로 새로운 연애의 풍경을 연출하기도 하였다.

1950년대 영화와 신문소설은 연애를 대중의 일상적 관심사로 만든 대표적인 매체들이었다. 이 시기의 신문소설은 전후의 사회상과 남녀의 사랑 이야기를 결합시킴으로써, 성문화의 혼란과 방종을 비판하면서도 연애에 대한 대중의 욕망과 낭만적인 판타지를 충족시키고자 하였다. 이들 소설들은 연애의 관능적 요소를 기술적으로 배치함으로써 대중의 욕망을 자극하는 한편, 연애에 투영된 전후의 사회

---

1 김지영, 「1950년대 여성잡지 '여원'의 연재소설 연구」, 『여성문화연구』 30호, 2013, 352쪽.

상과 세대 갈등에 대한 관찰과 비판을 담아내기도 한다. 김내성은 『애인』과 『실낙원의 별』을 발표하면서 정비석과 함께 1950년대 대표적인 신문소설 작가로 각광을 받았다. 해방 이전부터 추리소설에 전념해온 김내성은 『청춘극장』을 전후로 하여 작품세계의 변화를 모색했던 것으로 보인다. 『청춘극장』을 발표한 이후 '순문학'으로의 전환을 모색하던 김내성은, '인간성 탐구'라는 문학 본연의 요소를 추리소설이 감당하기에 한계가 있다고 판단한다.[2] 그는 '인간성'의 본질을 '생리와 윤리의 부조화'로 설정하고 연애를 통해 이런 인간의 모순성을 드러내고자 했다. 이후 제도와 욕망의 갈등, 순수한 사랑의 추구 등을 주제로 하는 『애인』(1954)과 『실낙원의 별』(1956)을 신문에 연재하면서 연애소설로의 전환에 성공한다.

전후 한국사회에서 연애는 욕망과 규범의 갈등, 세태의 변화나 취향의 유행이 가장 잘 드러나는 지점이라 할 수 있다. 특히 제도 밖의 연애와 가정의 갈등은 이 시기 대중문학에서 반복되는 주제이기도 했다. 전후 새롭게 제기된 가족의 문제는 분단과 전쟁의 와중에 경험한 가족 해체나 가족 구성원의 상실에서 비롯된다. 전후 국가의 재건은 가족의 복원과 재구성으로부터 시작될 수밖에 없었으며, 연애의 유행은 이런 사회적 요구의 반영이자 새로운 가족 구성 방식의 등장을 의미하는 것이기도 하였다. 1950년대의 연애는 개인주의의 성장과 서구적 가치관을 토대로 한다는 점에서 기존의 결혼 제도나 가족주의와 갈등할 수밖에 없었다. 그러므로 이 시기의 연애에 대한 분석은 사회상과 담론의 체계에 접근하는 작업이면서 당대 사회와 연동하는 개별적인 의식과 욕망의 문제를 해명하는 작업이기도 할 것이다.

---

2 김내성, 「작품후기」, 『청춘극장』, 문성당, 1957.

이런 문제의식을 토대로 이 논문은 1950년대 김내성의 신문소설에 나타난 연애의 양상을 분석하고, 연애론에 내재하는 교환의 논리와 소비주의, 지배 담론과의 갈등 양상을 규명해보고자 한다.[3] 이 시기 김내성의 대표적인 신문소설인 『애인』과 『실낙원의 별』은[4], 연애를 매개로 다양한 삶의 방식과 가치관을 다루면서도, 규범이나 제도와 갈등하는 인간 본연의 감정과 욕망의 문제를 다루고 있다.[5] 이들 소설에서 연애는 인물의 인생관과 가치관을 드러내는 기제이자 당대의 연애담론과 대중의 욕망을 체현하고 있는 기호라 할 수 있다. 김내성 소설에서 연애가 어떤 양상으로 현상하고 기술되는가를 살피는 작업은, 대중적인 서사가 연애를 어떻게 기술하는가를 구체적으로 살피는 사례가

3 1950년대 김내성의 신문소설에 대한 주요 연구로는 김동윤의 「김내성의 "애인"에 나타난 연애 양상과 그 의미」(『대중서사연구』 4권, 1998), 장민지의 「김내성의 "애인"·"실낙원의 별" 연구」(『어문논총』 36호, 2002), 김현주의 「김내성 후기소설 "애인"에 나타난 욕망과 윤리」(『대중서사연구』 15권, 2009), 이선미의 「연애소설과 젠더 질서 재구축의 논리」(『대중서사연구』, 2009) 등이 있다. 이들은 김내성의 『애인』과 『실낙원의 별』에 나타난 연애의 양상을 살피고 있어 이 연구의 문제의식과 작품 연구의 출발점이 되었다. 오혜진의 「김내성의 해방 후 작품에 관한 서지학적 정리 및 작가의 생애 고찰」(『어문논집』 47집, 2011)은 해방 이후 김내성의 생애와 서지사항에 대한 성실한 정리가 돋보이는 연구이다. 김은하의 「전후 국가 근대화와 아프레 걸(전후 여성) 표상의 의미」(『여성문학연구』 16, 2006)와 임은희의 「1950년대 신문소설에 나타난 취향의 재편과 젠더성」(『한국문예비평연구』 45, 2014)은 1950년대의 '아프레 걸'과 취향의 문제를 다루고 있어 이 시기의 사회문화적 지형을 살피는 데 의미있는 연구라 할 수 있다.

4 『애인』은 『경향신문』에 1954년 10월 1일부터 1955년 6워 30일까지 연재되었다. 『실낙원의 별』은 『경향신문』에 1956년 6월 1일부터 연재를 시작하였으나 1957년 2월 19일 작가가 지병으로 사망하면서 1957년 2월 13일 연재가 중단되었다. 1957년 2월 22일부터 2월 25일까지 작가가 남긴 유고를 발표하였으며, 작가의 구상노트를 기초로 딸인 김문혜가 1957년 3월 19일부터 4월 19일까지 27회분을 집필하였다고 한다. 이상 김내성의 두 작품에 대한 서지 사항은 오혜진의 「김내성의 해방 후 작품에 관한 서지학적 정리 및 작가의 생애 고찰」(『어문논집』 47집, 2011)에서 참조하였다.

5 장민지, 「김내성의 "애인"·"실낙원의 별" 연구」, 『어문논총』 36호, 2002, 128쪽.

될 것이며, 1950년대 신문소설 전반에 나타난 연애의 문제를 살피는 작업의 단초를 제공할 것이다. 또한 이런 작업은 1950년대의 사회문화적 지형과 대중소설의 연관성을 규명하는 작업의 예비단계가 된다는 점에서 의미가 있을 것이다.

2. 교환으로서의 '자유연애'

김내성의 『애인』과 『실낙원의 별』의 중심 사건은 연애이다. 『애인』의 도입부에 자리하는 임학준 교수의 "연애강좌"는, 다양한 방식의 연애를 통해 '인간성'을 탐구하려는 작가의 의도가 투영된 부분이라 할 수 있다. 임학준 교수는 강좌에서 "사람은 자기 이상의 연애"를 할 수 없으며, 각자 "인간적 가치만큼의 연애"를 한다는 연애론을 설파한다. "인간적 가치관"이 연애를 통해 발현된다는 임교수의 연애론은 『애인』에서 인물과 사건을 구성하는 근본적인 전제라 할 수 있다. "연애강좌"를 수강하던 이석란, 채정주, 오영심은 각자의 성격에 따라 다른 방식의 연애를 하고 그 결과 전혀 다른 운명의 길을 걷게 된다. 또한 이들과 연인관계를 형성하는 유민호, 허정욱, 임지운 역시 각자의 욕망과 가치에 따라 상이한 연애를 하는 것으로 그려진다.

『애인』에 등장하는 다양한 연애들은, 임학준 교수가 "연애강좌"에서 거론한 "아름답고 참되고 훌륭한 연애"와 "야비하고 위선적이고 불미스러운 연애"로 수렴된다. 유민호는 연애를 교환으로 보고 욕망 충족의 수단으로 활용한다는 점에서 전후 성문화의 혼란과 타락을 체현한 인물이다. 유민호는 변호사이자 성공한 사업가지만 복잡한 여성 편력을 감추고 있다. 그는 오영심과의 결혼을 준비하는 중에도

"덕흥상사 박주임의 아내"와 "중학교 교원 김옥영"을 만나고 명동 "식도락"의 마담 로우즈와 은밀한 시간을 보낸다. 그는 가정교사 채정주 앞에서 다정한 아버지이자 점잖은 신사를 가장하지만, 타이피스트 박미경의 유산을 종용할 때는 냉혈한의 면모를 보이기도 한다. 이런 유민호의 연애는, 인생의 진실과 참된 사랑을 추구하는 임지운의 연애와 대립하며, 도의와 명예를 중요하게 생각하는 허정욱의 그것과도 다르다.[6]

> "그대들이 결혼계 한 장으로 내 자유를 속박해 보려는 것은 이미 그대들의 애정도 아니고 성실도 아니다 그것은 다만 그대들의 의식주를 보장 받으려는 하나의 상행위니까, 그런 위험률이 많은 상행위에 내가 동의를 할 만큼 무식하지도 않고 미련하지도 않다." (『애인』(上), 286쪽)[7]

유민호는 탐욕의 자유로운 추구를 위해 결혼을 거부한다. 유민호

---

6 사업가인 유민호의 연애가 자본의 속성에 따라 연출된다면, 군인인 허정욱은 정의로운 권력을 표상한다. 가령, 오진국 앞에서 유민호의 정체를 폭로하기 전에 "허정욱의 전신은 글자 그대로의 단순한 정의감에 불붙고 있었다. 라이발(戀敵)에 항거한다는 의식은 이미 없었다."(『애인』(上), 365쪽)처럼, 허정욱은 권력의 긍정적인 속성을 체현한 것으로 표현된다. 인간적 진실과 참된 사랑을 추구하기 위해 윤리와 갈등하는 작가 임지운과 달리, 유민호는 개인적인 욕망을 충족하기 위해 윤리는 물론 자신의 양심까지 배반한다. 또한 임지운이 진실한 사랑을 최고의 가치로 설정하는 것에 대해, 허정욱은 "감정의 진실이 새로운 도덕, 새로운 질서를 만든다는 것은 허망에 가까운 자아 도취의 공상"(『애인』(下), 615쪽)이라고 단언함으로써 도덕과 질서를 넘어 감정을 우선시하는 태도를 비판한다. 직업과 성격, 그에 따른 연애방식의 차이는 도식적이고 정형화된 설정이지만, 연애를 통해 인간적 가치의 발현을 살핀다는 이 소설의 기본 설계가 반영된 결과라 할 것이다.

7 이 논문은 김내성의 『애인』(上)(下)(민중서관 편, 『한국장편문학대선집』, 민중서관, 1979)과 『실낙원의 별』(『한국문학전집』, 민중서관, 1959)을 분석의 대상으로 삼았으며, 본문에서는 작품명과 인용면수만을 밝히고 자세한 출판사항은 생략한다.

의 성적 욕망은 특정 대상에 고착되지 않으며, 결혼과 같은 제도로 수렴되거나 도덕과 규범에 얽매이지도 않는다. 그에게 연애란 욕망을 충족하기 위해 지불하는 시간적·금전적 비용 이상의 의미를 지니지 않는다.[8] 여성들의 결혼 요구를 "의식주를 보장받으려는 상행위"로 규정하는 것은, 동거 상태의 김옥영에게 "버림을 받을 때까지 취직을 한 셈 치고 있으면 돼"라고 말하는 것과 동일한 의미를 내포한다. 여기서 연애는 경제적 교환행위 이상의 의미를 지니지 않는다. 유민호는 "애정"이나 "성실"과 같은 가치들을 배제하고 교환의 합리성만을 부각시킨다. 피차 합의에 의한 계약 관계라면 경제적 이해가 중요할 뿐, 도덕적 의무는 무의미한 것이 되기 때문이다.

유민호는 거리낌 없이 욕망을 표출하면서도 그것의 충족을 위해 계산에 따라 움직이는 인물이다.[9] 『애인』에서 유민호의 성적 욕망과 연애론이 자본의 운동과 현실원리를 반영한 것처럼, 『실낙원의 별』에서 고영해 역시 자유연애[10]를 합리적인 연애의 방식으로 보고, 애

---

8 유민호에게 연애는 일정한 비용을 필요로 하는 투자 행위이거나 대가를 요구하는 소비행위와 유사하다. 임지운과 오영심의 연애가 우연으로 구성되는 것과 달리, 그의 연애는 욕망의 충족을 위해 기획하고 계획적으로 실행해가는 일련의 과정으로 그려진다. 그는, "박주임의 아내"에게 "만 원 세 뭉치"를 건네고 채정주에게 금목걸이를 선사하는 등 육체관계의 대가나 유혹의 수단으로 비용을 아끼지 않는다.

9 『애인』의 전반부에서 서사적 긴장은 오영심과 결혼을 앞둔 유민호의 정체가 언제 어떻게 폭로될 것인가를 통해 형성된다. 허정욱과 이석란에 의해 정체가 폭로되고 오영심이나 채정주와의 관계가 무산되자 연애에서 유민호는 무능한 인물로 전락한다. 비밀을 감춘 인물을 둘러 싼 추리의 요소가 사라지면서 서사적 긴장 역시 휘발되어 버리는 것이다. 그러나 정체가 폭로되기 전까지 유민호는 냉철하고 주도면밀한 자본가의 면모를 보인다. 그는, 성공한 사업가가 지녔을 법한 빠른 판단과 일처리, 여러 여성과의 복잡한 관계를 잡음 없이 유지하는 치밀함을 보인다. 이는 작가인 임지운의 미숙함이나 군인인 허정욱의 우직함과 대조된다.

10 이 시기 연애담론에서 자유연애는 아프레 걸로 표상되지만 연애결혼은 현모양

정이란 "남성의 경제권"과 "여성의 육체권"이 교환되는 것이라고 주장한다.

"서로 대립되는 이 두 가지 권위에 대한 각기의 욕망이 남성에 있어서는 애욕으로서 나타나는 것이고 여성에게 있어서는 물욕으로 나타나는 것이야. 이 두 가지의 욕망에 대한 조절과 타협이 애정이라는 아름다운 탈을 쓰고 남녀의 결합을 형성한다고 보아." (『실낙원의 별』, 148쪽)

고영해는 남녀의 애정이 "물욕"과 "애욕"의 결합에서 파생된다는 연애론을 펼친다. 그는 경제력에 대한 욕망이 현대여성의 본능이라고 보고, 화폐와 육체의 교환을 "애정의 합리화"로 정당화한다. 그는, 전후 젊은이들이 "삼부의 순수성"와 "칠부의 합리성"을 지니며, "인간 본위의 애정의 순수성"은 현실의 거리에서 찾아보기 힘든 "하나의 신화"가 되었다고 주장한다. "술장수 작은 오야붕"의 체계적인 연애론은 그 정합성 여부를 떠나 경제적 약자인 여성을 유혹하는 수단으로 사용된다는 점에서 문제적이다. 병든 한혜련의 "인간적 가치"와 택시 안에서 만지고 있는 이애리의 "다섯 손가락"을 저울질 하는 고영해의 가치관이 윤리적으로 용납되기 어려운 것처럼, "십만 환짜리 수표"를 받고 모욕을 느낀 유현자에게 "물건의 가치 뿐 아니라, 온갖 정신적 가치가 돈으로써 표시된다는 것이 현대의 생리"(『실낙원의 별』, 188쪽)라고 설득하는 고영해의 말이 온당한 것은 아니다.[11]

처를 표상한다.(이선미, 「1960년대 전후 (성)문화풍속과 '사랑'의 사회성」, 『상허학보』, 2010, 427쪽) 결혼을 목적으로 하는 연애와 달리, 자유연애는 성애를 목적으로 하며 제도로 수렴되지 않는 연애라는 의미를 내포한다.

11 유민호나 고영해는 세속의 현실원리에 부합하는 연애론을 피력한다. 그들의 연애론은 논리적인 언어와 장황한 수사로 구성되어 있지만 주관적인 욕망에 기초

『애인』이나 『실낙원의 별』에서 연애를 교환의 일종이라고 보는 인물들은 현실 원리에 근거해 자신의 타당성을 주장한다. 대개 남성 인물들에 의해 주장되는 교환으로서의 연애는, 자신의 행동을 합리화하고 상대 여성을 설득하는 수사 전략의 산물이다. 기성세대의 연애론이 자신의 욕망을 정당화하는 논리적 명분에 불과하다면, 전후 세대들은 연애를 탈낭만화함으로써 기성의 질서와 가치체계를 낯선 것으로 만든다. 이들의 언어는 욕망의 충족을 위해 연애를 수단화하는 남성인물들의 설득적인 태도와 달리, 위악적이고 공격적인 성격을 지닌다. 『실낙원의 별』에서 전후세대인 이애리는 연애에 내재하는 교환의 논리를 보다 노골적으로 드러내고, 연애를 둘러싼 낭만적 언어 자체를 거부한다.

> "결국은 상품을 팔고 사는 거니까 전무님도 사랑이니 애정이니, 죽겠다 살겠다 하는 따위 군더더기를 붙일 필요는 없어요." (『실낙원의 별』, 144쪽)

이애리는 고영해의 애정공세의 본질을 간파하고, 교환의 논리에 적극적으로 대응함으로써 자신의 욕망을 실현하는 인물로 그려진다. 『실낙원의 별』에서 같은 세대인 고영림이 정신적이고 낭만적인 연애를 보여준다면, '육체파'로 분류되는 이애리는 현실원리에 충실한

한 자기주장에 불과하다. 그러나 『애인』과 『실낙원의 별』의 서술자는 이들의 말과 행동을 객관적으로 기술할 뿐, 비판하거나 부정적인 서술 태도를 보이지 않는다. 김내성의 소설에서 전후 한국사회의 성적 방종과 이기주의를 비판적으로 기술하기도 하지만(가령, 『애인』에서 "자유주의는 방자주의, 개인주의는 이기주의로 변질"되었으며, 젊은이들의 연애 풍조를 "풍기문란"으로 진단한 40대의 교무과장의 연설(『애인』(上), 14쪽)이 그 사례이다), 1950년대 정비석의 소설에서 속악한 현실과 세태에 대한 서술자의 풍자와 비판이 적극적으로 드러나는 서술양상과 대비된다.

세속의 연애를 보여준다. "헤프번 머리"에 "몬로 스타일"의 양장을 하고 "요염한 매혹"을 밑천으로 현실 세계에 뛰어든 이애리는, 연애에 내재하는 교환의 본질을 드러내고 자신의 육체를 적극적으로 상품화함으로써 연애의 낭만성을 탈각시킨다. 이애리는 자신의 '웃음'과 '손등'에 가격을 매기고 남성들로부터 그 대가를 지불받는다. 스스로 "연애의 산매업자"를 자처하고 "자기 자신의 화폐가치"를 따지는 이애리의 당돌하고 '솔직한' 태도는 기존의 도덕과 낭만적 연애를 위선적이고 낯선 것으로 만든다. 그녀는 송준오에게 진실한 사랑을 원하면서도 남성적 욕망을 능숙하게 다루는 영악함을 보인다. 순진한 유현자와 달리, 이애리는 애정이라는 가면이 은폐하고 있는 욕망의 민낯을 직시함으로써,[12] 남성의 성적 욕망에 희생되지 않고 스스로를 교환의 주체로 정립하는 것이다.

"물욕"과 "애욕"의 교환으로서의 자유연애는, 성문화의 혼란과 갈등을 드러내는 소재이면서, 연애를 교환이자 합리화의 과정에 놓여 있는 것으로 인식하는 현실 담론의 반영이라 할 수 있다. 김내성의 소설에서 욕망 충족을 목적으로 자유연애를 이용하는 남성인물들은 교환의 논리로 상대방을 설득하려고 한다. 『애인』의 유민호가 상대 여성들을 대상으로 교환의 합리성을 주장하듯이, 『실낙원의 별』에서 고영해는 연애에 내재하는 교환의 논리를 설파한다. 관계의 목적과 행위의 원인이 성적 욕망이라 하더라도 그를 언어화하고 논리화함으로써 도덕적인 판단을 배제하고 현실성을 근거로 자기 정당성을 주

12 연애의 민낯을 고스란히 드러내는 이애리의 솔직성 앞에서, 고영해는 그래도 "사랑의 탈"을 쓰는 것이 "신비로운 여운"이 있어 좋다고 생각한다. 애정의 현실적인 합리화에 동의하면서도 '자유연애'를 대하는 세대의 태도 차이가 드러난다. 연애는 교환이며, 사랑은 곧 가면 혹은 형식이라는 논리는 당시의 사회상이나 인식수준에서 쉽게 반박하기 어려웠지만 용인하기에도 불편한 것이었다.

장하는 것이다. 김내성의 소설에서 성애를 목적으로 하는 자유연애는, "연애의 합리화" 혹은 애욕과 물욕의 정당한 교환이라는 시장 논리를 통해 제도와 규범의 간섭을 회피하는 양상을 보인다.

이와 달리 전후 세대인 이석란이나 이애리, 고영림은 자기 욕망과 선택에 충실한 연애를 통해 가부장적 질서에 대립하는 양상을 보인다. 가령, 정릉 숲길에서 중년남자와 "포옹의 윤리"에 대해 당당히 논쟁을 벌이는 『애인』의 이석란이나, 기성 질서와 관습을 벗어나 자기 욕망에 따라 연애를 선택하는 『실낙원의 별』의 이애리와 고영림의 태도는, 전통적인 가치관의 고루함이나 위선을 드러내는 효과를 낳는다. 작가는 이들을 "벌거벗은 생리", "솔직성", "새로운 태도"로 표현함으로써 그 새로움에 주목한다. 그러나 전후 세대의 새롭고 발랄한 연애는 그 자체로 매력적인 것으로 발견되면서도, 결국에는 거세되어야 할 불편함으로 인식된다는 점[13]은 이 시기 신문소설이 지닌 인식의 한계를 드러내는 것이기도 하다.

3. 낭만적 사랑이 이야기되는 방식

1950년대 김내성의 신문소설에서 연애는 "아름답고 참되고 훌륭한 연애"와 "야비하고 위선적이고 불미스러운 연애"로 구분된다. 후자에 속하는 유민호나 고영해 등의 자유연애가 윤리적 규범을 일탈

13 『애인』의 이석란과 『실낙원의 별』의 이애리나 고영림 등은 결혼에 '실패'함으로써 제도 안으로 안착하지 못한다. 이석란의 '아프레'적 태도는 이혼의 원인이 되고, 이애리의 개방성은 송준오와의 관계에서 걸림돌이 된다. 이들이 지닌 명랑성과 발랄함은 연애의 시발점이 되지만 연애가 지속되고 발전하는 데에는 방해요소로 작용한다. 이는 결혼이나 가족제도에 편입하기 위해 아프레적 요소는 제거되어야 할 어떤 것으로 인식됨을 의미한다.

하고 가족 제도로 수렴되기를 거부하듯이, '진실한 사랑'이라고 할 수 있는 임지운과 오영심 혹은 강석운과 고영림의 연애 역시 규범과 제도를 위반한다. 성애를 목적으로 하는 자유연애는 교환의 논리를 앞세워 제도와 규범을 낡은 것으로 공격하고,[14] 스스로를 새롭고 현실적인 연애방식으로 주장한다. 반면, 낭만적인 사랑은 현실의 제도와 규범 자체를 초월함으로써 사랑의 정당성을 확보하려 한다. 규범을 위반하지만 그 불가피한 위반을 통해 연애의 절실함이 강조되는 것이다.[15]

『애인』에서 임지운과 오영심의 낭만적 연애는 제도로 수렴되지 않으며, 현실 원리에 지배당하지도 않는다. 둘의 사랑은 규범과 제도를 위반한다는 점에서 유민호의 자유연애와 다르지 않지만, 현실의 교환논리에 귀속되지 않음으로써 사랑의 본질을 체현한 것으로 그려진다. 임지운의 연애관은 임교수의 "진실하고 아름다운 연애"와 유사하다. 그는 "참된 연애라면 계산을 초월해야" 한다고 주장하며, "연애도 하나의 비즈니스로 취급"(『애인』(上), 102쪽)하는 세태를 비판적으로 바라본다. 자유연애가 교환의 논리를 표방하는 것과 달리, 진실한 사랑은 교환의 불가능성에서 출발한다는 임지운의 연애론은 낭만적 사랑에 대한 문화적 통념을 반영한 것이기도 하다.[16]

---

14 『애인』에서 임신이 결혼을 전제로 한 행동의 결과라는 박미경의 말에 대해 유민호는 "우매한 상식"이라고 반박한다. 유민호는 연애를 결혼의 전단계로 여기는 사고방식을 시대에 뒤떨어진 것으로 치부함으로써 자기 행동의 비윤리성을 은폐한다.

15 『애인』에서 오영심이 유민호와 결혼했더라면 임지운의 사랑은 도덕적 정당성을 갖게 됐을 것이다. 다소 구태의연하지만 악의 구렁텅이에서 첫사랑의 연인을 구하는 이야기에는 최소한 도덕적 딜레마가 발생하지는 않는다. 그러나 오영심이 허정욱과 맺어짐으로써 『애인』의 서사는 선악의 구도가 아닌, 사랑과 윤리의 충돌로 전환하게 된다. 임지운과 오영심의 선택은 인간적 도리와 윤리를 넘어설 정도로 절실하고 불가피하다는 것을 우회적으로 주장하는 것이다.

성애를 목적으로 하는 연애와 낭만적 사랑의 차이를 어떻게 주조해내는가는 연애를 모티브로 하는 대중서사의 핵심 과제일 것이다. 사랑의 진정성은 단순히 말해지는 '주장'에 의해서가 아니라, 운명적이고 절대적 사랑임을 설득하는 소설적 장치들에 의해 입증되어야 한다. 낭만적 연애에는 사회적인 것으로부터 분리되어 있는, 대체될 수 없는 개별적이고 유일무이한 이야기[17]가 존재해야 한다. 『애인』과 『실낙원의 별』은 첫사랑이나 운명, 불가항력의 끌림과 같은 낭만적인 서사를 배치함으로써 남녀 주인공의 사랑을 절대적인 것으로 만든다. 『애인』은 임지운과 오영심의 관계에 첫사랑이라는 낭만적 요소를 부여하고 사춘기적 감수성[18]을 덧입힘으로써, 성애를 목적으

16 '문화적 관행'으로서의 '낭만적 사랑'은 합리적이기보다는 비합리적이고, 이윤 지향적이기보다는 이윤을 초월하며 공적이기보다는 사적이다. 대중문화와 '통념' 속에서 낭만적 사랑은 상품교환의 영역 너머에 위치하며, 사회질서와 맞서기도 한다(에바 일루즈, 박형신 · 권오헌 옮김, 『낭만적 유토피아 소비하기』, 이학사, 2014, 19쪽). 일반적으로 낭만적 사랑은 결혼을 사회적 재생산과 경제적 교환으로 보는 태도에 반대하며, 경제적 이해관계나 합리성의 개입이 연애의 숭고한 가치를 훼손하는 것으로 여긴다. 낭만적 사랑은 성애조차 이념이나 헌신 등으로 대체함으로써 연인에게 숭고함을 부여하기도 한다.

17 이현재, 「로맨스 정치경제학을 위한 시론」, 『한국여성철학』 제19권, 2013, 48쪽.

18 『애인』의 임지운은 독특한 유형의 인물이다. 그는 지적으로 성숙한 삼십대의 작가로 설정되어 있지만 판단과 행동에서는 사춘기적 감성에 지배당하는 인물이다. 그의 미숙함은 이석란의 열정에 이끌려 수동적으로 결혼을 선택하게 하고, 자의식의 과잉은 결혼이 파탄으로 흐르는 것을 방치하게 만든다. 그가 현실의 여성, 채정주와 이석란은 물론, 현재의 오영심에게도 안착하지 못하는 것은 사춘기 시절 연애의 대상이었던 기억 속의 '여학생'에 고착되어 있기 때문일 것이다. 『실낙원의 별』의 송준오 역시 미성숙한 남성주체로 표현된다. 그는 고영림의 사랑을 얻지 못하자 자살을 시도한다. 또한 이애리의 육체를 욕망하면서도 고영해처럼 거짓으로라도 애정을 표현하지도 못한다. 성적 욕망을 사랑으로 언어화하지 못하는 송준오의 결벽증은 현실에 환멸을 느끼고 과거의 사랑에 매달리는 임지운의 태도와 유사하다. 이런 청년 인물은 이석란이나 고영림과 같은 능동적인 여성 인물들과 극명하게 대조된다. 사춘기적 미숙함이 현실원리나 세속적 가치들에 오염되지 않은 것을 방증하는 장치로 해석할 수도 있지만, 1950년대 김내성의 소설에서 젊은 남성을 형상화하는 태도는 별도의 분석이 필요하다.

로 하는 자유연애나 사랑을 교환으로 보는 태도와 차별성을 극대화한다.

> 소녀는 항상 파란 손수건에 무슨 약병 같은 것을 싸 갖고 있었다. 얼굴 모습이 갸름하고 알린알린 들여다보일 것 같은 맑고 흰 살결을 소녀는 갖고 있었다. 까만 살눈썹이 그린 것처럼 길고 두 눈동자가 언제든지 꿈꾸는 사람모양 젖어있었다. 약간 창백해 보이는 얼굴빛이 무슨 신병을 갖고 있는 것같은 느낌을 주고 있었다. (『애인』(上), 114쪽)

『애인』에서 임지운과 오영심의 연애는 소년과 소녀의 첫사랑, 엇갈림과 재회를 서사적 요소로 채용한다. 병약한 소녀와 예민한 감수성의 소년, '해군복'과 손수건, 안타까운 이별과 어긋남 등은 사춘기 소년 소녀의 연애에 낭만성을 부여하는 소설적 장치들이다. 특별한 의미가 부여된 공간과 물건들 역시 낭만적 서사를 형성하는 데 기여한다. 첫 만남과 재회가 이뤄지는 '창경원'은 둘만의 사연이 깃든 장소이며, "愛人"이라고 쓴 오영심의 편지는 순수한 사랑의 징표로 기능한다. 그러나 몇 차례의 어긋남[19]과 재회, 권총 결투, 눈 쌓인 골짜기에서의 정사(情死) 등은 서사의 개연성을 떨어뜨린다. 대화조차 제대로 나누지 못했던 사춘기 시절의 만남이 10년이 넘도록 연애로 기억되고, 현실의 제약을 넘어서 죽음으로까지 치닫게 되는 동력이 될 수 있는지 의문이다. 『애인』의 낭만적 사랑이 현실의 제도 안에 정착되기 어렵다는 점에서, 정사(情死)라는 결말은 차라리 불가피한 것이기

19 임지운과 오영심의 재회는 몇 차례의 어긋남으로 지연된다. 분단과 전쟁으로 인해 엇갈리기도 하지만, "수없이 반짝이는 별들을 요리조리 헤치면서 찾고 있을 때, 사나이의 검은 그림자 하나가 영심의 옆을 지나 골목으로 꺾어 들면서 임교수의 대문을 향하여 걸어갔다."(『애인』(上), 267쪽)처럼 우연히 곁을 스쳐 지나가기도 한다.

도 하다. 현실에서 인정받지 못하는 연인은 "불가항력"의 운명적 사랑을 표상한 채 소멸할 수밖에 없으며, 이런 비극적 결말만이 낭만성을 유지한 채 서사를 완결할 수 있기 때문이다.

낭만성이 과도하게 착색된 『애인』과 달리, 『실낙원의 별』에서 운명적 사랑은 보다 현실적이고 정교한 방식으로 구조화되어 나타난다. 『실낙원의 별』에서 서사의 중심을 형성하는 것은 고영림과 강석운의 연애이다. 이 소설은 40대 작가와 20대 여대생의 연애라는 파격적인 소재를 불륜이 아닌 운명적 사랑으로 형상화하기 위해 다양한 서사적 장치들을 동원한다. 『실낙원의 별』에서 중견 작가이자 유부남인 강석운을 유혹하는 고영림의 자유분방함과 적극성은 연애의 직접적인 계기가 된다. 이런 젊은 여성의 당돌함과 '명랑성'은 강석운을 매료시키기도 한다. "독특하고 발랄한 대화"(236)에 담긴 새로운 의식과 감각은 호기심을 유발하고 이는 성적 끌림으로 작용하는 것이다. 고영림이 지닌 아프레적 요소는 새로운 매력이자 연애를 촉발하는 계기가 되지만, 연애가 시작된 이후에는 거세되어야 한다. 강석운과 고영림의 만남이 진실한 사랑이 되기 위해서는 둘의 연애가 '아프레 걸'의 방종과 중년남성의 욕망에서 비롯된 것이 아님을 설득할 필요가 있다. '아프레 걸'이 지닐 법한 성적 방종이나 개방성은 진실한 사랑의 조건이 될 수 없기 때문이다.

> 지나칠 듯 지나칠 듯하면서도 컨트롤이 있어서 탈선을 하지 않는 대목에서 고영림은 동시에 겸양의 미까지 보여주고 있었다.
> 형식은 아쁘레 같아 보이지마는 내용은 아쁘레가 아니었다. (『실낙원의 별』, 110쪽)

소설은 고영림에 대해 "아쁘레 같기도 하지만, 그렇지도 않았다."

(『실낙원의 별』, 26쪽)처럼, 그 내면은 본질적으로 ‘아프레’가 아님을 반복적으로 제시한다. 이로부터 강석운의 끌림이 육체적 욕망이 아닌 정신적 감응에 의한 것이라는 점이 강조된다. 강석운은 고영림과의 첫 만남에서 “교양에 뿌리를 지닌 강렬한 순수성의 약동”(『실낙원의 별』, 26쪽)을 느끼고 “작가적 호기심”과 “인간적 흥미”를 갖는다. 그리고 고영림에게서 받은 “온갖 자극과 감동은 순전히 정신적”(『실낙원의 별』, 109쪽)인 것이라고 표현한다. 소설은 비슷한 연배의 이애리와 고영림을 각각 “육체파”와 “정신파”로 구분함으로써, 강석운이 고영림이 지닌 “영혼의 젊음”에 감응하고 있음을 강조한다. 정신적 교감에서 비롯된 사랑의 감정은 조절하거나 통제할 수 없는 것이 되어 버린다. 강석운은 고영림과의 연애를 “불가항력”의 “생명을 건 연애”라고 표현함으로써 그 절대성을 주장한다.

고영림의 감정 역시 아프레적 방종이나 일시적인 유희가 아니라는 것은 오래 전부터 강석운의 글을 읽고 그를 흠모해왔다는 것으로 설명된다. 고영림은 강석운의 글에서 “사고 방법의 투명성과 감정의 소박성”(『실낙원의 별』, 64쪽)을 느끼고, “생리와 윤리의 한계”가 일치하는 데 오는 감명을 받는다. 이런 과정에서 고영림은 “애정의 발아” 상태인 “존경의 염”을 키워온 것으로 묘사된다. 또 강석운이 〈칸나의 의욕〉을 읽고 이를 높게 평가하는 편지를 보냄으로써, 만남 이전에 “인격과 인격의 대화”가 오고간 것으로 설정된다.

『실낙원의 별』은 고영림의 연정이 찰나의 욕망에 의해 촉발된 것이 아니라 과거로부터 지속되어 왔다는 설정을 통해 연애 감정에 서사적 정당성을 부여한다. 이와 함께 소설은, 병약한 소녀의 첫사랑이라는 한혜련의 과거사[20]를 추가함으로써 고영림의 감정에 강렬한 동

20 “봉선화 전설”로 표상되는 한혜련의 과거사는, 1938년 원산 바닷가를 배경으로

기를 제공한다. 고영림은, 한혜련의 사연을 "불순과 무서움을 속이고 무마하기 위한 핑계"(『실낙원의 별』, 477쪽)로 삼음으로써 강석운에 대한 애정에 동기를 부여한다. 그 과정에서 수동적인 한혜련의 "봉선화 전설"은 보다 적극적인 고영림의 "칸나의 열정"에 통합된다. 결국 강석운은 "오랫동안 자신을 사모해온 한혜련"보다 그 이야기를 전해주는 고영림에게 더 관심을 갖게 된다. 소설이 고영림과 강석운의 본격적인 연애를 중심으로 전개되면서 "봉선화 전설"과 비련의 주인공 한혜련은 소설에서 실종되어 버린다.

4. 제도 밖의 연애와 가정이라는 소실점

『실낙원의 별』에서 강석운과 고영림의 연애는 도피의 형식으로 실현된다. 도피여행은 현실의 제약과 간섭을 우회하여 연애를 실현하는 유일한 방식이다. 둘의 도피 여행은 세대의 차이와 윤리적 제약을 넘어선 낭만적인 충동으로 채워진다. "무작정" 대구에 도착한 그들은 다방, 교회, 음악회, 극장, '빠아'와 댄스홀을 돌며 "고독과 권태와 무료를 모르는 행락"을 즐긴다.

> 차체가 무거운 올스모빌은 아무리 속력을 내도 까불 줄을 몰랐다…(중략)… 그 격정적인 멜로디가 피로했던 두 사람의 감각을 모닝커피처럼 은근히 자극했다. (『실낙원의 별』, 352쪽)

한 14세의 병약한 소녀와 일본 유학생의 짧은 만남으로 구성되어 있다. 스스로를 비련의 여주인공 '봉선'으로 인식하고 강석운에 대한 막연한 그리움을 키워온 한혜련의 삶은 그 자체로 낭만적인 이야기를 구성한다.

경주로 향하는 고급 승용차의 아늑함과 "고조된 멜로디"는 신선한 감각을 환기한다. 여행은 일상을 회피하는 동시에 강렬한 감정을 경험하는 계기를 제공한다.[21] 여행은 커플을 세속 세계와 단절시키고 로맨스의 감정을 강화시킨다. 그러나 이런 낭만적인 도피여행의 지속되기 어려우며, 결국 정사(情死)가 아니면 가정으로 귀환할 수밖에 없는 한시적인 것이다. 대구에서 경주를 거쳐 포항에 이르러 둘의 도피여행은 한계에 봉착한다. "고도에 들어가 살면서 갖게 될" 현실의 환멸을 감당할 자신이 없으며, 정사(情死)는 "현대적 성격"에 맞지 않는 "낡은 시대의 유물"(375)이라 여겨질 때, 가정으로의 복귀는 예정된 것이라 할 수 있다. 『애인』의 정사(情死)처럼 제도와 규범의 지지를 받지 못하는 낭만적 사랑은 지속되기 어려운 것이다.

그러나 가정으로의 복귀는 "불가항력"의 "절대적 사랑"이 그저 한 차례의 '외도'가 되어버리는 역설적 결과를 낳는다. 도피여행의 동력이었던 "불가항력적" 사랑의 절실함은 도덕적이고 '합리적인' 선택에 의해 휘발되어 버리고, 일탈적 욕망은 가족주의로 봉합되어 버리는 것이다. 그리고 여기에는 한편으로는 일탈적인 연애를 열망하면서도 다른 한편으로는 가족 질서가 유지되기를 원하는 당시 독자의 양가적인 태도가 반영되었을 것이다. 대중소설이라는 형식과 1950년대라는 시대를 고려한다면, 가족 제도 밖의 낭만적 사랑을 상상하는 일은 쉽지 않은 문제였을 것이다.

『실낙원의 별』에서 강석운의 가정은 '낙원'으로 비유된다. "홍차 두 잔"과 "토스트"를 준비하며 "홈스위트 호옴"을 콧노래로 흥얼거리는 김옥영의 모습이나, "양식과 일본식과 한식을 얼버무린 절충식 양옥"의 이층 작업실에서 소설 집필에 몰두하고 "백여만환의 인세"를

21 에바 일루즈, 앞의 책, 248쪽.

받아 딸의 피아노를 살 생각을 하는 강석운의 모습은, 당시 상상할 수 있는 가장 이상적인 가정의 풍경일 것이다. 강석운은 "온갖 허식과 절연할 수 있는 피난소가 곧 가정"이라는 점에서 "가정 제일주의" 혹은 "가정 낙원설"을 설파한다. 비록 강석운의 '외도'로 '낙원'은 위기에 처하지만, 다시 가정으로 귀환함으로써 그 가치는 더욱 공고화된다. 강석운과 고영림의 연애가 이십여 일의 도피여행으로 종결되어 버리게 된 것 역시 서사의 안과 밖에 소실점으로서의 가정이 자리하기 때문일 것이다.

이런 가정이라는 제도와 갈등하는 인물들은 대개 전후 세대인 『실낙원의 별』의 고영림과 이애리, 『애인』의 이석란과 같은 젊은 여성들이다. 그들은 능숙한 소비주체들이자 연애에서 도 능동적인 태도를 지닌 인물들이다. 가령, 복장은 수수하지만 "콘탁스" 카메라와 "파아카 오십일" 만년필을 지니고 다니는 고영림은, 그릴에서 "오이스터 프라이"를 능숙하게 주문하고 "세련된 포즈"로 "독특하고 발랄한 대화"를 주도한다. 이런 고영림은 학교와 직장, 도심의 거리로 외출을 시작한 전후 여성의 문학적 표상이라고 할 수 있다. 이들은 남성 못지않게 소비에 능숙하며 자기들의 스타일과 취향을 구성함으로써 전전세대의 여성들과 스스로를 구별짓는다. 이들은 연애나 사회활동에 적극적인 태도를 보임으로써 남성중심 사회에서 '아프레 걸'로 낙인찍히지만, 여성적 욕망을 적극적으로 드러냄으로써 가부장적 사회에 균열점으로 작용하기도 한다.

'아프레 걸'을 적극적으로 발견하면서도 '아프레'적 속성에는 부정적이었던 김내성의 서술태도는, 이 시기 사회적 인식의 한계를 반영한 것이라 할 수 있다. 낭만적 사랑을 획득하지 못한 이애리나 결혼에 실패한 이석란의 내면을 허전한 상태로 묘사한 것처럼, 『애인』에서 애욕의 철학을 표방한 인물들 역시 자유로운 연애를 추구하지만,

서사의 말미에 이르러서는 결혼과 가정이라는 가치를 긍정하는 태도를 보인다. 마담 로우즈나 유민호가 그러하듯이, 남성 중심의 가부장적 질서를 비판하던 이석란이 자유보다는 "탐탁한 구속"을 원하는 모습은 1950년대의 개인주의가 전통적인 의미의 가족이데올로기를 넘어서지 못함을 상징적으로 보여준다. 이애리나 고영림 등의 능동적인 여성주체들이 가족 제도 밖의 연애를 끝까지 밀고가지 못하고 남성이나 가정의 그늘로 회귀할 수밖에 없는 것 역시 시대적 한계의 반영이라 할 수 있다.

5. 맺는 말

대중소설에서 연애의 모티브가 사용되는 것은 일반적인 현상이나, 새로운 세대가 연애의 주체로 등장하고 세대 갈등과 가치체계의 충돌이 세대 간의 연애를 통해 그려지는 것은 1950년대 신문소설의 특징이라 할 수 있다. 연애에서 결혼으로 이어지는 청춘 남녀의 이야기와 달리, 세대 간의 연애는 사회적 통념을 벗어나거나 도덕적인 갈등을 내포한다는 점에서 문제적이다. 정비석과 안수길, 박계주의 신문소설에서 세대 간의 연애는, 기성세대의 경제력과 젊은 세대의 육체가 교환되는 욕망의 방식으로 전개되거나, 기성세대와 전후세대의 갈등과 문화접촉의 형식으로 전개되기도 한다. 이들의 작품이 세대 간의 연애를 순수한 낭만적 사랑으로 전개하지 않는 것과 달리, 김내성의 『실낙원의 별』은 세대 간의 연애를 운명적 사랑의 차원에서 실현한다는 점에서 차별성을 지닌다. 김내성의 소설이 대중적 반향을 불러일으켰던 것 역시 욕망의 향유를 위해 계몽적 태도를 벗어나 도덕적 금기를 넘어섰기 때문으로 추측해볼 수 있다.

성과 사랑에 대한 습속의 변화는 사회적 변동이 가장 첨예하게 현상하는 지점이라 할 수 있다. 1950년대 신문소설에 나타난 연애의 유행은 전후 국가의 재건과 가족의 재구성, 새로운 소비문화와 가치체계의 변화를 반영하고 있다는 점에서 주목을 요한다. 특히 김내성의 신문소설에 나타난 다양한 형태의 연애와 연애담론은 결혼과 가족 제도에 대한 새로운 인식과 가치체계의 변화를 내포한다. 그의 소설은 사랑과 결혼을 둘러싼 새로운 가치관과 인식 태도에 주목함으로써 전후 한국사회의 변화와 문화적 갈등을 대중적 감수성으로 포착하고자 한다. 또한 그의 소설에 등장하는 새로운 연애주체들은 당대의 사회문화적 변동을 반영하는 기호이자 대중의 욕망과 취향이 투사된 문학적 표상이라 할 수 있다. 새로운 소비문화와 가치관을 표방하며 당대의 제도나 규범과 갈등하는 1950년대 전후세대들의 문학적 표상에 대한 공시적 연구는 남은 과제라 할 수 있다.

참고문헌

1. 기본자료

김내성, 『애인』(上)(下), 『한국장편문학대선집』, 민중서관, 1979.

______, 『실낙원의 별』, 『한국문학전집』, 민중서관, 1959.

2. 논문 및 단행본

고미숙, 『연애의 시대』, 북드라망, 2014.

권보드래, 『아프레걸 思想界를 읽다 : 1950년대 문화의 자유와 통제』, 동국대 출판부, 2009.

김동윤, 「김내성의 "애인"에 나타난 연애 양상과 그 의미」, 『대중서사연구』 4권, 1998.

______, 『신문소설의 재조명』, 예림기획, 2001.

김은하, 「전후 국가 근대화와 아프레 걸(전후 여성) 표상의 의미」, 『여성문학연구』 16, 2006.

김지영, 「1950년대 여성잡지 '여원'의 연재소설 연구」, 『여성문화연구』 30호, 2013.

김현주, 「'아프레걸'의 주체화방식과 멜로드라마적 상상력의 구조 - 정연희의 목마른 나무들을 중심으로」, 『한국문예비평연구』 21권, 2006.

______, 「김내성 후기소설"애인"에 나타난 욕망과 윤리」, 『대중서사연구』 15권, 2009.

오혜진, 「김내성의 해방 후 작품에 관한 서지학적 정리 및 작가의 생애 고찰」, 『어문논집』 47집, 2011.

이선미, 「연애소설과 젠더 질서 재구축의 논리」, 『대중서사연구』, 2009.

______, 「1960년대 전후 (성)문화풍속과 '사랑'의 사회성」, 『상허학보』 29집, 2010.

이영미 외, 『김내성 연구』, 소명, 2011.

이현재, 「로맨스 정치경제학을 위한 시론」, 『한국여성철학』 제19권, 2013.

임은희, 「1950년대 신문소설에 나타난 취향의 재편과 젠더성」, 『한국문예비평연구』 45집, 2014.
장민지, 「김내성의 "애인"·"실낙원의 별" 연구」, 『어문논총』 36호, 2002.
진덕규 외 10인, 『1950년대의 인식』, 한길사, 1981.
미셸 푸코, 이규현 옮김, 『성의 역사』 1, 나남출판, 2005.
앤서니 기든스, 배은경·황정미 옮김, 『현대사회의 성·사랑·에로티시즘』, 새물결, 2003.
에바 일루즈, 박형신·권오헌 옮김, 『낭만적 유토피아 소비하기』, 이학사, 2014.
피에르 부르디외, 최종철 옮김, 『자본주의의 아비투스』, 동문선, 1995.

1950년대 신문소설에 나타난 세대 간의 연애와 새로운 소비주체

1. 들어가는 말

연애, 특히 세대 간의 연애[1]는 1950년대 신문소설에서 자주 발견되는 모티브 중 하나이다. 가정주부가 대학생과 춤바람이 나고 대학교수가 젊은 '타이피스트'에게 매료되며, 중견 작가와 여대생이 도피여행을 떠나는 등의 이야기가 인기를 끌면서, 세대 간의 연애는 대중소설의 흥행코드로 자리 잡는다. 재력을 지닌 남성이 젊은 여성을 유혹하는 이야기는 통속적인 서사에 자주 등장하는 소재이지만,[2] 여

1 세대(generation)는 생물학적 연령의 차이를 토대로 이념과 가치, 취향과 소비성향의 차이에 의해 구획된다. 이 논문에서 세대 간의 연애는 상이한 세대에 속하는 인물들의 애정관계를 지칭한다. 나이 차이에도 불구하고 문화적 차이가 드러나지 않는 애정관계는 세대 간의 연애를 형성하기 어렵다. 반면, 『애인』의 임지운과 이석란은 나이 차이는 많지 않지만 전전세대와 전후세대의 가치관이 첨예하게 대립한다는 점에서 세대 간의 연애를 형성한다고 할 수 있다.

2 해방 이전의 소설들에서 중년 남성과 젊은 여성의 만남은 봉건적인 유습인 축첩으로 처리되곤 하였다. 그것은 경제적 여력을 가진 남성의 탐욕에서 비롯되거나, 화폐와 육체의 교환으로 귀결됨으로써 연애의 본질을 훼손하는 것으로 여겨졌다. 대표적으로 『삼대』의 조상훈과 홍경애의 관계는 조상훈의 도덕적 타락과 인격적 실패를 드러내는 장치로 사용된다. 이광수의 『유정』(1933)은 미묘한 방식으로 세대 간의 애정 문제를 다루고 있는 작품이다. 비슷한 시기 발표된 『애욕의 피안』(1936)에서 문임에 대한 김장로의 탐욕이 비극적 결말로 연결되는 것과 달리, 『유정』에서는 강력한 금지가 욕망을 자극하듯이, 의혹의 시선이 오히려 최석의 애정을 촉발한다. 『유정』은 최석의 죽음을 통해 애정이 연애의 형식으로 현실화되는 것을 저지함으로써 당대의 사회적 통념을 이탈하지 않지만,

기에 연애의 형식이 부여된 것은 1950년대 신문소설의 특징이기도 하다. 청춘 남녀의 연애와 결혼이 가족을 구성하는 이상적인 방식으로 받아들여진 이후, 중년 남자와 젊은 여자 혹은 중년 여성과 젊은 남자의 애정 관계는 탐욕에서 비롯된 타락이나 제도로부터의 일탈로 규정되었다. 특히 애욕과 교환의 속성이 부각되는 경우, 세대 간의 애정 관계는 외도나 불륜으로 처리되거나 타락한 세태를 드러내는 소재로 사용되었다.[3] 1950년대 신문소설에서 세대 간의 애정 관계는 자유의 범람과 성적 방종의 징후로 다뤄지지만, 한편으로는 나이와 세대의 차이를 넘어서는 낭만적인 연애 혹은 규범과 제도를 초월하는 운명적인 사랑으로 그려지기도 하였다.

1950년대 신문소설에서 세대 간의 애정 관계가 '축첩'이 아닌 '연애'의 형식으로 전개된 것은 무엇보다 연애의 대중적인 유행 때문이라 할 수 있다. 연애의 유행은 기성세대들의 연애에 대한 은밀한 열

세대 간의 애정 관계를 낭만적인 사랑의 관점에서 다룬다는 점에서 의미있는 작품이라 할 수 있다.

3 『여성의 적』의 권동철과 『민주어족』의 배영환, 『애인』의 유민호와 『실낙원의 별』의 고영해는 경제적 능력이나 지위를 이용해 젊은 여성을 유혹한다. 그들은 연애를 화폐와 육체의 교환으로 보고 욕망 충족의 수단으로 삼는다는 점에서 부정적인 인물들로 그려진다.
중년 여성과 젊은 남성의 애정관계 역시 연애관계를 형성하지 못하고, 풍속의 타락과 세태의 혼란을 나타내는 장치로 서술된다. 『자유부인』(정비석)의 오선영, 『민주어족』(정비석)의 김은애, 『사랑』(박화성)의 장게선, 『별아 내 가슴에』(박계주)의 허영희 등은 '댄스'나 '계'에 몰두하고 젊은 남성을 유혹하는 등 성적 방종과 사치에 빠져 타락의 길을 걷는 인물들로 묘사된다. 중년 여성과 젊은 남성의 애정관계는 가정주부의 일탈과 무책임, 허영과 타락으로 비난받으며, 그 결말 역시 파멸이나 도덕적 참회 등의 대가를 치르는 것으로 마무리된다. 남성 주인공들의 일탈이 낭만적 사랑의 형식으로 진행되는 것과 달리, 여성 인물들의 일탈은 그 자체로 타락이자 파탄으로 귀결되는 것에는 가부장적 질서가 작동하고 있음은 자명하다. 여성의 욕망은 제어되지도, 충족되지도 않는다는 무의식적 불안이 작동한다. 강한 윤리적 굴레와 심각한 제재의 기저에는 여성의 욕망은 위험하고 불온하다는 남성적 공포가 자리하는 것이다.

망을 자극하는 동시에 세대 간의 애정 관계를 심각한 도덕적 저항 없이 받아들일 수 있는 태도의 변화를 초래하였다. 연애를 결혼의 예비단계로 여기지 않고 연애 그 자체를 탐닉하려는 자유연애가 유행하였으며, 연애는 개인의 선택이자 교환의 일종이라는 사고방식이 진취적이며 '합리적'인 태도로 수용되기도 하였다.[4] 특히 세대 간의 애정 관계를 낭만적 사랑으로 다룬 미국영화와 같은 문화 상품들이 광범위하게 소비되면서[5], 세대 간의 연애는 1950년대 신문소설의 주요 모티브로 나타나게 되었다.

청춘 남녀의 연애 이야기는 기본적으로 결혼으로 수렴되며, 그 과정에서 개인의 선택과 욕망이 가족이나 계급 등의 집단과 갈등을 겪지만 결혼을 통해 그 갈등이 봉합되는 구조를 지닌다. 이와 달리 세대 간의 연애는 결혼으로 수렴되지 않기 때문에 연애의 과정 자체를 향유하려는 경향이 강하며, 집단의 간섭으로부터 비교적 자유로운

---

4 낭만적 사랑은 신분이나 계급, 특히 경제적 이해관계를 초월함으로써 그 위대성을 보장받는다. 근대 이후의 낭만적 사랑은 자본주의적 화폐질서와 대립함으로써 자본주의의 대안 혹은 피난처로서의 가치와 의미를 지녀왔다. 사회경제적으로 사랑과 결혼이 경제적 교환 밖으로 단 한 걸음도 나간 적이 없지만, 문화적으로 낭만적 사랑은 여전히 반(反)자본주의 유토피아로 신봉되어 온 것이다. 그러나 1950년대의 신문소설은 한편으로는 숭고한 사랑의 가치를 설파하면서도, 다른 한편으로는 연애 관계에 은폐되어 있던 교환의 논리를 드러내 보이고 연애가 현실 원리에 의해 탈신비화되는 장면을 자주 연출하였다.

5 '그레이 로맨스'(『부교』)나 '로맨스 그레이-헤어즈(Romance gray hairs)'(『실낙원의 별』)라는 용어의 유행은 중년 남성의 연애에 대한 욕망이 서구 문화의 유입에 의해 증폭된 것임을 짐작케 한다. 가령, 『자유부인』에서 장태연과 박은미가 관람한 〈미녀 엠마〉는 유부남과 젊은 여성의 사랑이야기이고, 『민주어족』에서 박재하와 강영란이 관람하는 〈황혼〉(〈Carrie〉, 1952)은 젊은 여성을 사랑한 중년 남성을 소재로 한 영화이다. 실제 1955년 한국에서 상영되었던 〈황혼〉은 'Carrie'라는 젊은 여성을 사랑하고 그로 인해 파멸하는 중년 남성의 이야기로 다루고 있어, 『민주어족』의 모티브나 서사 전개의 모델이 되었을 것으로 추정된다. 1950년대 미국 영화를 통해 유입된 연애의 서사와 신문소설의 연관성은 실증적인 조사를 토대로 분석해볼 문제라 할 수 있다.

개인을 전제로 한다. 전후 유행한 연애는, 그 선택과 실현에 개인의 욕망이 우선한다는 점에서 개인주의의 확산[6]과 깊은 연관성을 지닌다. 특히 세대 간의 연애가 성립되기 위해서는 가족이나 공동체의 구속으로부터 자유로운 젊은 여성이 전제되어야 한다. 1950년대 신문소설에서 전통적인 규범이나 집단으로부터 자유로운 젊은 여성들은 '아프레 걸'로 호명된다. 그들은 세대 간 연애의 과정에서 발견된다는 점에서 기성세대의 시선과 욕망에 의해 재구성된 인물들이다. 그러나 '아프레 걸'은 전후 세대의 사유방식과 행동양식을 표출하며 소비주의의 새로운 주체로 자기 정체성을 구성하기도 한다. 그들의 적극성은 세대 간 연애의 동력이 되기도 하며 기존의 가부정적 질서와 충돌함으로써 새로운 갈등의 요소를 암시하기도 한다.

연애는 1950년대의 대중문화를 관통하는 키워드라 할 수 있다. 연애의 유행은 전후 한국사회의 가족재건 프로젝트의 일환이었으며, 가치관과 성문화의 변화를 효과적으로 포착할 수 있는 측거점이 되기도 한다. 특히 세대 간의 연애는 가치관의 변화나 성과 사랑에 대한 습속의 변화, 개인주의의 확산 등 전후 한국 사회의 변동을 배경으로 한다는 점에서 주목해볼 필요가 있다. 1950년대 신문소설에 나타난 세대 간의 연애는 전후 세대의 등장과 그에 따른 세대 갈등을 포섭하면서도, 전후 한국 사회의 세태와 풍속을 아우르는 문제적 지점이기도 하다. 이런 문제의식에서 이 논문은 정비석, 김내성, 안수길 등의 신문소설을 대상으로 세대 간의 연애가 나타나는 양상을 분석해보고자 한다.[7] 또한 세대 간 연애에 등장하는 '아프레 걸'의 의미

6 전쟁으로 인한 인구의 이동과 도시화는 지역이나 혈연에 기반한 공동체를 약화시켰으며, 전통적인 생활양식과 가치관의 변화를 초래하였다. 전쟁을 통해 경험한 생존의 위협은 개인의 욕망을 우선시하는 풍조를 낳았으며, 서구의 개인주의가 유입되면서 전후 한국 사회에 개인주의 문제가 강하게 대두되었다.

와 기능, 세대 갈등과 문화 접촉의 양상을 분석해보고자 한다.[8]

---

7 1950년대 신문소설에서 세대 간의 연애라는 공통의 소재를 다루면서도 작가에 따라 차이점이 발견되기도 한다. 가령, 정비석은 세대 간의 연애에 내재하는 도시적 감수성과 내밀한 욕망을 구체적으로 포착한다. 그의 신문소설은 도시의 소비문화와 연동하는 연애의 풍속을 통해 당대의 세태를 비판적으로 재현한다. 안수길은 세대 간의 연애를 다루되 세대 간의 문화적 차이에 주목하고 각 세대의 사회적 의무와 역할을 발견하는 방향으로 전환한다. 정비석과 안수길이 결혼으로 귀결되지 않는 자유연애의 한계를 명확히 설정하는 것과 달리, 김내성은 세대 간의 연애를 세대론의 차원에서 접근하면서도, 세대 간의 연애를 낭만적 사랑으로 실현시킴으로써 사회적이고 윤리적인 한계를 돌파하려고 한다. 개별적인 작가와 작품에 대한 의미있는 연구 성과들을 정리하면 다음과 같다.

1950년대 신문소설은 당대의 세태와 풍속을 구체적으로 반영하고 있다는 점에서 다각적인 분석의 대상이 되어 왔다. 1950년대 문화사적 맥락과 신문소설을 연관지어 분석한 연구로는 권보드래의 『아프레걸 思想界를 읽다: 1950년대 문화의 자유와 통제』(동국대출판부, 2009), 이선미의 「헵번 스타일, 욕망, 교양의 사회, 미국영화와 신문소설」(『현대문학의 연구』 47집, 2012), 임은희의 「1950년대 신문소설에 나타난 취향의 재편과 젠더성」(『한국문예비평연구』 45집, 2014.12) 등이 있다. 이들 연구들은 1950년대 신문소설의 문화사적 맥락을 살피면서도 작품의 구체적인 양상을 분석한다는 점에서 의미있는 성과라 할 수 있다.

1950년대 연애 담론의 사회사적 맥락과 그것의 문학적 재현을 다룬 연구들 중에서, 1950년대의 소설 전반에 나타난 성과 사랑, 연애에 대한 연구로는 김지영의 「1950년대 여성잡지 '여원'의 연재소설 연구」(『여성문화연구』 30호), 이선미의 「1960년대 전후 (성)문화풍속과 '사랑'의 사회성」(『상허학보』, 2010.6), 송경란의 「'여원'에 나타난 전후 연애담론 양상 고찰」(『한국어와 문화』 18집, 2015) 등이 있으며, 전후 세대의 성격과 표상으로서의 '아프레 걸'을 분석한 연구로는 김은하의 「전후 국가 근대화와 아프레 걸(전후 여성) 표상의 의미」(『여성문학연구』 16집, 2006), 임선애의 「전후 여성지식인, 자유부인의 결혼과 일탈」(「한국사상과 문화』 31집, 2005), 최미진의 「1950년대 신문소설에 나타난 아프레 걸」(『대중서사연구』 18호, 2007.12) 등이 있다.

개별 작가에 대한 연구 중 주목할 만한 연구로는 이영미 등의 『정비석 연구』(소명, 2013), 손혜민의 「전후 '근로대중'의 형성과 빈곤의 젠더화」(『여성문학연구』, 32집, 2014), 김동윤의 「김내성의 "애인"에 나타난 연애 양상과 그 의미」(『대중서사연구』 4권, 1998), 장민지의 「김내성의 "애인" · "실낙원의 별" 연구」(『어문논총』 36호, 2002), 김현주의 「김내성 후기소설 "애인"에 나타난 욕망과 윤리」(『대중서사연구』 15권, 2009), 이선미의 「연애소설과 젠더 질서 재구축의 논리」(『대중서사연구』, 2009), 김동윤의 「안수길의 1950년대 신문소설 연구」(『한국문학논총』 39, 2005), 허병식의 「안수길의 신문연재 소설에 나타난 연애와 풍속 : '제2의 청춘'과 '부교'를 중심으로」(『한국근대문학연구』, 2011. 10) 등이 있다.

2. 세대 간의 연애와 '아프레 걸'

1950년대 신문소설에서 세대 간의 연애를 형성하는 중년 남성들은 사회적으로 안정된 지위를 지닌 인물들로 설정된다. 『자유부인』의 장태연은 대학교수이자 한글학자이며, 『애인』의 임지운과 『실낙원의 별』의 강석운은 주목받는 소설가이다. 『민주어족』의 박재하는 알루미늄 공장의 경영자이고, 『제2의 청춘』의 엄택규는 잡지사 사장이다. 이들과 연애관계를 형성하는 젊은 여성들은 여대생 혹은 직장인으로, 세대 간의 연애는 작가와 독자, 선생과 제자, 사장과 직원이라는 사회적 관계에서 출발한다.[9] 세대 간의 연애에는 나이 차이와 함께 사회적 지위나 상징 자본의 격차가 내재되어 있는 것이다. 이런 사회적 위계는 의사소통의 구조에도 관철되어 나타난다. 남성 인물이 담론과 지식을 생성하고 발신하는 기능을 담당한다면, 여성 인물은 그것을 수신하고 소비하는 기능을 수행한다. 일방적인 의사소통의 회로는 세대 간 연애 관계에서 남성 인물이 의미 구성의 주체로 설정되어 있음을 암시하는 것이다.

남성 인물은 담론과 지식의 생산에 주도적인 역할을 담당하지만,

---

8 이 논문은 정비석의 『자유부인』(정음사, 1954), 『민주어족』(정음사, 1955), 『여성의 적』(정음사, 1956), 김내성의, 『애인』(上)(下)(『한국장편문학대선집』, 민중서관, 1979), 『실낙원의 별』(『한국문학전집』, 민중서관, 1959), 안수길의 『제2의 청춘』(『안수길 전집4』, 글누림, 2011)을 분석의 대상으로 삼았다. 작품 인용의 경우 작품명과 인용면수만을 밝히고 자세한 출판사항은 생략한다.

9 『자유부인』에서 미군 부대 타이피스트인 박은미는 장태연에게 한글 강습을 부탁함으로써 선생과 제자의 관계를 형성하며, 『민주어족』에서 강영란은 새로 입사한 공장에서 사장인 박재하를 만난다. 『실낙원의 별』에서 대학생인 고영림은 강석운의 열렬한 애독자이며, 『애인』의 이석란 역시 임지운의 독자로 설정된다. 『제2의 청춘』에서 김성희는 맹아학교 교사로 엄택규가 발행하는 〈부인회보〉의 애독자이기도 하다. 『실낙원의 별』의 이애리와 『제2의 청춘』의 백은주는 각각 고영해와 신현우의 부하직원으로 설정된다.

정작 연애가 전개되는 과정에서는 수동적이며 소극적인 태도를 유지한다. 중년 남성이 적극적인 태도를 취하게 될 때 연애는 욕망 실현의 수단이 되어버리기 때문이다.[10] 세대 간의 애정 관계가 낭만적 사랑의 형식으로 전개되기 위해서는 젊은 여성의 호감과 행동이 우선해야 한다. 남성의 욕망은 은폐되고 여성의 적극성이 표출될 때 세대 간의 연애는 중년 남성의 탐욕이나 외도라는 도덕적 비난을 우회할 수 있게 되는 것이다. 가령, 『자유부인』의 박은미는 장태연에게 한글교습을 부탁하고 먼저 영화 관람을 제의하며, 『애인』의 이석란은 적극적인 애정표현으로 임지운을 설득한다. 『민주어족』의 강영란이나 『실낙원의 별』의 고영림 역시 박재하와 강석운에게 애정을 고백하고 연애관계를 형성하는 데 주도적으로 행동한다. 『제2의 청춘』의 백은주와 『실낙원의 별』의 이애리도 욕망 실현을 위해 남성을 유혹하는 적극성을 보인다.

> "예, 선생님의 친구가 되겠어요. 자주 만나 뵙고……"
>
> 백은주의 눈에서 정열의 불꽃이 뿜어지는 듯했다. 신현우는 가슴이 꿈틀해지며, (『제2의 청춘』, 375쪽)

> "이 순간에 있어서의 저의 솔직한 욕망은 선생님을 한번 유혹해 보고 싶다는 거예요."
>
> "나를 유혹한다?……"
>
> 석운은 적지 않은 놀람을 가지고 물었다.(『실낙원의 별』, 106쪽)

---

10 『민주어족』의 배영환, 『여성의 적』의 권동철, 『애인』의 유민호, 『실낙원의 별』의 고영해 등은 자유연애를 빙자해 여성을 유혹하는 인물들이다. 경제적 능력을 탐욕을 충족하기 위해 연애를 한다. 그들은 연애란 교환의 일종이며, 화폐와 육체의 교환을 합리적인 경제행위라고 주장한다.

『제2의 청춘』에서 백은주는 신현우에게 먼저 접근하고 신현우는 "적극성이 있고 개방적인 백은주의 매력"에 끌린다. 그는 "싱싱하고 말쑥한 아가씨. 재치 있는 말을 입으로 종알거리는 아가씨"가 자신에게 호감을 갖는 것에 "은근스럽게 만족감"(『제2의 청춘』, 387쪽)을 느끼기도 한다. 『실낙원의 별』에서 고영림은 강석운을 오랫동안 흠모해온 것으로 설정되며, 첫 만남에서부터 강석운을 유혹해보고 싶은 욕망을 드러내 보인다. 중년에 접어들며 "청춘의 상실"과 "공허감"을 느끼던 강석운은, 고영림에게서 "정신적 자극과 감동"을 받게 되며, 내면에 잠재되어 있던 "젊은 여성에 대한 막연한 그리움"은 고영림의 적극적인 행동에 의해 연애로 현실화된다.

젊은 여성의 적극적인 태도와 행동이 우선하고, 중년 남성이 이에 호응하는 것이 신문소설에 나타난 세대 간 연애의 기본 공식이다. 그들은 새로운 세대의 문화적 감수성을 지니면서도 중년 남성들이 지닌 상징자본의 가치를 이해하는 개방적인 태도를 보인다. 특히 성과 사랑에 대한 개방적인 태도는 나이나 조건에 구애받지 않고 자유롭게 연애를 할 수 있는 동력이 된다.[11] 이들의 적극적인 애정표현이나 개방적인 태도는 작품 속에서 그들의 언니격인 오영심, 강영희, 한혜련 등의 전전세대와 대비될 때 더욱 두드러지게 드러난다.

---

11 1950년대 신문소설에서 젊은 여성의 적극성이나 개방성은 사적인 관계에서만 발현될 뿐 공적인 활동에서는 부각되지 않는다. 작품 속에서 일하는 여성은 공적인 영역에서의 업무나 역할보다 보이는 존재 혹은 남성적 욕망의 대상이며, 소비와 연애에 특화된 기능만을 수행하는 것으로 설정된다. 여성의 적극성과 개방성이 사회적 노동이나 업무 영역에서 표출되지 않는 것은 무엇보다 여성의 노동이 남성의 노동에 종속되거나 보조하는 역할에 그치는 노동 현실과 사회적 인식을 반영한 결과라 할 수 있다. 실제 1950년대 여성의 노동은 남성 노동에 비해 임금은 물론 현장 내에서의 대우에서조차 차별을 받았다.(강이수, 「1920~60년대 한국 여성노동시장 구조의 사적 변화-고용과 임금격차를 중심으로」, 『여성과 사회』 4, 1993.4, 200쪽)

1950년대 신문소설에 등장하는 적극적이고 개방적인 여성 인물들은 '아프레 걸'로 명명된다. '아프레 걸'은 그 대상과 속성이 모호하지만, 전통적인 여성과 구별되는 전후세대의 부정적인 여성상을 아우르는 용어라 할 수 있다.[12] 소설 속의 '아프레 걸'은 "현대적 쎈스"와 "독특하고 발랄한" 태도를 지닌 전후세대의 젊은 여성들로, 명랑과 불량이 혼재하는 "명동형"이거나 댄스, 영화, 패션 등 유행의 선두에서 있는 "현대여성"을 포괄한다. 신문소설에서 '아프레 걸'은 대체로 '육체적', '타산적', '개방적'인 인물로 묘사된다. 경쾌하면서도 당돌한 태도를 지닌 이들은, '능동적으로 사랑을 생산'[13]한다는 점에서 새롭게 나타난 현대적 연애 서사의 여주인공들이다. 1950년대 신문소설에서 이들은 대개 연애의 대상으로 발견되며 세대 간의 애정 관계에서 연애를 촉발하는 기능을 수행한다. 나이를 '불문'하고 호감을 느끼는 대상에게 적극적으로 다가서는 젊은 여성은 연애에 대한 중년 남성들의 판타지가 만들어낸 이미지이자, 기성세대의 시선과 욕망에 의해 재구성된 인물상이라 할 수 있다.

기성세대에게 '아프레 걸'은 매력적이면서도 위험한 존재이다. 그들이 지닌 '개방적인 명랑성'과 '적당한 불량성'은 연애의 촉매제로

---

12 '전후파'를 뜻하는 '아프레 게에르(Après-Guerre)'에서 파생된 '아프레 걸'은 전후 새롭게 등장하는 여성들을 부정적으로 지칭하는 용어이다. "미국의 퇴폐적인 문화를 무비판적으로 추종하는, 정조관념이 없고 물질주의적인 여성을 가리키는 말"(김은하, 「전후 국가 근대화와 "아프레 걸(전후여성)" 표상의 의미」, 『여성문학연구』 16호, 2006, 191쪽)로 통용되었지만, '아프레 걸'의 실체는 다소 불분명하다. 양공주, UN마담, 자유부인 등으로부터 전후 등장한 자유로운 분위기의 젊은 여성들을 두루 포괄한다는 점에서, "아프레 걸은 그 새로움보다 여성 젠더의 전통적 범주를 벗어난 부정성에 주목"(최미진, 2007)한 용어라 할 수 있다.(최미진, 1950년대 신문소설에 나타난 아프레 걸」, 『대중서사연구』 18호, 2007.12, 123쪽)

13 앤서니 기든스, 배은경 · 황정미 옮김, 『현대사회의 성 사랑 에로티시즘』, 새물결, 2003, 87쪽.

작용하지만, 그것이 가부장적 질서나 가족제도와 충돌할 때 성적 방종과 타락을 유발하는 것으로 처리된다. 가부장적 사회에서 여성적 욕망은 제어되거나 충족되지 않는 위험한 것으로 여겨진다. 『자유부인』과 『민주어족』에서 '자유부인'들의 탈주가 본인과 가정을 파괴하듯이, 『애인』에서 이석란이 지닌 '불량'과 '허영'은 임지운과의 결혼을 파탄으로 이끈다. 『실낙원의 별』에서 이애리의 '불량'은 스스로를 교환의 구조에 던져 넣는 결과를 초래하고, 『제2의 청춘』에서 백은주의 일탈은 공금을 횡령하고 직장 상사를 유혹하며 신현우와 유자애를 죽음 직전까지 몰고 간다.

젊은 여성이 환기하는 성적 매력과 연애에의 유혹이 강할수록 가족 제도와 가부장적 질서의 불안 역시 증폭되기 마련이다. 젊은 여성의 '아프레'적 성격은 연애가 지속되거나 현실의 제도로 포섭되기 위해 거세되어야 할 요소로 여겨진다. 가령, 『제2의 청춘』에서 백은주가 최영호에게로 돌아갈 수 있었던 것은 아프레적 성격을 제거했기 때문이다.

> 고데가 풀린 머리를 빡빡 빗은 것이며, 화장기라고 없는 얼굴이며, 입고 있는 수수한 원피스며, 이 여자가 백은주인가 싶은 모습, 촌 처녀 같은 풍모였다.(『제2의 청춘』, 641쪽)

공금을 횡령하고 직장상사를 유혹하던 백은주의 "타락"은 신현우와 유자애의 가정을 파탄으로 몰아넣는다. 그러나 자신의 잘못을 참회한 백은주는 최영호를 따라 농촌 계몽에 투신함으로써 허영과 방탕의 생활을 벗어난다. "전후파적 행동"을 일삼던 백은주가 "명동의 멋쟁이"라는 허울을 벗고 "촌 처녀 같은" 모습으로 돌아왔을 때 최영호와의 관계를 회복할 수 있는 것이다. 아프레적 성격은 '순수한 사랑'으로 안착하기 위해 탈피해야할 허물이 되는 것이다.

> 지나칠 듯 지나칠 듯하면서도 컨트롤이 있어서 탈선을 하지 않는 대목에서 고영림은 동시에 겸양의 미까지 보여주고 있었다.
>
> 형식은 아쁘레 같아 보이지마는 내용은 아쁘레가 아니었다. (『실낙원의 별』, 110쪽)

젊은 여성의 '아프레'적 성격은 세대 간의 연애가 전개되는 과정에서 희석될 필요가 있다. 『실낙원의 별』에서 강석운과 고영림의 연애는 고영림이 '아프레 걸'이 아니라는 판단으로부터 시작된다. "경쾌한 대화"와 "현대적 쎈스"에 끌리면서도 강석운이 고영림을 배척하는 것도 그녀가 "전형적인 아쁘레 학생"이기 때문이다. 그러나 "형식은 아쁘레 같아 보이지마는 내용은 아쁘레가 아니었다."라는 긍정은 고영림과의 연애를 합리화하는 근거가 된다. 외양은 "아쁘레"지만 내면은 "아쁘레"가 아니라거나, "얼굴모습이나 몸매무새"보다 "영혼의 젊음"이 좋다는 진술을 통해, 둘의 연애가 전후 세대의 방종이나 중년 세대의 탐욕이 아닌 보다 순수한 사랑임을 설득하려 한다.

'아프레 걸'은 서사적 필요에 의해 호출되지만, 정작 가부장적 질서를 위협한다는 점에서 불온한 것으로 취급된다. 가족 제도와 충돌하는 순간, '아프레'적 성격은 위험하고 비생산적인 것으로 치부된다. 『제2의 청춘』의 백은주가 한바탕의 일탈 이후 "촌 처녀"로 재생하듯이, 도피 여행이 시작되면서 고영림의 '아프레'적 성격은 휘발되어 버린다. 이와 달리 '아프레'를 벗지 않은 여성에게는 실패나 타락이 강요되기도 한다. 가부장적 권위에 쉽게 승복하지 않고 자신의 욕망에 따라 행동하고자 했던 이석란이 결혼 제도에 안착하지 못하는 것처럼, 이애리는 낭만적 사랑에 실패하고 화폐와의 교환관계에 스스로를 던져 넣는다. '아프레 걸'의 실패나 타락은, '아프레'가 거세되지 않으면 현실 사회에 적응하기 어렵다는 상징적 교훈이 암시하는 동시에 1950년대 신문소설에 내재하는 인식의 한계를 드러내는 지점이기도 하다.

3. 로맨스의 향유와 새로운 소비주체의 등장

1950년대 신문소설에서 다방과 그릴, 영화관이나 댄스홀 등 도심의 소비 공간은 작품 속 연인들의 활동무대로 등장한다. 이에 따라 연인들의 '아베크'는 어디서 만나서 무엇을 먹고 보는가라는 일련의 소비행위로 구성된다.[14] 특히 경제적 여력을 지닌 중년 남성과 새로운 소비성향을 지닌 젊은 여성의 '데이트'는 첨단의 소비문화를 드러내는 장치가 되기도 한다.

> 차는 명랑한 라디오 멜로디를 들려주는 채, 전원 풍경 속을 오십 마일 정도의 속도로 쾌적한 기분을 유지하면서 달리고 있다.(『제2의 청춘』, 432쪽)

---

14 낭만적 연애는 교환의 질서 밖에 존재하며 소비와 무관하다는 환상이 존재하지만, 집 밖에서의 데이트는 낭만적 만남을 '공적 소비영역'으로 이동시키며, 이에 따라 연애는 '직·간접적인 소비행위'로 구성될 수밖에 없게 된다.(에바 일루즈, 박형신·권오헌 옮김, 『낭만적 유토피아 소비하기』, 이학사, 2014, 38쪽) 신문소설의 인물들은 대개 '다방-음식점-댄스홀 혹은 영화관'의 경로를 따라 움직이며 여기에 미술관이나 음악 감상실 등이 추가되기도 한다. 연인들의 '데이트'는 이런 도심의 소비 공간을 배경으로 진행되며, 때에 따라 시외로의 나들이나 드라이브가 배치되기도 한다. 재화나 물품 구입이 드러나지 않는 산책이나 대화 역시 소비행위의 중간에 배치된다는 점에서 '직·간접적인 소비하기'와 무관하지 않다.

신문소설에서 세대 간 연애가 '데이트'로 실행될 때 빠지지 않고 등장하는 것이 '드라이브' 장면이다. 당시 승용차를 이용한 '데이트'는 일반적인 소비의 수준을 상회하는 특별한 경험을 제시한다. 『제2의 청춘』에서 김성희와 엄택규는 "머어큐리55-최신형 고급차"를 타고 경인가도를 달려 인천으로 나들이를 간다. 같은 소설에서 신현우와 백은주는 "폰티악"을 타고 남산을 돌며 "적당한 속력과 어울려 새 고급차 쿠션"이 주는 "쾌적한 기분"을 만끽한다. 『실낙원의 별』에서 강석운과 고영림이 "올스모빌"을 타고 대구에서 경주로 이동하는 장면에서도 고급 승용차의 아늑함과 라디오에서 흘러나오는 "고조된 멜로디"는 신선한 자극을 환기한다. 자동차의 쾌적한 속도와 안락한 느낌은 여행이 주는 일탈적인 기분과 함께 연애의 낭만적인 분위기를 고조시킨다.

세대 간의 연애는 연애의 자체가 목적이며 그 과정을 향유하려는 경향이 두드러진다. 그리고 연애의 과정에서 소비행위들 주도하는 것은 젊은 여성들이다. 그들은 다방이나 식당에서 능숙하게 차와 음식을 주문하고 영화관이나 음악 감상실, 댄스홀을 자유롭게 드나든다. 가령, 『실낙원의 별』에서 고영림은 강석운을 "그릴"로 안내하고 "치킨짬이 섞인 정식과 맥주", "오이스터 프라이"를 능숙하게 주문하며, 백은주는 신현우와 남산 드라이브를 즐기고 음악 감상실과 댄스홀을 순례하기도 한다. 박은미와 강영란, 백설희 역시 데이트를 구성하는 일련의 소비행위들 사이에서 능동적인 태도를 보임으로써 연애관계를 주도하기도 한다.

신문소설에서 전후 세대들은 새로운 이념이나 가치체계를 표방하기보다 새로운 취향과 감수성을 통해 기성세대와의 구별짓기를 시도한다. 특히 전후세대의 젊은 여성들은 소비를 통해 자신들의 욕구와 취향을 적극적으로 표현함으로써 전전세대와의 차별성을 구성하려

한다.

> 오 여사는, 명옥의 머리가 짤막하고도 멋들어져 보이는 것이 유난스럽게 눈에 띄어서
> "아이구머니! 네가 머리를 아주 멋지게 만들었구나! 이게, 요새 유행하는 머리냐?"
> "아이참, 이게, '쇼-트·컽'이라는 거지, 뭐에요!"(『자유부인』, 458쪽)

"쇼-트 · 컽"은 1950년대 젊은 여성을 상징하는 기호이다. 강영란의 "쇼트 헤어"나, 백설희의 "헤프번의 머리", 이애리의 "헤프번-헤어"는 모두 기성세대의 '퍼머넌트'와 구별되는 전후세대의 전유물이었다. 근대 초기의 '단발랑'이 댕기머리나 쪽진 머리로 상징되는 봉건적 유습과의 단절을 표상한다면, 1950년대의 '쇼트 컽'은 '퍼머넌트'를 대체하지만 곧 '롱 헤어'에 의해 교체되는 유행의 산물일 뿐이다. 단발랑이 이념의 표지라면, '쇼-트 · 컽'은 유행의 변화에 따라 교체되는 텅 빈 기표와 같다. 이런 '쇼트 컽'과 함께 '햅번 스타일'나 '먼로 스타일' 등이 유행하면서 여성의 패션은 1950년대 소비문화를 선도한다. "최신형인 '코로-르 스타일'"(『민주어족』, 5쪽)이나, "하얀 블라우스에 푸른 빛깔의 양복 바지, 머리엔 베레모"(『여성의 적』, 207쪽), "몬로 스타일"의 "회색 투-피스"(『실낙원의 별』, 287쪽) 등은, 소비를 통해 세대나 집단의 정체성을 구성하려는 소비주체들을 상징하는 기호들이라 할 수 있다.

『제2의 청춘』의 백은주는 전후 젊은 세대의 소비 성향을 가장 적극적으로 드러내는 인물로 묘사된다. 그녀는 "최신 유행 스타일로 된 스커트"나 "마음에 드는 구두" 혹은 "핸드백"이 나오면 "남이 손에 넣기 전에"(『제2의 청춘』, 474쪽) 구입함으로써 "명동에서도 눈에 띄

는 멋쟁이"가 된다. 머리모양과 의복은 자본이 끊임없이 신체를 구획하고 재조직하는 장소가 된다. '유행'의 유행은 그것을 따르든지 따르지 않든지 간에 양식화된 자기표현의 사회적 준거로 작용한다. 이에 따라 신체는 지속적인 소비의 장으로 구조화되며, 그 결과 전후 세대의 젊은 여성들은 소비문화의 새로운 주체로 등장하게 되는 것이다.

그러나 여성적 소비는 여전히 비생산적이거나 불안한 것으로 여겨졌다. 이 시기 신문소설에서 '댄스'나 '계'는 여성의 타락과 가정의 파괴를 조장하고, '쇼트 걷', '나일론', '파마', '양장' 등은 비생산적이고 부박한 소비로 처리된다. 여기에는 새로운 소비의 주체로 등장하는 여성들에 대한 남성들의 불안한 시선이 투사되어 있다. 가부장적 사회에서 여성의 소비와 욕망은 항상 비합리적이며 불필요한 과잉으로 비춰진다. 신문소설에서 여성적 소비는 경제적으로 혹은 윤리적으로 여성 인물을 소진시키는 것으로 그려진다. 『자유부인』에서 오선영의 일탈이 그러하듯이, 『제2의 청춘』에서 백은주 역시 "최신 유행은 제가 맨 먼저 입고, 신고, 들고" 하기 위해 "사오십 만환을 횡령"하고, 그 결과 도덕적 파탄의 길을 걷는다.

젊은 여성들이나 자유부인들의 소비가 유행을 쫓는 부박한 것으로 비판되는 반면, 유행과 무관하게 자기만의 스타일을 고수하는 인물들의 소비는 긍정적으로 평가되기도 한다. 『실낙원의 별』에서 고영림은 "화장도 않고 수수끔한 복장"으로 등장하지만, "콘탁스 신형 고급품"(『실낙원의 별』, 121쪽) 카메라와 "파아카 오십일" 만년필을 사용한다. 화장이나 패션에는 무심한 태도를 보이지만 카메라나 만년필 같은 남성적 소비에 고급 취향을 보인다는 점에서 긍정적인 취향으로 그려진다. 『제2의 청춘』에서 김성희의 "롱 헤어"가 유행을 따른 것이 아니라는 서술이나[15] 도시락 가방을 들고 당당하게 댄스홀을 출입하는 『민주어족』의 강영란의 모습은 유행을 쫓지 않고 개성적인 소비성향을 지닌 전후 세대의 젊은 여성들을 표상한다. 이들은 유행을 쫓지 않고 합리적인 소비를 추구한다는 점과 함께 남성적인 소비나 문화 소비에 적극적이라는 점에서 긍정적으로 서술된다.

문화와 관련된 소비는 세대 간 연애가 문화 접촉이나 세대 갈등의 문제로 전이되는 계기를 제공한다. 작품 속에서 중년의 남성들은 젊은 여성들과의 문화적 차이를 발견될 때, '봉건적'인 사고방식이나 '낡은' 취향을 지닌 것으로 취급된다. 가령, 『여성의 적』에서 백설희는 신사복을 입은 권동철을 "촌떠기 신사"로 놀리고 물건으로 환심을 사려는 행동을 "시대에 뒤떨어진" 것으로 폄하한다. 탐욕스런 중년 남성에 대한 전후 세대의 당돌한 일침의 성격이 짙지만, 이런 언급은 소비의 층위에서 기성세대들을 '봉건적인' 시대의 '낡은' 취향을 지닌 존재로 규정하는 결과를 낳는다. 새로운 소비주체의 등장과 그에 따른 남성 인물들의 불안감이 가장 격렬하게 현상하는 지점이 문화를 소비할 때이다.

> 성희가 눈부터 살을 찌우라고 했으나, 엄택규의 눈은 벽에서 육박해 오는 화폭에 그저 피로할 따름이었다.(…중략…)
> "내겐 알 수 없는 그림인데……"
> 그랬으나 성희에게는 엄택규의 눈에 서투른 그림이, 많은 의미와 부

15 『제2의 청춘』에서 김성희와 윤필구의 다방 장면은 여러모로 흥미롭다. "전에 보이지 않던 레지가 차 주문을 받으러 왔다. 머리가 성희의 것처럼 풀어 헤쳐진 것이었다./'롱 헤어 스타일이 금년 겨울의 유행이었었구나?'/성희는 한 번 웃고,/'나는 유행으로 롱 헤어한 건 아닌데……'"(『제2의 청춘』, 462쪽)에서처럼, 김성희는 자신의 취향을 고수함으로써 유행을 앞선다는 자부심을 드러내기도 한다. 그러나 이미 유행은 유행을 따르지 않는 패션의 가치를 평가하는 기준이 된다. 근대사회의 '유행'은 유행을 쫓지 않고 자기 스타일을 고수하는 사람들의 감각조차 재구조화하는 것이다.

르짖음을 가지고 눈과 머리에 들어왔다."(『제2의 청춘』, 348쪽)

『제2의 청춘』에서 엄택규와 김성희가 현대미술전을 관람하는 장면은 기성세대와 전후세대의 문화적 감수성의 차이를 드러낸다. 엄택규에게는 "그저 피로할 따름"인 그림이 김성희에게 "많은 의미와 부르짖음"을 지닌 것으로 받아들여진다. 전후 세대와 전전 세대의 문화적 차이가 확연한 "세대의 차이"로 나타나는 것이다. 『자유부인』에서 장태연은 〈미녀 엠마〉에 대한 감상평을 나누다 박은미에게 "어지간히 봉건적"이라는 말을 들으며, 『민주어족』의 박재하 역시 〈황혼〉을 보고나서 강영란에게 "봉건적"이라는 말을 듣는다. 이런 방식의 평가는 그 말의 타당성이나 적합성과 무관하게 지적받은 대상의 속성을 자의적으로 구성하는 결과를 낳는다.

결국 세대의 차이가 단순한 이해의 차이가 아니라, '알 수 있음'과 '알 수 없음' 혹은 '민주'와 '봉건'으로 구분될 때 관계에 내재되어 있던 사회적 위계는 전복되어 버린다. "부박한 생활 감정과 그런 분위기 속에서 영리하게 살아나가려 드는 젊은 여성들"을 "진실한 면으로 이끄는 것을 목적으로 〈부인화보〉를 내고 있는"(『제2의 청춘』, 118쪽) 엄택규는 완강한 계몽의 주체로 설정되어 있지만, 김성희와 함께 미술 전시회나 음악 감상실을 다니는 순간만큼은 계몽의 대상이 되어 버린다. 마찬가지로 한글학자이자 대학교수인 장태연이나 엔지니어로서 공장을 경영하는 박재하 역시 시대에 동떨어진 감각의 소유자가 되며, 연애 감정 이전에 "새로운 세대의 생리를 이해하는 문제"(『자유부인』, 276쪽)에 봉착하게 된다.

1950년대 신문소설에 등장하는 중년의 인물들은 대개 일제 강점기에 일본유학을 다녀온 지식인들이다. 그들은 근대문화의 첨병이었으며 소비의 주체였지만, 새로운 문화적 감수성 앞에서 '낡은' 취향의 소유자가 되어 버린다. 차이의 발견과 이해의 어려움을 느낄 때, 연애의 감정은 지속되기 어렵다. 세대 간의 문화적 차이가 발견되고 주체들의 위계가 전복될 때 감정으로의 몰입은 지연되기 마련이다. 연애에서 세대의 문제로 서사의 초점이 이동하면서, 세대 간 연애의 남성 주체들은 새로운 문화, 미래, 청년세대, 생산 등의 긍정적 가치를 발견하고 이를 후원하는 역할로 자리바꿈을 시도한다. 세대 간의 연애가 어김없이 계몽의 구조로 전이되는 지점에는 남성 인물들의 이런 자각과 위계의 재정리가 작동하는 것이다.

4. 맺는 말

1950년대 신문소설에서 성애가 부각되고 자본과 육체의 교환이 관계의 기본 문법으로 작동할 때, 세대를 넘어선 남녀의 애정관계는 성적 방종이나 불륜으로 다뤄진다. 이는 풍속의 타락이자 가족 질서의 위기를 드러낸다는 점에서 부정적으로 그려진다. 반면, 세대 간의 만남이 연애를 형성하기 위해서는 성애가 은폐되고 기성세대의 상징자본과 젊은 세대의 문화적 감수성이 접촉하는 형식을 취한다. 기성세대와 전후세대의 취향과 문화적 차이가 발견될 때, 세대 간의 연애는 한편으로는 활발한 소비행위와 세대 간의 문화접촉으로 채워지고 다른 한편으로는 주체의 위계 변화에 따라 의사소통 방식의 변화를 수반하기도 한다.

교환과 성애를 배제함으로써 세대 간의 애정관계는 낭만적 사랑의 형식으로 전개되지만, 문화적 차이의 발견과 새로운 소비주체의 등장, 그에 따른 위계의 전복은 연애의 서사를 급격하게 계몽의 서사로 전환하게 만든다. 『자유부인』에서 장태연이 박은미에 대한 연정을 한글을 가르치는 소명으로 대체하듯이, 『민주어족』의 박재하는 강영란의 청혼을 거절하고 민족과 사회를 위한 생산에의 매진을 설파한다. 『제2의 청춘』의 엄택규 역시 김성희에 대한 연정을 정리하고 젊은 세대의 후원자이자 이해자로서의 기능을 수행한다. 그 결과 엄택규는 서사의 중심에서 밀려나지만 젊은 세대를 뒷받침하고 계도하는 계몽적 역할을 담당하게 된다. 이들 기성세대들은 전후세대에게서 긍정적인 가치를 발견하고 미래세대로서의 청년들을 호명함으로써 서사의 표층에서 세대 갈등은 손쉽게 봉합되는 것으로 처리된다.

세대 간의 연애가 가족의 파괴와 남성 주체의 윤리적 파멸로 마무리되지 않는 것은 1950년대 신문소설의 온건함 내지 대중성의 영향이라고 할 수 있다. 세대 간의 연애는 기성세대 독자층의 연애에 대한 열망에서 출발하지만 규범과 제도의 테두리 밖으로 한 발도 벗어나지 못한다. 1950년대의 신문소설에서 외도나 축첩은 암묵적으로 용인되지만, 세대 간의 연애가 사랑의 형식으로 지속되는 것은 허락되지 않는다. 외도나 축첩은 기존의 가족 질서를 유지하는 한도 내에서 수용될 수 있지만, 세대 간의 연애가 현실화되기 위해서는 기존의 가족을 해체하고 재구성할 수밖에 없다는 점에서, 세대 간의 순수한 사랑은 제도 자체를 위협하는 위험한 것이 된다. 결국 연애의 서사와 계몽의 서사가 맞닿아있는 신문소설의 구조적 특징은, 일탈에의 욕망을 지니면서도 가부장적 질서가 위협받는 것을 두려워하는 대중의 심리가 서사에 각인된 결과라 할 수 있다.

참고문헌

1. 기본자료

김내성, 『애인』(上)(下), 『한국장편문학대선집』, 민중서관, 1979.
______, 『실낙원의 별』, 『한국문학전집』, 민중서관, 1959.
안수길, 『제2의 청춘』, 『안수길 전집 4』, 글누림, 2011.
정비석, 『자유부인』, 정음사, 1954.
______, 『민주어족』, 정음사, 1955.
______, 『여성의 적』, 정음사, 1956.

2. 논문 및 단행본

강이수, 「1920~60년대 한국 여성노동시장 구조의 사적 변화-고용과 임금격차를 중심으로」, 『여성과 사회』 4, 1993.4.
고미숙, 『연애의 시대』, 북드라망, 2014.
권보드래, 『아프레걸 思想界를 읽다: 1950년대 문화의 자유와 통제』, 동국대출판부, 2009.
김동윤, 『신문소설의 재조명』, 예림기획, 2001.
______, 「안수길의 1950년대 신문소설 연구」, 『한국문학논총』 39, 2005.
김은하, 「전후 국가 근대화와 "아프레 걸(전후여성)" 표상의 의미」, 『여성문학연구』 16호, 2006.
류경동, 「1950년대 정비석 신문소설의 '연애' 연구」, 『어문논집』, 2016.4.
______, 「1950년대 김내성의 신문소설에 나타나 '연애'의 연구」, 『Journal of Korean Culture』 35, 2016.11.
손혜민, 「전후 '근로대중'의 형성과 빈곤의 젠더화」, 『여성문학연구』 32, 2014.
오혜진, 「김내성의 해방 후 작품에 관한 서지학적 정리 및 작가의 생애 고찰」, 『어문논집』 47집, 2011.
이선미, 「1960년대 전후 (성)문화풍속과 '사랑'의 사회성」, 『상허학보』 29, 2010.
______, 「헵번 스타일, 욕망, 교양의 사회, 미국영화와 신문소설」, 『현대문학의

연구』 47집, 2012.
이영미 외, 『김내성 연구』, 소명, 2011.
_____ 외, 『정비석 연구』, 소명, 2013.
최미진, 「1950년대 신문소설에 나타난 아프레 걸」, 『대중서사연구』 18호, 2007.12.
허병식, 「안수길의 신문연재 소설에 나타난 연애와 풍속 : '제2의 청춘'과 '부교'를 중심으로」, 『한국근대문학연구』, 2011. 10.
미셸 푸코, 이규현 옮김, 『성의 역사』 1, 나남출판, 2005.
앤서니 기든스, 배은경·황정미 옮김, 『현대사회의 성 사랑 에로티시즘』, 새물결, 2003.
에바 일루즈, 박형신·권오헌 옮김, 『낭만적 유토피아 소비하기』, 이학사, 2014.
장 보드리야르, 이상률 옮김, 『소비와 사회』, 문예출판사, 2002.
피에르 부르디외, 최종철 옮김, 『자본주의의 아비투스』, 동문선, 1995.

제2부

한국문학의 이념과 방법

해방기 문단 형성과 반공주의 작동 양상 연구

1. 문제제기

사상과 이념의 차이가 문학론의 차이를 발생시키고 이것이 치열한 논쟁의 형태로 발현됐을 것이라는 가설이 있다. 이로부터 해방 직후의 문학은 격렬한 좌우대립의 구도로 파악되곤 한다. 해방 직후 '좌우간의 논쟁은 생각보다 적었다'[1]라는 언급은 지금까지 해방기를 바라보는 일반적인 시선과 그것의 사실적 확인을 함축한다. 여기서 '생각'이 가설이라면 '적었다'는 사실일 터, 가설과 사실 사이에 상당한 낙차가 존재함을 알 수 있다. 자료의 양으로 문제의식의 타당성을 판단할 수 없으나 빈약한 근거에서 비롯된 질문은 확대해석의 위험을 안고 있기 마련이다. 자료의 부족에도 불구하고 해방기 문단을 좌우대립의 구도로 바라보는 태도는 여전히 완강하다.

1948년 발행된 『解放後四年間 出版大鑑』의 '朝鮮出版文化協會小史'는, '朝鮮出版文化協會'가 출범할 당시 먼저 결성되어 있었던 '좌익출판협회'와 대타의식을 지니고 있었던 것으로 서술하고 있다.[2] 그러나 결성 동기가 출판사의 이해와 권익을 보호하고 회원 출판사 간의 친

1 신형기, 『해방 3년의 비평문학』, 세계, 1988, 332쪽.

2 朝鮮出版文化協會, 「朝鮮出版文化協會小史」, 『解放後四年間 出版大鑑』, 1948, 108쪽.

목을 도모하기 위한 것이었고 '좌협'을 비롯한 좌익계열의 출판사들 상당수 가입해 있었다는 점에서,[3] 결성 당시의 '출협'이 좌우의 이념 갈등과 무관했음을 짐작해 볼 수 있다. 해방 직후 출판계의 상황은 이념적 갈등으로부터 비교적 자유로웠던 것으로 보인다. 좌익 출판사라고 해서 좌익 서적만을 발행한 것도 아니었고, 양식있는 출판사는 이념을 불문하고 좋은 평을 받았으며 출판사들 상호간에 상당한 수준의 연대감이 존재했던 것으로 나타난다.[4] 그러므로 '朝鮮出版文化協會小史'에 투영된 좌우의 대립의식은 1948년『출판대감』이 발행될 당시의 이데올로기적 지형을 반영한 것으로 추측해 볼 수 있다. 단정 이후 강화된 반공주의에 의해 문화계 전반이 구조화된 것과 맞물려 출판계도 이념적인 대립구도에 따라 급속히 재편된다. 특히 1948년 10월 '민족정신앙양 전국 문화인 총궐기대회'에서 '백양당'과 '아문각' 등의 출판사와 몇몇 출판물들이 좌익으로 지목되면서, 출발기에 '좌협'을 포함했던 '출협'으로서는 좌익과의 대립의식이 더욱 강조될 필요가 있었는지도 모른다. 이후 1972년에 발행된『대한출판협회 40년사』에서는 '출협'이 '좌협'에 대한 의식적인 대응이었으며 출범 후에도 좌우의 의견 대립이 있었다는 기록이 추가됨으로써,[5] 해방기 출판계의 좌우대립은 확고한 사실이 된다.

'朝鮮出版文化協會小史'는 기원에 대한 해석이 기원 그 자체를 대신하고 이것이 확대재생산되는 과정의 첫 장면을 보여준다. 이처럼 해방기는 좌우대립이라는 의미항에 따라 재배치되며 이렇게 구성된 역

3 '大韓出版文化協會三十年史'에서 '출협'은 '高麗文化社, 正音社, 建國社, 創人社, 서울신문사 出版部, 文友印書館, 서울타임즈 出版部, 左協' 등이 발기인으로 참여했다고 기록한다.

4 이중연,『책, 사슬에서 풀리다-해방기 책의 문화사』, 혜안, 2005, 132쪽.

5 大韓出版文化協會,『대한출판문화협회 40년사』, 1972, 58~59쪽.

사는 그 기원을 은폐한 채 반복된다. 그러나 좌우라는 대립항에 따라 해방기의 매체나 단체, 문학 논쟁이 명확하게 분류될 수 있는지는 의문이다. 좌우라는 이념의 스펙트럼만으로는 다양한 정치적 사유와 욕망이 지향하는 바를 변별해낼 수 없으며 경우에 따라서는 이러한 구분 자체가 실태를 파악하는 데 장애가 되기 때문이다.

해방기 문학 장에서 격렬한 좌우대립은 '事實'이 '史實'로 편입될 때 발생했다는 것이 이 논문의 가설이다. 그리고 그 '事實'의 변용 과정에 작용한 이데올로기의 정체와 작동방식을 밝혀 보는 것이 이 논문의 목적이다. 이를 위해 이 논문은 해방기 문단의 형성 과정에 반공주의와 문단 권력 혹은 세대론적 욕망이 연계되어 있음을 1949년에 발표된 '사적 개관'들을 중심으로 규명해 볼 것이다. 해방기 문단을 회고하는 일련의 사적 개관들은 해방기에 대한 역사적 조망이라는 표층적 의미와 문단 권력의 배분과 위계 설정이라는 심층적 의미를 함께 지니고 있다. 새롭게 문단의 주체로 등장한 일군의 문인들은 자신들의 역사적 정당성을 확보해야 했으며 이는 반공주의에 의한 문단 구조화의 일환이기도 했다. 문단 재편의 핵심이 권력의 배분과 위계화라고 본다면, 반공주의에 의한 문단의 재편은 반공주체를 설정하고 그들에게 배타적인 권력을 부여함으로써 문단의 구조가 반공주의 규율체계에 조응하도록 만드는 것이다. 이런 측면에서 사적 개관들은 문단 내부의 좌우 대립을 설정하고 우익에 의한 민족문학 수호를 일련의 과정을 통해 입증함으로써, 반공주의가 역사적 필연이고 합리적 선택임을 강조하며 결과적으로 우익 문인들의 문단 주도권 장악을 정당화하는 기능을 수행한다. 그리고 이런 기억들은 이후 문학사에 그대로 편입되거나 중요한 자료가 됨으로써 공적인 기억으로 자리잡게 된다. 이런 문제의식을 토대로 이 논문은 규율체계로서의 반공주의가 문단의 재편에 작용하는 일반적인 방식을 분석하고 이데올로기의 압력에 의해 문학 장이 어떤 굴곡을 겪는지 살펴볼 것이다. 또한 일련의 사적 개관들이 해방기의 문단을 어떻게 재구성하고 이것이 단정 이후 문단 권력의 배분과 어떻게 연계되는지를 규명해 볼 것이다.

2. 규율체계로서의 반공주의와 해방기 문단

해방은 식민통치라는 억압적 질서의 소멸이었으며 그런 해방의 지평에서 사회의 전 영역은 새로운 가능성을 향해 무한히 열려있는 것처럼 보였다. 그러나 해방의 현실태는 미·소의 분할 점거와 냉전 질서의 국내화, 단정 수립과 분단 고착화로 나타난다. 단정 수립 이후 남한은 반공규율사회[6]로 급속히 전환되며 사회는 물론 개인의 의식마저도 규율체계로서의 반공주의에 의해 구조화되는 과정을 거치게 된다. 단정 이후 문단은 지배 이데올로기의 기획에 따라 정책과 제도, 매체와 기구, 권력의 배분과 위계화 등이 재조정된다. 반공주의가 본격적으로 문단에 작용하기 시작한 것은 단정 이후부터이며, 좌익 문인이 대부분 소거된 상태에서 반공주의는 좌파와 투쟁하는 이념체계가 아니라 문단 내부를 구조화하는 규율체계로 작동하게 된다.[7]

---

6 조희연 편, 『한국의 정치 사회적 지배담론과 민주주의 동학』, 함께 읽는 책, 2003, 128쪽.

7 한국의 반공주의는 공산주의와의 직접적인 논쟁 속에서 형성되지 않고 공산주의와의 철저한 격리 속에서 발생한다. 단정과 전쟁을 겪으며 남한에서 공산주의는 대부분 소거되며 이후 공산주의와의 접촉은 물론, 사상과 이념에 대한 접근 자체가 통제된다. 이런 상황에서 반공주의는 공산주의가 아니라 일반 국민을 향해 작동하게 된다.

반공주의를 통한 문단 권력의 배분과 위계화는 무엇보다 먼저 좌우의 구분을 전제로 한다. 해방기를 조망하는 몇몇 글에서 해방 직후부터 좌익과 투쟁해 온 일군의 문인들이 '인간주의 계열의 작가'[8]나 민족문학진영의 문학인[9]으로 거명된다. 이들은 훗날 '문단주체세력'[10]이라고 명명되며 분단체제의 한국문단을 주도하게 된다. 이념 문제에서 구분은 단순한 분류가 아닌 선택과 배제를 의미한다. 문단 재편과정에서 문단의 주체는 스스로를 호명하는 방식으로 구성되는데, 이때 '우리'로 호명된 문인들은 문단의 주체세력이 되지만, 호명되지 않은 문인들이나 좌익 혹은 중간파로 지명된 문인들은 자연스럽게 문단의 중심에서 배제된다.

그러나 문제는 개인의 생각이나 행위의 이념적 정체성이 색상표처럼 명확하게 구별되지 않는다는 것이다. 구체적인 실천의 국면에서 좌와 우를 판단하는 일은 결코 쉬운 일이 아니다. 그럼에도 불구하고 단정 이후 문단에서 좌우의 분류는 객관적인 검증의 절차나 과정을 생략한 채, 자의적인 지명행위에 의해 이루어진다. 이런 지명행위들은 객관적 기준이나 근거를 토대로 한 것이 아니라 개인적 경험과 개인이 속한 집단의 정치적 역학관계에 기댈 수밖에 없었다. 단

---

8 김동리는 「政治主義와 人間主義-解放後 우리 文壇의 二大潮流를 槪觀함」(『協同』, 1949.5)에서 김동인, 박종화, 변영로, 오상순, 유치환, 서정주, 김광섭, 김영랑, 계용묵, 조지훈, 박두진, 박목월, 이헌구, 유치진, 조연현, 김달진, 김송, 모윤숙 등을 인간주의 계열의 작가로 거명한다.

9 이헌구는 「解放四年文化史-文學」(『민족문화』, 1949.9)에서 박종화, 김진섭, 김광섭, 변영로, 모윤숙, 유치환, 김동리, 서정주, 계용묵, 정비석, 박두진, 곽종원, 조지훈, 김광주, 최태응, 김송, 허윤석, 최정희, 임옥인, 조연현, 구상, 박목월, 설창수, 조향, 이경순 등을 '民族文學을 위해 活躍한 文學人'으로 거명한다.

10 조연현은 '해방직후부터 대공문화전선을 조직, 지휘해 온 문단의 투사들'로 '박종화, 이헌구, 김광섭, 오종식, 김영랑, 김동리, 조지훈, 박목월, 곽종원, 김송, 서정주, 모윤숙, 유치진, 최태응, 설창수, 유동준, 임긍재, 홍구범, 이광래, 유치환, 박두진' 등을 거명한다.(조연현, 『내가 살아온 韓國文壇』, 현대문학사, 1968, 20쪽)

체나 매체는 구성원과 필자의 이념적 정체성을 판단하는 기준이 된다. 특히 좌익 단체에 가입했거나 좌익 성향의 매체에 글을 발표한 사실은 좌익 행적을 입증하는 가장 확실한 근거가 된다. 그러나 다양한 가능성이 모색되던 해방기의 이념적 상황을 고려해보면 개인의 이념적 지향을 그가 속한 단체를 척도로 판단할 수만은 없었다. 실제로 '문학가동맹'과 '문필가협회'에 모두 참여한 작가들 중에서 일부는 좌익이 되고 일부는 우익이 된다.[11] 분류의 기준과 근거가 미약할 때 필연적으로 실천의 한 국면만을 부각시키게 되며 여기에 자의적 해석과 판단이 개입할 여지가 많아진다. 모호하고 자의적일수록 호명하는 행위의 권력적 속성은 강화된다.[12] 호명의 주체는 지명행위에 대한 근거나 기준을 제시하지 않지만, 좌익으로 지목당한 대상은 끊임없이 스스로의 결백을 입증해야만 했다. 결국 지목행위는 그 자체로 한쪽에는 면죄부와 권력을, 다른 한쪽에는 지속적인 혐의와 감시의 구조를 발생시킨다.

지명에 의한 좌우의 구분은 복잡하고 다양한 이념적 성향을 양분하고 극단으로 수렴시키는 결과를 낳는다. 원래 좌익이어서가 아니라 좌익으로 분류됨으로써 좌익 행적이 발견되고 이로부터 전향의 이유와 사상검증의 내용이 구성되는 경우가 많았다. 해방 직후는 좌·우익이 뒤섞여 있었던 시기였으며 그것은 단체뿐만이 아니라 개인 의식의 층위에서도 그러했다. 조연현이 해방 직후에 민족문화의 새로운 방향으로 '뿌르조아·리알리즘'을 대신하는 '푸로·리알리즘'을 주장한 것이나[13] 이병철이 '文學은 純粹文學을 하고 政治는 社會主義'[14]

11 두 단체 모두에 이름이 오른 문인들 중에서 김광섭은 우익문단의 중심인물이 되지만 김기림과 정지용은 전향의 절차를 밟아야 했다.

12 지목행위의 가장 극단적인 예가 한국 전쟁 중에 실시된 부역자 심사일 것이다. 당시 부역문인 심사를 맡은 인물이 김동리와 조연현이다.

를 하겠다고 말할 수 있었던 것도, 이념적으로 분방했던 해방 직후의 상황에서 비롯된 것이라 할 수 있다.

그러나 이념적 구분이 적용되는 순간, 행동과 의식은 물론 과거 행적까지 좌우에 따라 재배치된다. 이런 이분법적 구분이 규율장치로 제도화된 것이 전향이다. 남한에서 좌익으로 지목된 문인은 전향이라는 제도를 통과해야만 했다. 전향이 용서받기 위해 죄를 고백해야하는 제도라면 죄를 구성하는 것은 그 전제조건이 된다. 과거의 행적 중에 '과오'를 발견해내고 이를 죄로 고백하는 순간, 그와 유사한 경험들은 모두 청산해야할 '과오'가 되며 이를 통해 죄와 고백의 구조는 확대 재생산된다. 1949년 신문에 게재된 수많은 '남로당 탈당성명서'나 '민전' 산하의 좌익단체 '탈퇴성명서'들은 사상적 전시효과와 더불어 스스로 잘못을 드러내고 공개적으로 반성하는 전향의 형식을 확산시킨다. 소위 좌파 문인들은 "過去의 過誤를 淸算하고 大韓民國에 忠誠을 다할 것"[15]이라는 공개선언을 하거나, 보도연맹이 주최하는 '민족정신앙양 종합예술제'에 참가하여 스스로의 사상적 전향을 공개적으로 드러내야만 했다.[16] 또한 좌익으로 지목되지 않았지만 해방 직후 좌익관련 단체에 가입했던 문인들은 좌익 행적에 대해 해명하는 형식의 글을 발표하기도 했다.[17]

그러나 개인의 사상은 양심의 문제여서 그것의 전향 여부를 객관

---

13 조연현, 「새로운 文學의 方向-朝鮮文學의 過去와 進路」, 『예술부락』, 1946.1.

14 趙石濟, 「解放文壇五年의 回顧(一)」, 『신천지』, 1949.9. 253쪽.

15 ______, 「解放文壇五年의 回顧(完)」, 『신천지』, 1950.2, 219쪽.

16 1949년 12월3일과 4일에 개최된다. 정지용의 사회로 염상섭, 오종식의 강연과 이북 문화인에게 보내는 경고문 낭독이 있었던 것으로 기록된다. 또한 정지용의 '尙虛에게'와 정인택의 '北朝鮮文學藝術同盟에게 警告' 등도 함께 게재된다. (〈서울신문〉, 1949.12.5)

17 이병기, 「해방전후기」, 〈경향신문〉, 1949.9.26~27.

적으로 확인할 수 없다는 문제가 발생한다. 좌와 우를 나누는 기준이 모호하듯이 전향의 입증 역시 모호하기 때문이다. 여기서 전향의 진정성을 의심하는 시선이 발생한다. "眞正한 轉向이라면 얼마든지 歡迎할 수 있다"[18]는 곽종원의 말은 '전향' 안에 다시 '진정한 전향'이라는 등급이 설정되어 있음을 암시한다. 이런 상황에서 전향은 죄의 고백만 있고 용서와 구원이 없는 제도가 된다. "그러나 그것이 思想的轉向이 아니며 世界觀의 轉身이아닌 一時的인 身邊保護策으로서의 轉向이라면 이러한 事態는 오히려 非常한 警戒를 要하는 問題라고 생각하였든것이다"[19]나 "形式的인 保身策만이 아닌 眞正한 理念의 轉向이며 眞理에의 轉身이라는 것을 좀더 根本的인 形式으로써 提示해 주지않는다면"[20]와 같은 지속적인 의심이 작동하는 상황에서 완전한 전향은 불가능하다. 이런 구조는 끊임없는 의심의 시선과 끊임없는 자기 입증의 회로를 작동시킬 뿐이다. 결국 전향은 지속적인 감시와 끊임없는 자기 검열의 장치를 내면화는 과정에 불과한 것이 된다.

여기서 반공주의는 개인의 사상 문제를 벗어나 권력 문제가 된다. 반공주의가 맹위를 떨치는 사회에서 좌익 행적은 언제든지 시비거리가 되기 때문이다. 실제로 예술원 파동 이후 김동리가 박계주를 표적으로 삼아 "『민성』이란 적색지의 편집자로 자유진영 예술가들에 대한 끊임없는 모략중상을 다하다가, 6 · 25때는 괴뢰 집단에 아부하여 이북행각을 끝마치고 돌아와 합동수사본부를 찾아다니던 것과 일관된 '죄악보'가 아니고 무엇인가"[21]라고 색깔공세를 편 것은, 사상

18 〈문인좌담회〉, 『신천지』, 1949.12.

19 趙石濟, 「解放文壇五年의 回顧(完)」, 『신천지』, 1950.2, 56쪽.

20 조연현, 「民族文學의 當面課題(二)」, 〈國都新聞〉, 1950.2.9.

21 김동리, 「예술원 실현과 예술운동의 장래」, 『현대공론』, 1954.6(김철, 「한국 보수우익 문예조직의 형성과 전개」, 『구체성의 시학』, 실천문학사, 1993에서 재인용)

문제가 권력 문제와 직결됨을 드러내는 대목이라 할 수 있다. 결과적으로, '문맹'에 가입했거나 그 관련 매체에 글을 실었으면서도 월북을 선택하지 않은 작가들은 해방기의 '철없는' 행적 덕분에 사상 검증에 시달리거나 신중하지 못했다는 질책을 받아야만 했다. 또한 중간파로 분류된 문인들은 비록 사상적 혐의는 받지 않았지만 기회주의자라는 비판과 함께 언제든지 변절할 수 있다는 의심을 받게 된다. '한국문학가협회'가 전향작가와 중간파 문인을 공평하게 포섭한다는 명분을 내세우지만, 이념에 의해 분류되고 위계화가 이루어진 상태에서 이들이 문단 중심으로부터 소외되는 것은 돌이킬 수 없는 일이었다.

3. 해방기의 기억과 문단의 재구성

1) 좌우 대립과 문단의 위계화

해방 직후 문단의 가장 큰 특징은 단체의 결성과 조직 활동이 활발하게 이루어졌다는 점이다. 일제의 패망과 식민지 지배체제의 소멸은 사회 전체에 갑작스런 권력의 공백상태를 가져왔으며 문단의 상황 역시 마찬가지였다. 진공상태의 문단은 다양한 문학적 열정과 정치적 욕망들이 분출되고 충돌하는 갈등의 장이 된다. 이 시기 문학 단체는 문학 장을 구조화하는 문단 내부의 정치단위이며 발표 매체와 함께 문단 권력의 거점이기도 하다. 특히 해방 직후와 같은 문단 권력의 공백기에 문학 단체의 결성과 조직은 가장 쉽게 문단 권력에 접근하는 통로로 여겨졌을 것이다. 비교적 짧은 기간 동안 나타났다 사라진 많은 문학단체들은 이런 욕망의 산물들이라 할 수 있다.

이 시기 문학 단체의 결성과 통합 그리고 해체는 기억 주체에 따라 조금씩의 편차를 보이기는 하지만, 대략 다음과 같은 과정으로 정리되곤 한다. 먼저 임화 등의 '조선문학건설본부'(1945.8.16)가 만들어지고 이기영 등의 '조선프롤레타리아문학동맹'(1945.9.17), 해외문학파를 중심으로 한 '중앙문화협회'(1945.9.18)가 뒤이어 결성된다. '문건'과 '동맹'은 '조선문학동맹'(1945.12.13)으로 통합되고 '전국문학자대회'(1946.2.8~9)를 개최하면서 해방 직후의 문단을 주도하게 된다. 이에 대응해 '전조선문필가협회'(1946.3.13)가 출범하고 이어서 '조선청년문학가협회'(1946.4.4)가 결성되면서 문단도 좌우 대립의 구도로 재편된다. 이후 단정이 수립되고 좌익 계열의 주요 문학인 대부분이 월북하면서 남한 문단에서 좌우의 직접적인 대립은 해소된다. '한국문학가협회'(1949.12.17)의 결성은 남한 문단 내부의 이념적 분열이 우익의 승리로 종결되었음을 선언하는 순간이자 그들에 의해 문단이 평정되었음을 알리는 신호였다.

문학 단체들이 좌우 대립이라는 이념적 지형에 따라 결성-통합-해체되는 과정은, 해방 직후 분출된 다양한 정치적 열망들이 점차 좌우의 대립구도에 따라 재배치되는 과정의 일환이라 할 수 있다. 해방으로부터 군정을 거쳐 단정 수립에 이르는 과정 속에서 이데올로기가 정치 · 사회 · 문화의 본질적 국면을 규정하는 것은 분명한 사실이지만, 개인의 선택과 실천의 국면을 구체적으로 규율하기 시작한 것은 단정 이후부터라고 보는 것이 타당할 것이다. 1945년부터 1948년까지의 문단이 좌우의 격렬한 갈등을 중심으로 형성되지는 않았다는 것은, 좌와 우의 문학 단체에 동시에 이름을 걸었던 작가들이 상당수 있었으며 궁극적으로 좌우의 대립은 해소되고 통합되어야 하고 그렇게 될 것이라고 보는 견해도 많았기 때문이다.[22] 좌와 우가 적대적 진영으로 구축되기 전까지 좌와 우는 방법상의 차이를 드러내는 기호였지 서로의 존재를 부정하는 적대적 타자는 아니었던 것으로 보인다. 대표적인 좌우의 문학논쟁이라고 평가되는 순수문학론 역시 좌우의 이념투쟁으로 파악하기에는 석연치 않은 점이 많다.[23] 우익 진영 내부에서도 문학의 정치성을 강조하는 입장들이 존재했으며[24] 김동리의 순수문학론이 1930년대 말 세대론의 형태로 시작되었고 5~60년대에는 다시 세대논쟁의 형태로 되풀이된다는 점에서, '순수문학'이 좌우 문학론의 쟁점이 될 수 있는가는 면밀히 살펴봐야 할 문제이다.

문학 장에서 격렬한 좌우 대립을 전제로 해방기를 바라보는 시선은 단정 수립 이후에 발표된 일련의 사적 개관들[25]에서 비롯된다. 해방 직후에도 좌우 갈등이 포착되지만[26] 단정 이후처럼 근본적이고 적

---

22 해방 직후부터 문단의 현실을 좌우 대립의 각도로 조망한 김동리마저도 좌와 우는 뭉쳐야 한다는 주장한다.(김동리, 「左右間의 左右」, 『백민』, 1946.10.)

23 좌우 이론투쟁으로서의 순수문학논쟁이라는 의미 부여는 주로 조연현이나 곽종원(문인협회 편, 『해방문학 20년』, 정음사, 1966)에 의해 이루어진다. '청문협' 계열의 비평가들이 순수문학론의 위상을 강조하는 것은 단정 이후 문단 재편 과정에서 발생하는 문단 주도권의 문제와 맞물려 있는 것으로 보인다.

24 중간파로 분류되는 홍효민의 비판(「純粹文學批判」, 『백민』, 1948.5)과 더불어, 우익임에도 순수문학론을 비판한 최인욱의 견해(「民族文學序論-理念의 實踐과 運命의 打開」, 『대조』, 1949.1)나 문학의 정치성을 강조한 김광섭의 견해(「解放後의 文化運動概觀」, 『민성』, 1949.8)가 있다.

25 해방 직후 문단에 대한 주요한 사적 개관으로는, 김광섭의 「解放後의 文化運動概觀」(『민성』, 1949.8), 이헌구의 「解放四年 文化史-文學」(『민족문화』, 1949.9), 곽종원의, 「창작계 4년의 개관」(『민성』, 1949.8), 김동리의 「政治主義와 人間主義-解放後 우리 文壇의 二大潮流를 概觀함」(『協同』, 1949.5), 조연현의 「解放文壇 五年의 回顧」(『신천지』, 1949.9~1950.2) 등이 있다.

26 김동리는 해방직후부터 꾸준히 좌우의 대립을 강조하고 문단을 좌우의 대립 혹은 순수와 정치의 구도로 파악한다. 「創造와 追隨-現文壇의 二大潮流」(〈민주일보〉, 1946.1.15), 「朝鮮文學의 指標-現段階의 朝鮮文學의 課題」(〈청년신문〉, 1946.4), 「左右間의 左右」(『白民』, 1946.10), 「문학운동의 二大方向」(『大潮』, 1047.4), 「政治主義와 人間主義-解放 後 우리 文壇의 二大조류를 概觀함」, 『協同』, 1949.5) 등을 통해 "혁명적 현실을 민족적 각도에서 보느냐 계급적 각도에

대적인 대립은 아니었다. 해방기에 대한 사적 조망들이 좌우대립을 근본문제로 설정하는 데에는 단정 이후 강화된 반공주의의 영향이 절대적이다. 단정 이후 반공규율사회로 진입한 남한 사회에서 반공주의는 가장 강력한 지배이데올로기이자 생존의 수단으로 강요된다. 특히 남한의 정치적 지배세력은 단정 이후 팽배한 국내외적 위기를 강력한 반공 정책으로 돌파하고자 한다.[27] 분단과 일련의 소요사태로 인해 긴장이 고조된 상황에서 남한 사회의 정당성과 우월성이 강조되어야 했으며 남한의 체제는 해방의 혼란을 극복하고 성취한 역사적 필연임이 부각되어야 했다. 1949년에 발표된 사적 개관들은 이런 남한 사회의 위기의식과 강화된 반공주의의 소산이라 할 수 있다. 해방 직후부터 단정 이전까지는 이념적 혼란과 갈등의 시기이며 남한 문단은 격렬한 좌우 대립의 과정을 거쳐 성취된 것이어야 했다. 단정 이후 우익 문인들에 의한 문단 석권이 합목적적인 결과가 되기 위해서 좌우 대립은 강조될 필요가 있었다. 여기서 좌익과의 투쟁

서 보느냐 하는 문제"를 제기하며 좌우의 대립을 끊임없이 강조한다. 좌우의 대립이라는 각도에서 문단을 조망하는 것은 뛰어난 정치적 감각이기도 하다. 좌우라는 이념적 구도에서 자신의 순수문학론이나 '청문협'은 '문맹'과 대등할 수 있었기 때문이다. '문학가동맹' 측은 '조선문필가협회' 등을 분열주의로 규정함으로써 좌우의 대립 구도 자체를 인정하지 않는 태도를 보인다.(이원조, 「문화시평」, 『협동』, 1946.8)

27 단정 이후 전쟁 직전까지 남한사회에서 공산주의의 위협과 반공주의의 강화는 상당히 심각한 긴장상태를 조성한다. 특히 1949년의 남한 사회는, 소련 핵무장, 중국 공산화, 동독의 성립 등의 국제적 긴장 고조와 38선에서의 잦은 무력충돌, 빨치산 출몰, 간첩단 사건 등으로 인해 준전시상태에 놓여 있었다. 이에 따른 반공주의의 위기의식은 방공동맹의 촉구, 각종 반공궐기대회, 좌익책동에 대비한 초비상경계령 등의 형태로 표출된다. 특히 이 시기에는 '미군 철수설'이나 '용공연정 성립 시 원조 중단설' 등이 빈번하게 보도되기도 한다. 미군 철수나 원조 중단은 미국의 원조에 기대고 있던 당시의 한국 사회에 심각한 위협이었으며, 이런 위기의식은 민족과 국가의 생존을 친미와 반공에 결부시키는 의식구조의 토대가 되기도 한다.

경력은 가장 확실한 정당성의 원천이며 문단 권력의 토대가 됨은 물론이었다.

1949년도 발표된 사적 개관들의 구도와 서술 양상에서 이러한 맥락을 읽어내는 것은 그리 어려운 일이 아니다. 사적 개관들은 해방기 문단을 공산주의 진영의 격렬한 공세와 이에 대응하는 민족주의 진영의 고군분투라는 대립구조로 파악하며, 이에 따라 '중앙문화협회' '전조선문필가협회' '조선청년문학가협회'로 이어지는 하나의 역사를 구성한다. 김광섭이나 이헌구는 "中央文化協會를 中心으로한 民族主義陣營 文人들이 이 文化的 危機와 混亂을 克服하고저 總蹶起하여 結成한 것이 「全朝鮮文筆家協會」"[28]였다거나 "左翼系列의 지나친 跳梁을 觀望할 수 없어서 中央文化協會가 中心이 되어 四百餘名의 文筆에 從事하는 民族陣營人士를 總網羅하여 全國文筆家協會를 結成"[29]하였다고 서술함으로써, 중앙문화협회-문필가협회로 이어지는 우익 문단의 연속성과 민족문화 수호의 정통성을 강조한다. 조연현 역시 해방기 문단의 핵심 문제를 좌우의 대립과 투쟁으로 설정하고 해방기를 '혼란-투쟁과 갈등-정돈'의 과정으로 파악한다.[30] 이런 시기 구분과 명명은 해방기를 좌익 추방과 단정 수립이라는 목표을 향해 유기적으로 진화한 시기로 보는 데서 비롯된다.

이런 서술에서 우익 문인들의 신념과 역할이 강조되는 것은 당연하다. 이헌구와 김광섭은 좌익 일색의 문단에서 '중앙문화협회'나 '조선문필가협회'가 민족문학의 명맥을 이어갔으며 이 과정에서 고군분투한 '문단주체세력'의 신념과 역할을 강조한다.[31] 조연현 역시 좌익

---

28 김광섭, 「解放後의 文化運動概觀」, 『민성』, 1949.8.

29 이헌구, 「解放四年文化史-文學」, 『민족문화』, 1949.9.

30 趙石濟, 「解放文壇 五年의 回顧」, 『신천지』, 1949.9~1950.2.

31 이헌구는 '중앙문화협회'의 경우, 공산진영의 "自家紛亂이 일어나는 틈을 타서

의 조직적 우세와 우익의 열세를 대비시키고 우익 문인들이 어렵게 민족문학을 수호해 왔음을 부각시킨다.[32] 좌우의 격렬한 갈등이라는 플롯과 민족문학을 수호하기 위해 좌익과 투쟁하는 '문단주체세력'이라는 인물이 등장하면서 해방기는 하나의 '역사'로 재구성된다. 역사의 근본문제는 사후에 구성되며 그 구성의 주체는 헤메모니를 장악한 집단이다. 반공주의에 의한 사회 재편과정에서 문단 권력을 석권한 우익 문인들에게 좌우의 대립은 필수적인 조건이었다. 단정 이후의 '사적 개관'들은 해방기 문학단체들의 조직과 개편, 통합과 해체의 과정을 좌우대립이라는 구도로 조망함으로써, '문단주체세력'의 역사적이고 이념적인 정당성을 확보하는 데 기여하게 된다.

2) 문단 권력의 배분과 '순수문학론'의 위상

단정 이후의 문단 재편 과정은 좌우 구별을 통한 권력의 위계화인 동시에 우익 문인 내부의 권력 배분 과정이기도 했다. 사적 개관들이 보이는 기술과 평가의 편차는 우익 문단 내부의 긴장과 갈등 관계를 암시하는 것이라 할 수 있다. 문학 단체들의 위상과 역할을 평가할 때, 이헌구가 '중앙문화협회'와 '조선문필가협회'의 역할을 강조한다면[33] 조연현은 '청년문학가협회'의 역할을 강조한다.[34] 서술주체

民族을 위한 가장 眞正한 文化運動이 있어야 할 것을 切感한 김진섭 …중략… 等 二十餘名은 우선 大勢를 觀望하면서 진실을 파악하자는 趣旨下에서" 만들어졌다고 술회하며(이헌구, 「解放四年文化史-文學」, 『민족문화』, 1949.9), 김광섭은 당시의 문화적 상황이 "左翼文化陣營이 朝鮮文化의 全體를 대표하는 듯한 版局下에" 있었지만 "文筆家協會로 말미암아 民族主義精神이 죽지않았고…… 民族의 危機마다 지하의 샘같이 솟아나온다는 것을 證明"했다고 평가한다.(김광섭, 「解放後의 文化運動槪觀」, 『민성』, 1949.8)

32 趙石濟, 「解放文壇 五年의 回顧(二」), 『신천지』, 1949.10, 247~248쪽.

33 이헌구, 「解放四年文化史-文學」, 『민족문화』, 1949.9. 이헌구의 해방기에 대한

가 참여했던 조직의 위상이 강조되는 것은 경험의 층위에서 발생하는 자연스러운 일이다. 그러나 다른 단체의 역할과 의미를 격하하거나 축소하는 서술 태도는 우익 문단 내부에 존재하는 갈등에서 비롯된 것이라 할 수 있다.

'중앙문화협회'는 좌익문학과의 투쟁이 시작된 출발점으로 기억되지만 실천력이나 이념적 구심점을 지니지 못한 '群小 클럽'[35] 중의 하나로 평가된다. '전조선문필가협회' 역시 '문맹'의 문단 장악에 대응한 우익 문사들의 집결체로 평가되지만[36] 구체적이고 적극적인 활동사항이 없었다는 기억[37]이 함께 한다. '조선청년문학가협회'의 경우, 조연현은 해방 직후부터 지속되어 온 소장 문인들의 문학열을 바탕으로 구성된 것으로 보지만, 김광섭은 '문필가협회'의 결성과 그 위세에 자극되어 결성된 것으로 본다.[38] 또한 좌익과의 투쟁에서 가장 적극적이었다는 평가와 달리, 구체적인 실천력이나 조직력을 갖추고 있지는 못했다는 견해[39]도 있다. 이런 기억과 서술의 편차는 역사적

기억은 '중앙문화협회-조선문필가협회'를 근간으로 이루어지며 이는 「解放後四年間의 文化活動」(『文化와 自由』, 청춘사, 1958), 「'문필가협회'의 조직과 활동」(『현대문학』, 1965.8), 「전조선문필가협회」(문인협회 편, 『해방문학 20년』, 정음사, 1966) 등에서 반복된다.

34 趙石濟, 「解放文壇 五年의 回顧」, 『신천지』, 1949.9~1950.2. 조연현은 '청문협'이 문학 중심의 단체라는 점과 반공투쟁에 있어서 가장 전투적이었다는 점을 지속적으로 강조한다. 청문협의 독자적인 의미를 강조하는 조연현의 기억은 「'청년문학가협회'의 창립」(『신동아』, 1965.9), 「概說」(문인협회 편, 『해방문학 20년』, 정음사, 1966), 『내가 살아온 韓國文壇』(현대문학사, 1968) 등에서 반복된다.

35 곽종원, 「解放文壇 十年 總決算」, 『신인간형의 탐구』, 동서문화사, 1955, 176쪽.

36 김광섭은 '조선문필가협회'가 공산계열의 정신적 침략에 대한 방어였으며 미흡한 점이 있었지만 민족주의 정신이 살아있음을 증명하는 계기였다고 평가한다. (김광섭, 「解放後의 文化運動概觀」, 『민성』, 1949.8)

37 조연현, 「概說」, 문인협회 편, 『해방문학 20년』, 정음사, 1966, 12쪽.

38 김광섭, 「解放後의 文化運動概觀」, 『민성』, 1949.8.

39 김광주는 '청문협'이 "좌익 문학동맹과 대결하여 싸울만한 組織力이나 實踐力을

인 조망이 이루어지는 당시의 갈등 관계를 반영하는 것이다. 문단 권력의 재편에서 자신이 속했던 문학 단체의 위상을 어떻게 설정하는가는 상당히 중요한 문제였기 때문이다.

해방 이후 문단 재편은 분단체제의 정착인 동시에 격렬한 세대교체의 과정이기도 했다. 월북과 월남으로 인한 인적구성의 변화와 지배이데올로기의 지형변화에 따라 문단은 새롭게 구성될 필요가 있었다. 특히 '민족'-'반공'-'순수'로 집약되는 남한 문단의 새로운 필요조건은 우익 성향의 젊은 문인들이 문단의 중심세력으로 등장하는 계기가 되며, 이렇게 등장한 '청문협' 계열의 소장 문인들은 다시 중견 문인들과 경쟁하게 된다. '문맹'의 패권주의에 공동으로 대항하던 '문필가협회'와 '청문협' 계열의 문인들이 단정 이후 갈등 관계를 형성하는 것은 이미 예비된 일이었다. 좌우의 대립이 강조되는 상황 탓에 우익 내부의 차이점이 부각되지 않았을 뿐이지, 우익 문인들 상호간의 문학론과 지향점에는 상당한 거리가 존재했기 때문이다.

해방 직후부터 김광섭, 이헌구 등의 '중앙문화협회' 혹은 '문필가협회' 계열 중견 문인들이 '문화'의 층위에 강조점을 둔다면, 김동리, 조연현 등의 '청문협' 계열의 작가들은 '문학'의 층위에 강조점을 둔다. '중앙문화협회'나 '문필가협회'가 문학과 예술, 언론과 학계를 두루 포괄하는 문화 단체의 성격을 지닌다면, '청문협'은 젊은 작가들을 중심으로 한 문학 단체로 구성된다. '문필가협회'의 '結成大會趣旨書'에서 "生活의 理念이 되어 政治로 향하여 가는 眞正한 民主主義文化를 건설하려 한다."[40]고 밝힌 것처럼, 문필가협회 계열의 문인들은 민족문화와 문화정책에 주목한다. 단독정부 수립 이후, 실제로 '문필가협

갖추고 있었지는 못했다"고 기억한다.(김광주, 「'예술조선' 시절의 희미한 회상」, 『현대문학』, 1965.8, 233쪽)

40 이헌구, 「解放後四年間의 文化活動」, 『文化와 自由』, 청춘사, 1958, 221쪽.

회' 계열의 문인들 중 상당수가 정계에 입문하거나 관료가 되기도 한다. 이런 행보와는 다르게 '청문협' 계열의 문인들은 창작 중심의 작품활동을 강조한다. 김동리가 정치운동과 일정한 거리를 둔 순문예운동을 지속적으로 주장한 것이나,[41] 조연현이 '문필가협회'가 "嚴密한 意味에 있어서 文學團體"는 아니었으며 "젊은 文學人의 情熱과 抱負와 꿈과 意慾을 反映시키기에는 相當한 距離가 있었다"[42]고 평가한 것은, 창작을 중심으로 한 문학활동을 강조하는 입장으로부터 파생된 것이다. 조연현이 '청문협'이 해방 직후부터 '生活文化社'를 중심으로 모였던 소장 문인들의 모임인 '토요회'에서 비롯된 것이며 젊은 작가들이 지닌 문학에 대한 열정의 산물임을 강조하는 것도 이와 유사한 맥락이라 할 수 있다.[43]

이런 우익 문인 내부의 차이는 문학에 대한 입장의 차이로 표면화되고, 그 차이점이 가장 확연하게 노출되는 지점이 순수문학 문제였다. 순수문학론은 좌익과의 이론 투쟁에서 우파의 논리를 대변하는 문학론으로 평가되지만, 좌익이 소거된 단정 이후에는 우익 내부를 구획하는 척도가 된다. 결과적으로 순수문학론은 좌익은 물론 우익의 일부 민족문학론과의 분리를 예비하는 것이었다.[44] 순수문학과 계급문학의 구분을 통해 줄곧 좌우 문학론의 차이를 강조해 온 김동리는, 단정 이후 다시 '민족문학'과 '민족주의 문학'을 구분함으로써 '중앙문화협회'에 속했던 김광섭과 박종화 등의 민족문학론과 거리를 두고자 한다. 그는 '민족문학'을 '계급투쟁 문학으로서의 민족문학'과

41 김동리, 「文學運動의 具體的方法」, 『민성』, 1949.10.

42 趙石濟, 「解放文壇五年의 回顧(一)」, 『신천지』, 1949.9, 258쪽.

43 '청문협'이 순문학에 대한 열의로부터 비롯됐다는 기억은 훗날 '중앙문화협회'가 '李承晩博士의 民間外交活動의 推進體的 役割'을 했다는 술회와 극명하게 비교된다.(조연현, 『내가 살아온 韓國文壇』, 현대문학사, 1968, 22쪽)

44 신형기, 『해방 직후의 문학운동론』, 화다, 1988, 171쪽.

'민족주의 문학으로서의 민족문학', '본격문학으로서의 민족문학'의 세 층위로 구분하고, '계급문학'이나 '민족주의 문학'과 달리 '본격문학'만이 보편성을 갖는다고 본다.[45] 단정 이후 김동리의 순수문학론은 우익 문단 내부를 구획하고, 본격문학이라는 개념을 통해 문학성을 전유함으로써 문단 내에서 독보적인 위치를 구축하게 한다. 이즈음 김동리의 순수문학론은 1930년대 말에 그러했듯이 세대론의 성격을 확연하게 드러낸다. 민족문학과 순수문학을 구획하는 김동리의 관점은 조연현이 '순수문학진영'과 '민족문학진영'을 구분해 사용하는 것에서 다시 발견되기도 한다.[46]

이런 순수문학론에 대응해 최인욱은 순수문학론의 비현실성을 비판하고 새로운 시대에 맞는 새로운 민족문학의 건설을 주장한다.[47] 김광섭 역시 문학의 정치적 무관심을 비판하고 건국기 문화의 현실적 역할을 강조한다.[48] 해방 직후 제기되었던 정치와 문학의 상관성 혹은 문학의 현실적 기능과 역할 문제가 재론되는 양상을 보이는데, 이는 단정 이후 문단 재편과 관련된 문인들 각자의 입지점과 관련이 있을 것이다. 김동리는 "文化運動은 政治運動이 아니다"라고 못 박고

---

45 김동리, 「民族文學論」, 『大潮』, 1948.8.

46 "民衆日報가 그해의 五月에 發刊됨으로부터 民族文學陣營내지 純粹文學陣營은 그 沈痛한 孤獨에서 약간의 활기를 띠우게 되었던 것이다."(趙石濟, 「解放文壇五年의 回顧(二」), 『신천지』, 1949.10, 248쪽)

47 최인욱은 "새 時代의 擧族的要求에 귀를 막고 文學은 文學 本來의 純粹性을 固守함으로써 그 本分을 다한다는 安易感에 立脚하여 自己滿足을 일삼는것으로하여금 오늘의 文學을 十九世紀 以前으로 밀어놓고 晏然할수 있을것인가."라고 순수문학론을 비판하고, 새로운 민족문학은 "民族과 國家의 發展向上에 精神面의 主動的 役割을 하는것이 아니면 아니될것이다."라고 주장한다.(최인욱, 「民族文學序論」, 『대조』, 1949.1)

48 "오늘世界의 大勢로 보아 政治와 文化는 검은 것과 흰 것같이 線을 그어 놓을 것이 아니오(…중략…) 政治의 認識과 마찬가지로 文化의 認識도 現實의 規定을 多分히 받는 것이다."(김광섭, 「解放後의 文化運動概觀」, 『민성』, 1949.8, 79쪽)

"文人이 하는 政治運動을 그대로 文化運動이나 文學運動이라고 볼 수는 없는 것이다"[49]라고 주장한다. 그리고 문학운동의 중요한 방향으로 "純文藝誌의 發行"을 제시한다. 이런 발언은 정계에 투신한 '문필가협회' 계열의 중견 문인들이 문단에서 갖는 위상을 약화시키는 동시에, 순문예를 표방한 『문예』 발간에 관여하는 자신들의 입지를 강화하는 결과를 낳는다. 반면에 문학과 정치의 상관성을 강조하고 민족국가 건설이라는 당면 과제를 위해 문학이 헌신해야 한다는 김광섭의 발언 역시 정계에 투신한 자신의 처지로부터 나온 것은 물론이다. 순수문학론은 단정 이후 문단의 재구성 과정에서 발생할 수밖에 없었던 문단의 주도권 문제가 표면화되는 구체적 계기라 할 수 있다. 『문예』를 발간하며 순문예운동을 강조한 김동리 · 조연현 등의 '청문협' 계열 문인들과 정계에 진출한 '문필가협회' 계열의 중견 문인들의 갈등은 예비된 것이기도 했다. 그것은 분단에 따른 좌우 갈등이라는 보다 시급한 문제에 가려져 있었을 뿐이었다. 단정 이후 문단 재편 과정에서 수면 위로 떠오르던 우익 문단 내부의 주도권 문제는 6 · 25전쟁 발발로 다시 잠복기에 접어들게 된다. 그러나 이런 갈등은 결국 1954년의 예술원 파동으로 분출되고 만다.

조연현이나 곽종원이 기술한 사적 개관들에서 순수문학론이 좌익과의 대표적인 이론투쟁으로 강조되는 것은 반공주의의 영향이자 세대론적 욕망의 산물이라 할 수 있다. 세대론의 성격을 지닌 순수문학이 단정 이후 강력한 상징자본이 될 수 있었던 것은 반공주의에 의한 문단 재편에서 비롯된 바가 크다.[50] 이념과 세계관의 차이로부

---

49 김동리, 「文學運動의 具體的方法」, 『민성』, 1949.10.

50 만약 해방기의 순수문학론이 좌우와의 이론투쟁이었다면 1930년대 제기된 김동리의 순수문학론 역시 좌익과의 이론투쟁이 되어야 한다. 질적으로 유사한 내용이 시대적 맥락에 따라 상이한 의미를 지닐 수는 있지만, 해방기의 순수문학론

터 문학론의 차이가 발생하고 이것이 격렬한 논쟁의 형태로 분출되어야 했으며, 이런 필요에 부응한 것이 순수문학논쟁이라고 할 수 있다. 좌우의 대표적인 이론투쟁으로 신비화된 순수문학론이 반공주의에 의해 구조화된 문단에서 강력한 상징자본이 되는 것은 당연한 일이었다. 그리고 이것은 단정 이후 청문협을 중심으로 한 소정문인들의 세대론적 욕망을 지지하는 토대가 되기도 한다. 그러나 순수문학논쟁과 관련된 입론들이 좌우의 이념과 세계관에 입각한 것인지 혹은 그 차이에 따라 논쟁의 진영이 설정된 것이지에 대한 검토없이, 좌와 우의 문인들이 논객으로 등장했다는 것 자체로 좌우의 이론투쟁이 되어버린 감이 없지 않다. 이런 구획은 결국 '순수=우익' '참여=좌익'이라는 엉뚱한 도식을 낳았으며, 이후 반복되는 순수문학논쟁에서 항상 이념적 색깔 시비가 제기되는 어처구니없는 결과를 낳기도 한다.[51]

4. 결론 및 남은 문제들

해방 이후 한국문단은 반공주의라는 강력한 지배 이데올로기의 압력 속에서 형성된다. 현실에 대한 총체적인 이해와 비판력을 상실하게 된 것도 형성의 과정에서 작용한 반공주의의 영향에 의한 것이라 할 수 있다. 지속적인 금기의 내면화와 자기 검열, 소재와 세계관의 제약은 한국문학이 전통적인 자연이나 내면적 문제에 천착하게

이 좌우의 이념논쟁으로 특화될 수 있는지는 의문이다.

51 참여를 강조하는 문학론을 좌파로 몰아세우는 어처구니없는 이념공세가 가능했던 것은 '순수=우'이고 '참여=좌'라는 도식이 작동했기 때문이다. 이런 도식이 작동한 극단적인 경우가 1970년대 리얼리즘론에 대한 김동리의 색깔 공세이다.

만들기도 한다. 그것의 긍·부정성은 다시 면밀히 따져봐야 할 문제이지만, 반공주의가 한국문학의 형성과 성장에 많은 영향을 준 것만은 사실이다. 특히 해방기는 반공주의가 스스로를 정당화하고 현실화하는 원초적인 형태를 보여준다는 점에서, 반공의 주체가 남한 문단의 주도적인 세력으로 자리 잡게 되는 첫 장면이라는 점에서 주목해봐야 할 지점이다.

단정 이후 문단의 재편과정에서 일군의 우익 문인들은 스스로의 문단 권력을 강화하고 권력의 위계를 설정하는 데 반공주의를 적극적으로 활용한다. 지명행위를 통해 좌우를 구분하고 이를 토대로 문단권력을 독점했으며, 이 과정에서 타자로 설정된 중간파 문인들이나 전향문인들은 이후 문단의 중심에서 배제되거나 지속적인 감시와 사상적 혐의에 시달려야 했다. 단정 직후 해방기에 대한 회고들은 반공주의가 문단에 작용하는 흔적이며 새롭게 문단 주체로 떠오른 우익 문인들의 권력 배분과 위계화의 산물이기도 하다. 좌익이 소거된 상태에서 한국문학의 주체로 등장한 우익 진영의 문인들에게 해방기는 좌익과의 격렬한 투쟁기여야 했으며 단정 이후의 문단은 그 투쟁의 결과물이어야 했다. 좌우 갈등을 근본문제로 설정하고 좌우 대립을 강조하는 것은 문단 내부에 작용한 반공주의의 영향이라 할 수 있다. 또한 서술 주체의 정당성 확보와 문단 내부의 입지를 강화하기 위해 기억의 상당부분이 조정되기도 한다. 문학 단체의 위상과 역할에 대한 평가나 순수문학론을 필두로 한 좌익과의 논쟁은 문단 권력의 배분이나 위계화와 연계되어 있으며 서술 주체에 따라 상당부분 변형되기도 한다. 우익 진영의 사적 개관들이 해방기를 격렬한 좌우대립으로 설정하고 좌익과의 치열한 갈등을 상정하는 것은, 단정 이후 문단의 재편과정에서 발생하는 주도권 문제로부터 파생하는 것이며, 여기에 반공주의는 가장 중요한 척도로 작용한다.

규율체계로서의 반공주의는 특정 이념을 부정하는 의미작용과 기능을 초월한다. 반공주의는 감시와 처벌, 금기와 억압의 규율장치이며, 구조 안의 위계를 설정하고 권력을 배분하며 지속적이고 자발적인 동원의 구조를 재생산한다. 이 논문은 문단의 구성과 새로운 주체의 등장이 이런 규율체계로서의 반공주의와 밀접히 연결된다는 점을 밝혀보고자 했다. 이렇게 형성된 문단주체세력이 어떤 역할을 하는지에 대한 분석과 문단 권력을 둘러 싼 긴장관계에 대한 통시적인 고찰, 지배 이데올로기와 연동하는 문학 장의 변화양상은 앞으로의 과제라 할 것이다. 해방기는 시작과 함께 봉쇄된 해방의 가능성에서 미처 눈을 떼지 못한 자와 해방의 현실태에 먼저 눈을 뜬 자의 운명이 엇갈린 시기이다. 현실의 맨얼굴을 직시했던 자들과 해방의 신기루에 눈이 먼 자들의 행방을 추적하는 일은 한국문단의 주체 연구와 관련해 상당히 의미있는 일이라 할 것이다. 특히 그동안 미진했던 전향문인이나 부역문인에 대한 연구는 문단주체세력의 연구 못지않게 중요하다. 반공주체에 의해 타자로 지목된 자들은 곧 반공주의에 의해 일그러진 우리 문학의 반쪽 초상화이기 때문이다.

참고문헌

1. 기본자료

「광복 후의 문예지/광복 후의 문학단체」, 『현대문학』, 1965.8.

조선문학가동맹, 『建設期의 朝鮮文學』, 백양당, 1946.

조선출판문화협회, 『解放後四年間 出版大鑑』, 1948.

한국문인협회 편, 『解放文學 20年』, 정음사, 1966.

『韓國現代文學資料叢書, 1945.8～1950.6』, 거름, 1987.

2. 논문 및 단행본

강진호 엮음, 『한국문단 이면사』, 깊은샘, 1999.

곽종원, 『신인간형의 탐구』, 동서문화사, 1955.

김 철, 『구체성의 시학』, 실천문학사, 1993.

김동리, 『문학과 인간』, 청춘사, 1952.

김동춘, 「한국전쟁과 지배이데올로기의 변화」, 『분단과 한국사회』, 역사비평, 1997.

김한식, 「김동리 순수문학론의 세 층위」, 『상허학보』 15집, 2005.8.

문학과비평연구회, 『한국 문학권력의 계보』, 한국출판마케팅연구소, 2004.

송희복, 『해방기 문학비평 연구』, 문학과지성사, 1993.

신형기, 『해방직후 문학운동론』, 화다, 1988.

______, 『해방 3년의 비평문학』, 세계, 1988.

이헌구, 『文化와 自由』, 청춘사, 1958.

임헌영, 「미군정기의 좌우익 문학논쟁」, 『해방전후사의 인식3』, 한길사, 1987.

정영태, 「일제말 미군정기 반공이데올로기의 형성」, 『역사비평』, 1992년 봄.

조연현, 『문학과 사상』, 세계문학사, 1949.

______, 『내가 살아온 韓國文壇』, 현대문학사, 1968.

조희연 편, 『한국의 정치 사회적 지배담론과 민주주의 동학』, 함께 읽는 책, 2003.

홍성민, 『문화와 아비투스』, 나남, 2000.

삐에르 부르디외, 최종철 옮김, 『구별짓기』, 새물결, 1996.

해방 직후와 단정 수립기의 정지용 문학 연구

1. 문제제기

한국 문학사에서 해방기는 이념적 대립이 문학 장에 투영되는 과정으로 그려지곤 한다. 그러나 1945년에서 1950년 사이의 정치·사회사는 비균질적인 단위들로 구성된다. 해방-분단-단정-전쟁으로 이어지는 과정 동안 정치적 의제들은 수시로 교체되었고 그에 따라 사회·문화적 담론들도 급격한 변화의 과정을 겪는다. 해방 직후부터 단정 수립까지의 이념 대립과 갈등 역시 불연속적이다. 해방 직후 좌우의 대립은 생각보다 미약했으며 단정 이후 좌익을 탄압하는 과정에서 격화되는 것으로 보인다. 문학론이나 문학단체의 차원에서 좌와 우의 대립 의식이 존재했고 이것이 갈등의 형태로 드러난 것은 사실이지만, 이런 갈등은 분단이 고착되는 과정에서 증폭된 측면이 없지 않다. 그러므로 해방기를 좌와 우의 이념적 대립으로 재구성하는 것은, 이항 대립 구도 밖에 있는 문학적 기획들을 평가절하함으로써 이 시기의 문학 공간을 왜곡할 위험을 내포한다.

해방 직후와 단정 수립기 정지용의 삶과 문학은 이런 점에서 재고해볼 필요가 있다. 이 시기의 정지용에 대한 연구는, 정지용의 문학적 성과가 1930～40년대의 그것에 미치지 못한다고 보고 새로운 글쓰기에 대한 적극적인 분석과 평가보다는 모호한 행적과 시를 쓰지 못한 이유를 분석하는 데 치중하는 경향을 보였다. 시인으로서 시를 쓰지 못했다는 문제의식에서 출발할 때 주된 논지는 왜 시를 쓰지 못했고[1] 무엇이 부재했는지에[2] 머물게 되며, 이는 이 시기 정지용의 문학적 모색과 성과를 해명하는 데 한계로 작용할 수밖에 없다. 해방 직후 정지용의 행적을 '중학생처럼 철없이 좌충우돌'[3]한 것으로 보는 시선이나, 과도한 정치주의에 압도되었거나 자유분방한 성격 탓에 엄혹한 현실에 적응하지 못한 것으로 보는 태도 역시, 일제 강점기를 큰 과오 없이 살아온 시인이자 지식인인 장지용의 현실감각을 지나치게 과소평가하는 것이다.

정치적인 판단과 선택이 결과적으로 실패했다고 해서 무가치하거나 무의미한 것이 아니듯이, 해방과 단정 수립기를 지나는 과정에서 정지용이 보여준 정치적 선택과 문학적 실천은 그 자체로 평가되어야 할 사항이다. 정지용에게 해방과 단정에 이르는 시기는, 비록 짧았지만 다양한 변화와 모색이 교차한 시기라 할 수 있다. 그리고 이런 과정에서 그가 발표한 글들은 현실에 대한 반응이자 적극적 대응으로 재평가될 필요가 있다. 해방과 정치·사회적 지평의 변화에 따라 정지용의 문학관이나 세계관이 변화하고 글쓰기의 방향과 형식이 변화하는 것은 자연스러운 일이다. 그리고 거기에는 단정 직후 문학장의 재편과 문단 주체의 재구성 과정에 작용한 이데올로기의 흔적이 각인되어 있기도 하다. 정지용의 글쓰기 영역이 급격히 확장되고 축소되는 과정은 한국 사회의 지배이데올로기가 작동·정착하는 과정이기도 하다는 점에서 주목해 볼 필요가 있다. 해방기 정지용의 글들은 시기와 형태에 따라 세 가지로 구분된다. 비록 짧은 시기이

1 조연현, 「手工業藝術의 末路」, 〈平和日報〉, 1947.8.20~21.

2 김윤식, 『해방공간의 문학사론』, 서울대학교 출판부, 1998, 224쪽.

3 조연현, 「解放文壇 五年의 回顧·二」, 『신천지』, 1949.10, 247쪽.

지만 정지용의 글쓰기는 〈京鄕新聞〉 주간으로 있으면서 〈京鄕新聞〉을 중심으로 발표한 시사적인 칼럼이나 사설, 『문장』을 복간할 즈음에 발표한 시론 및 문학론, 전향 이후의 기행문과 시로 나누어 볼 수 있다. 본고는 해방 직후와 단정 수립기 정지용의 글쓰기가 변화하는 양상과 의미 그리고 그것이 이데올로기의 압력에 의해 굴절되어가는 과정을 재조명해보고자 한다.

2. 해방과 정치의식의 확장

연보에 의하면 정지용은 1945년 10월 이화여자전문학교 교수로 취임하고, 1946년 10월에 창간된 〈경향신문〉의 주간을 겸한다. 이후 1947년 8월에 주간직을 사임하고 이화여자대학교 교수로 복직했다가 1948년 2월에 이화여자대학교마저 사임하고 녹번리 초당에 은거한다.[4] 해방 이후 여러 단체들에 이름이 올라가 있긴 하지만 구체적인 활동이 확인된 바 없다. 좌익 단체로 분류되는 〈조선문학가동맹〉의 아동문학분과 위원장으로 추대되었지만 활동 기록이 없으며, '전국문학자대회'에도 참가하지 않은 것으로 보인다.[5] 또한 우익 단체로 분류되는 〈전조선문필가협회〉의 준비위원 명단[6]과 〈청년문학가협회〉가 개최한 '藝術의 밤'에 참가할 시인 명단[7]에 이름이 올라가 있지만 이 역시 참여하지 않은 것으로 보인다.

4 김학동 편, 『정지용 전집2』(민음사, 2001)의 〈연보〉 참조함. 이하 김학동 편, 『정지용 전집2』에서 인용한 경우 『전집2』로 표기하고 자세한 출판사항은 생략한다.

5 조선문학가동맹, 『建設期의 朝鮮文學』, 백양당, 1946.

6 〈漢城日報〉, 1946.3.9.

7 〈民主日報〉, 1946.6.17.

1945년 12월 「그대들 돌아오시니」와 1946년 1월 「愛國의 노래」를 제외하면 단정 수립기까지 주로 시사적인 산문 위주의 집필 활동을 한다. 해방 이전에 발표한 산문이 주로 일상사의 감상이나 기행, 문학론과 관련된 것이었다면, 해방 후의 산문은 정치·사회적 현안과 현실 비판적인 내용을 담고 있어 글쓰기의 방향과 내용이 급격히 변화·확장됨을 알 수 있다. 이러한 변화는 정지용이 〈경향신문〉의 주간으로 재직했기 때문이기도 하지만, 무엇보다도 해방으로 가능해진 언론과 사상의 자유가 지식인 사회의 시각과 사유를 확장시켰기 때문일 것이다. 정치의식의 팽창은 일제 강점기에 가졌던 소극적인 자세에 대한 일종의 반작용이거나[8] 시인에서 文士로의 자의식 확장 혹은 지식인으로서의 소명의식 발견에 따른 것이라 할 수 있다. 이 시기 주로 산문을 발표한 것은 정지용 자신이 산문에 특별한 의욕을 갖고 있기도 했지만[9], 급격히 전개되는 정치·사회의 변화에 대응하는 수단으로 산문이 적절했기 때문이기도 하다.

1946년부터 1947년까지 〈경향신문〉의 '餘滴'란이나 시사적 칼럼 형태로 발표된 글들은 사회적 부조리 현상이나 정치적 현안, 좌우의 이념 대립을 다루고 있다. 이 글들은 해방 이전 산문의 감각적이고 재치있는 문체를 유지하면서 상당한 수준의 사회·역사적 지식과 분석력을 보여준다. 토지개혁[10]이나 쌀 부족[11], 모리배의 득세[12] 등은 당

8 일제 강점기 정지용의 태도는 "최소한도의 조선인을 유지하기 위해"나 "일본놈이 무서워 산으로 바다로 회피하여 시를 썼다"(「散文」, 『文學』, 1946.4, 108쪽) 처럼, 해방 이후의 자기 고백을 통해 소극적이고 수세적인 것으로 재발견된다.

9 "앞으로 자기 작품에 어떤 야심을 갖고 계십니까."라는 설문에 정지용은 "산문이야말로 가장 타당한 文章이다."라고 하고, "진정한 산문정신에 목말러하는 이에게 기달려 주기 바란다"고 말함으로써 산문에 대한 의욕을 드러낸다.(「說問答」, 『전집2』, 433쪽) 산문에 대한 정지용의 관심은 이태준과의 경쟁심이 작용한 탓도 있겠지만, 산문이 시와 함께 정지용에게 중요한 글쓰기 형식이었음을 드러낸다.

10 "맹자가 조선에 재림하신다 하여도 왕도정치가 마침내 토지 일만오천평 위에

시의 심각한 사회적 문제들이었으며, 실제 생활의 국면에서도 중요한 문제들이었다. 이는 무능한 행정당국에 대한 비판이자 비합리적인 경제구조에 대한 비판이기도 하다. 한반도와 주변 정세에 대한 관심은 고착되어가는 냉전체제와 혹시 발발할지도 모르는 핵전쟁에 대한 우려로 드러나기도 한다.[13] 이는 남북의 화해와 자주적 독립국가 건설의 당위성을 설명하기 위한 것이면서도, 점차 현실화되어가는 분단체제에 대한 비관적인 전망에서 비롯된 것이기도 하다. 「남의 일 같지 않은 이야기」나 「도야지가 사자 되기까지」, 1947년 2월

선다는 것을 二千年一如히 강조하실 것은 믿어서 틀림없다. 이것을 요새 구호로 빌어 말하면- '토지를 농민에게!'로 된다."(「五畝百畝」, 『전집2』, 379쪽)에서처럼, 정지용은 실경작자에게 토지가 돌아가도록 토지개혁이 이루어져야 한다는 입장을 취한다.

11 "미군이 진주한 후로 얼마 아니가서 다시 쌀이 숨기 시작하였다. 쌀이 점점 숨어버림에 따라 쌀값이 점점 고등하였다"(「쌀」, 『전집2』, 366쪽) 쌀 부족 현상은 이 무렵 가장 큰 사회문제였으며 이는 곧 매점매석으로 치부를 하는 '모리배'의 등장과 연결된다.

12 "8 · 15 이후 1년有半에 자본가가 날 수 있다면 반드시 경제 혼란의 장본인 모리배요 민생도탄의 원흉이 아니고 무엇이냐. 민족반역자의 죄상에 수자와 통계가 무슨 효력이 있느냐? 늦었구나 빨리 처단하여라."('餘滴', 〈京鄕新聞〉, 1947.1.29.) 혹은 "8 · 15 이후에 조선에 신흥 금권 귀족이 날 수 있다는 현상을 무엇으로 설명할 것이냐? 물을 붉히어 포도주로 변화시킨 기적일지라도 8 · 15 이후에 새 부호를 만드는 데 협력한다면 단연코 '죄악의 기적'일 것이다."('餘滴', 〈京鄕新聞〉, 1947.1.30.)에서처럼, 해방의 혼란을 틈타 치부한 모리배를 강하게 비판하기도 한다.

13 "아아! 우울한 원자력 관리안과 원자력 스파이전과 제 3차전의 무수한 훈장과 훈장도 찰 여유조차 없을 원자력 전쟁과……"('餘滴', 〈京鄕新聞〉, 1947.2.5.)이나 "3차대전이 필연이라면 그 動因이 조선에 있다. 이 동인을 추진시켜야 하느냐?"('餘滴', 〈京鄕新聞〉, 1947.2.22) 혹은 "'원자탄 폭격기가 김포비행장에서 개성 이북으로 출동한다'는 것은 예언이 되지 않는 것이냐!"(「기상예보와 美蘇共委」, 〈京鄕新聞〉, 1947.5.18) 등에서처럼, 한반도에서 3차대전이 일어날 가능성과 핵전쟁의 형태가 될지도 모른다는 우려가 드러난다. 군국주의에 대한 비판과 남북 문제의 평화적 해결이라는 정지용의 정치적 입장을 강하게 드러내는 부분이기도 하다.

5일자 〈京鄕新聞〉의 '餘滴'에서는 중국의 "國共 공방전"과 한반도의 분단 상황을 견주어 봄으로써 주체적인 남북통일의 방법을 모색하기도 한다.

해방 정국의 가장 중요한 과제는 남북의 통일과 자주 독립 국가의 건설이었다. 정지용의 정치적 견해는, "양주둔군 조속 동시 철퇴! 남북통일의 자주독립 민주 인민정부 수립!"(「민족해방과 '公式主義'」, 『전집2』, 386쪽) 혹은 "38선 해소와 자주 통일 독립정부 수립"(「평화일보 기자와의 一問一答」, 『전집2』)으로 집약된다. "토지가 實農 농민에게 돌아가고, 공장이 노동자의 손으로 유쾌히 움지기고 원조를 가장하는 외화의 상륙을 거부하며, 행정기구에 탐관오리가 절멸되며 외국주둔의 무기연기를 거부"(「민주주의와 민주주의의 싸움」, 『전집2』, 392쪽)하는 등의 정치적 현안은 자주 독립 국가 건설 여부에 달린 것이기도 하다. 민족의 분열을 극복하고 자주 독립 국가를 건설하기 위해 좌우 합작과 남북의 대화는 시급한 선결과제였다. 좌우 합작은 창간 당시부터 〈경향신문〉의 중심 논조였으며 정지용도 이 문제를 가장 중요한 정치사항으로 파악한다.

> 오늘 아침비는 선인에게도 악인에게도 내리거니와 좌익이니 우익이나 편파적으로 내리는 것은 아니다.[14]

1947년 8월 이후 미군정에 의해 좌익 활동이 불법화되고 이에 따라 좌익의 입지가 좁아지게 된다. 좌우의 대립이 적대적 갈등의 양상으로 격화되기 시작한 것도 이 시기부터이다. 민족적 단합과 자주적 독립을 주장했던 정지용은, 사상 탄압과 그에 따른 이념 갈등은

---

14 정지용, 「기상예보와 美蘇共委」, 〈京鄕新聞〉, 1947.5.15.

민족의 역량을 소모하는 일이며 분리와 단절을 촉진하는 일이라 비판한다. 그는 이념적 갈등은 물론 일방적인 사상 탄압이 바람직 하지 않다고 주장한다. 「민족해방과 '公式主義'」에서는 좌와 우의 갈등이 일제 강점기 '문화정치'에 의해 증폭된 것으로 보고 이것은 남과 북의 화합을 통해 해소될 것이라는 입장을 제시하기도 한다. 남한의 이념적 경화 현상은, 언론의 자유와 관용이 통용되는 미국사회와의 비교를 통해 부각되기도 한다.[15] 이 시기 정지용의 주된 논점은 좌우의 갈등 해소와 사상·언론 자유의 보장을 강조하는 데 있다.

이 시기 정지용의 글에 나타나는 사상적 기조를 좌익으로 해석할 수 있는 만큼 우익으로 해석할 여지 역시 충분하다. 정치적 사안에 따라 좌와 우의 입장이 일정한 것이 아니어서 몇 가지 사례로 이념적 색채를 구분하는 것은 합리적인 판단이라고 할 수 없다. 굳이 어떤 범주에 포함시켜야 한다면, 정지용의 정치적 입장은 민족주의에 속한다고 봐야 할 것이다. 정지용은 민족주의적 입장에서 김구와 여운형을 옹호했으며[16], 특히 김구의 방북과 '남북인민연석회의'를 적극적으로 지지하는 입장을 피력했다. 그는 백범의 방북에 대한 일부의 중상모략을 비판하고 남북문제의 유일한 해결책인 "남북인민연석회의"의 성공적 완수를 기원하며, "남북인민연석회의"가 성공하면 한반도의 내부 갈등이 해결될 것이라 기대한다.[17] 정지용이 남북협상을 지지하는 '108인 문화인 성명'[18]과 단정 수립 반대·미소양군 철수·

---

15 정지용, 「헨리 월레스와 계란과 토마토와」, 〈國際新聞〉, 1948.9.8.

16 정지용은 정치지도자들에 대한 지지나 비판의 입장을 특별히 드러내지는 않았지만, "자금 이후로 백범옹께 신문기자들은 최경어를 사용해라. '김구씨'라는 '씨'자도 홀하다"(「남북 '회담'에 그치랴?」, 『전집2』, 365쪽)나 "먼저 여씨를 선량한 거인으로 추대하기에 인색할 필요는 없다."('餘滴', 『전집2』, 370쪽)에서처럼 김구와 여운형에 대해서는 우호적인 태도를 드러낸다.

17 정지용, 「민족해방과 '公式主義'」, 『전집2』, 386쪽.

자주통일을 촉구하는 '문화언론인 330명 선언문'[19]에 참여한 것은 이런 문제의식의 소산이라고 할 수 있다. 그러나 1947년 미소공위 재개문제와 탁치문제를 둘러 싼 좌우 대립은 적대적 갈등으로 격화된다. 이후 한반도의 정세가 단정 수립에 따른 분단체제의 정착으로 가닥을 잡게 되고 남북한 사회에서 각각 이데올로기적 배제와 탄압이 가시화되면서 민족주의 진영의 정치적 입지는 축소될 수밖에 없게 된다. 여운형 암살이나 2차 미소공위의 결렬, 미군정의 좌익 탄압 등은 더 이상 좌우합작의 입지를 좁게 만든다. 이런 사회적 분위기를 반영하듯, 정지용은 1947년 8월 〈경향신문〉의 주간을 사임한다.[20]

3. 순수문학의 폐기와 새로운 문학의 모색

해방 직후 정지용은 문단에 적극적으로 관여하지 않지만 철저히 방관하지도 않는 태도를 보인다. 해방 직후 두 편의 시를 발표하고 『지용詩選』(1946)을 발간했을 뿐, 문단과 관련된 특별한 행적이 드러나지는 않는다. 전업 작가가 아니었고 주된 생활공간이 학교나 신문사였기 때문이기도 하지만, 문단정치에 깊이 관여하지 않으려는 정지용의 태도가 작용한 것으로 보인다.[21] 〈경향신문〉의 주간으로

18 〈우리신문〉, 1948.4.29.

19 〈조선중앙일보〉, 1948.7.27.

20 〈京鄕新聞〉의 주간은 1947년 8월 3일부터 조용만으로 변경된다.

21 "그가 八·一五를 맞이하기까지 十年너머를 W高普(中學)의 교원으로 있었을 뿐, 그다지 文壇(특히 文壇內의 派閥)이나 出版機關等에는 출입이 잦지 않은 처지를 지켜 온 사람이었다. 말하자면 解放後의 流行語인 文壇政治와는 처음부터 거리를 두고 온전히 詩作을 했으며……詩人으로서의 그의 위치를 한결 깨끗하고 탄탄한 것으로 빛나게 했던 셈인지도 모른다."(崔泰應, 「鄭芝溶의 悲劇」, 『思想界』, 1962.12, 265쪽)

있으면서 윤동주의 유고시를 소개하거나[22] 외국시를 번역 소개하는[23] 등 문학 관련 집필 활동을 지속하지만, 문학론과 관련된 본격적인 글은 1948년에 주로 발표한다. 이 시기 정지용의 문학론은 일제 강점기의 시론과 현격한 차이를 보인다. 1930~40년대 시와 시론을 통해 카프의 '프롤레타리아문학'과 대립관계를 형성하며 순수시의 중심에 서 있던 정지용은, 순수문학은 물론 과거의 프롤레타리아 문학을 포괄하는 민족문학으로서의 '인민문학'을 주장한다.[24] 이런 문학론의 변화는 해방 직후 글쓰기 영역의 확장에서 비롯된 것이기도 하다.

「散文」에서 정지용은 '순수시'를 일제 강점기라는 기형적인 상황에서 빚어진 수세의 문학으로 정리한다.[25] 식민지 현실에 맞대응할 수 없어 "산으로 바다로 회피하여" 시를 쓴 것이 "순수시인"의 내력이라는 고백투의 말에는 그 자신이 '순수문학'에 상당한 지분을 갖고 있다는 자신감이 배어있다. "그러니까 나의 영향을 다소 받은 젊은 사람들이 있다면 좋지 않은 영향이니 버리는 것이 좋을까 한다."라는 말로 순수시의 유통기한을 단호하게 폐기해버리는 것에서도, 정지용 자신이기에 가능하다는 당당함이 엿보인다.

「散文」은 다소 격앙된 감정이 정지용 특유의 독설로 이어져 그 진의를 신중하게 파악해야 하지만, 그것이 담고 있는 문제의식은 즉흥적이거나 감정적이지만은 않다. 과거에 대한 강한 부정은 변화에의 열망이기도 해서, 변화한 현실에 대응하는 새로운 문학을 모색하려

---

22 윤동주의 「쉽게 씌워진 詩」가 정지용의 소개로 〈京鄉新聞〉(1947.2.13)에 게재된다.

23 이 시기 정지용의 번역으로 휘트먼의 시 7편이 소개된다. 이와 함께 「사랑의 哲學」이라는 제목으로 'P·B 쉘리'의 시가 소개되기도 한다(〈京鄉新聞〉, 1947.3.27). 이 번역시는 『정지용전집1』에 누락되어 있다.

24 정지용, 「朝鮮詩의 反省」, 『文章』, 1948.10.

25 정지용, 「散文」, 『文學』, 1948.4.

는 시인의 열정이 엿보이기도 한다. 「朝鮮詩의 反省」에서는 보다 차분한 논조로 일제 강점기의 조선시를 체계적으로 조망하고, 변화된 현실에 걸맞게 '소시민 문학'과 '프롤레타리아 문학'을 포괄하는 '인민문학론'을 제기한다. 『문장』의 복간에 즈음하여 새로운 문학론의 정당성을 조선시의 사적 전개과정을 통해 체계화하려는 시도이기도 하다. 그러나 "시와 문학에 생활이 있고 근로가 있고 비판이 있고 투쟁과 摘發이 있는 것이 그것이 옳은 예술이다."(「散文」)처럼, 그 지향이 "옳은 예술"이 될 때 과도한 비약이 발생한다. 정지용이 피력하는 '인민문학론'이 피상적이고 낭만적인 요소를 내포하는 것은 그의 화법의 문제이기도 하지만 근본적으로 열정의 과잉과 대비되는 논지의 단순성 때문이기도 하다.

순수문학의 비판과 폐기를 출발점을 삼는 정지용의 민족문학론은, 순수문학론을 통해 좌익과 대립해온 〈청문협〉 계열의 우익 문인들과 충돌할 수밖에 없었다. 순수문학의 대표적 시인이었던 정지용의 변화는 일반 문인들의 변화와는 다른 의미를 갖는 것이었으며, 그만큼 정지용에 대한 우익 문인들의 비판이 날카로울 수밖에 없었다. 정지용의 문학론은 우익 진영의 젊은 문인들의 비판에 대한 반박의 형식으로 개진된다. 그러나 이것은 논쟁의 형태로 진행되기는 어려웠다. 무엇보다 정지용 자신이 논쟁의 자세를 취하지 않았기 때문이다. 그것은 정지용과 〈청문협〉 계열의 문인들이 갖는 관계의 특수성 때문이기도 하지만,[26] 자신이 순수문학의 중심이었다는 자의식에도

---

26 순수문학을 주장하는 〈청문협〉 계열 문인들에 대한 정지용의 태도는, "그래 날 보고 너희들의 뒤를 뚫아오라는 말이냐?"(김동석, 「詩壇의 第三黨」, 〈京鄕新聞〉, 1946.12.5)라는 말로 암시될 듯하다. 〈청문협〉의 중심인물인 조지훈을 비롯해 박두진과 박목월이 정지용의 추천을 통해 등단했으며 1930년대 세대논쟁에서 정지용이 김동리 등의 신세대를 후원하는 태도를 보였다는 점에서, 정지용과 〈청문협〉 계열의 문인들은 단순한 문단 선후배를 넘어서는 관계였을 것이다.

불구하고 당대의 순수문학론이 지닌 다층적 의미를 충분히 파악하지 못했기 때문이다. 논쟁의 과정에서 비판하려는 대상의 내용과 논리를 단순화하려는 경향이 있는 것처럼, 순수문학론에 대한 정지용의 비판은 '순수'='비정치'='예술 지상주의'라는 단순한 도식을 바탕으로 한다. 이런 단순한 접근법은 논지의 근간에 자신의 경험이 놓여있기 때문이기도 했다. 정지용의 순수문학 비판이 단순했다는 것은 이후 순수문학론이 확대되고 심화되는 과정에서도 재확인된다. 해방 직후 '청문협' 계열의 문인들이 제기했던 순수문학론은 좌익 문학론과 대립하는 동시에 단정 이후 문학 장의 재편에서 일종의 상징자본으로 작동하는 등 다원적인 의미구조를 지니게 된다. 일제 강점기 세대논쟁의 형태로 제기되었던 김동리의 순수문학론은 해방 후 좌익과의 논쟁 과정에서 내포와 외연이 확장되고 심화된다.[27] 그것은 순수라는 기호를 차용하면서 출발했지만, 비정치-반공-인간성 옹호 등의 개념적 내포를 충전하면서 민족문학 진영의 대표적인 논리로 자리 잡는다. 이런 과정에 비해 정지용의 문학론은 순수문학에 대한 자기반성과 정치성을 강조할 뿐 질적 발전의 토대를 마련하지 못한다.

그러나 새로운 문학론과 관련해 정지용이 봉착한 문제의 본질은 논리라기보다는 실천이었다. 시인이라는 자의식이 철저했던 만큼 자신의 문학론에 부합하는 시를 생산해내야 한다는 조바심이 적지 않았던 것으로 보인다. "시를 써 내놓지 못하고 시를 논의하는 것이 퍽 부끄러운 노릇이다"[28]에서처럼 시를 쓰지 못함에 대한 자책이나

27 김동리의 순수문학론의 내용과 위상의 변화는 김한식, 「김동리 순수문학론의 세 층위」(『상허학보』 15집, 2005.8) 참조. 〈청문협〉의 순수문학론은 단정 이후 문학 장이 재편되는 과정에서도 유효한 상징자본이 된다.

28 정지용, 「朝鮮詩의 反省」, 『文章』, 1948.10. 이즈음 "고뇌 참담하게 늙어가는 어른"(「散文」, 『文學』, 1948.4)이나 "才操도 탕진하고 용기도 상실하고 8·15 이후에 나는 부당하게도 늙어간다"(「尹東柱 詩集 序」, 『전집2』, 313쪽)에서처럼

고뇌가 드러나기도 한다. 그러나 정지용에게 새로운 시는 언어 형식미를 추구하는 순수시 혹은 이념과 정치적 견해가 생경하게 드러나는 프로문학일 수는 없었다. 그러므로 새로운 시의 창작은 언어 형식미와 세계관의 결합이라는 난제를 풀어야 하는 것이었다. 「유리창」과 「백록담」처럼 감각과 언어의 차원에서 한 시대의 극점에 가 닿았던 시인에게 해방 직후 쏟아져 나온 새로운 민족문학의 수준이 만족스러울 리 없었을 것이다. "정치감각"과 "비판의식"이 희박하면 시적 표현의 관습성을 벗기 어렵다는 관점에서 당대의 시들을 비판하는 「朝鮮詩의 反省」은, 세계관의 확장을 강조하면서도 고루한 언어표현이나 의식이 부재하는 시적 수사를 경계하는 균형 감각을 전제하고 있다.[29]

시의식은 확장되었지만 정서와 언어에 대한 특유의 염결적 엄격함이 남아있는 상태에서, 좌우를 포함한 당대의 민족문학 진영의 작품이 정지용의 미의식을 충족시킬 수 있었을지는 미지수이다. 민족문학을 주장하지만 민족문학의 현실태들에 대해 미학적 동의를 표하기는 어려웠을 것이다. 자신이 과거에 개척한 시적 경지를 폐기했지만 그 이상을 넘어설 수 없었고, 다른 시인들에게서 그런 가능성을 발견하지 못했다는 것이 이 시기 정지용의 딜레마라 할 수 있다. 그러나 "사물의 핵심"에 가 닿는 세계관과 시적 표현 사이에 가로놓인 간극을 좁히지 못한 것은 정지용의 개인적 한계라기보다는 당대 문학의 역량과 수준의 문제로 보아야 할 것이다. 이후 전쟁과 분단 고

늙고 지침에 대한 감회가 자주 등장하는 것도 이런 고뇌를 반영하는 것으로 보인다.

29 1949년 발간한 『산문』(동지사, 1949.3)에는 「朝鮮詩의 反省」과 1939년 발표한 「詩와 言語」를 함께 게재한다. 이런 편집은 정지용이 지닌 균형감각의 소산으로, 문학의 정치적 실천을 모색하면서도 시는 여전히 언어예술이라는 문학관의 반영이라 할 수 있다.

착화로 인해 한국문학의 이념 지향성이 제한되면서, 해방기에 제기 되었던 새로운 민족문학의 모색은 미해결인 상태로 묻어둘 수밖에 없게 된다.

4. 전향과 자의식의 굴절

단정 수립 이후 남한사회는 냉전체제로 급격히 편입되면서 강력한 반공주의의 자장 안에 놓이게 된다. 북한과의 잦은 무력충돌과 3차 대전(핵전쟁)에 대한 우려, 미군 철수와 원조 중단 위협, 일련의 소요사태와 간첩단 사건 등으로 물적 토대를 구축한 반공주의는, 해방 직후 지배 담론인 민족주의를 대체하며 남한 사회의 지배이데올로기로 자리 잡는다. 1948년 단정 수립 이후 국가보안법의 제정(1948.12.1)과 국민보도연맹의 창립(1949.6.5)은 반공주의가 규율체계로 작동할 수 있는 근거와 수단이 된다.[30]

정지용은 1949년 11월 4일 국민보도연맹에 가입한 것으로 보인다.[31] 그의 전향 사실은 '좌익세력자수전향기간'이 끝나고 "著名한 文

30 국가보안법은 여순 사건을 계기로 만들어지며 좌익의 폭동이나 범행은 물론 좌익 자체를 말살하려는 입법 목적을 지닌다. 나아가 좌익뿐만 아니라 반정부 정치·사회단체를 탄압할 수 있는 강력한 체제수호의 수단이 된다. 국민보도연맹은 이런 국가보안법의 구체적인 사상통제기구로 정부와 검찰 그리고 경찰의 주도하에 결성된다. 국민보도연맹은 좌익 전향자들을 구성원으로 하여 이들의 좌익가담 행위를 일체 불문에 붙이고 민주주의의 우월성을 지도하며 계몽·선도해나갈 것을 목표로 결성한 전향자 포섭단체였다. 보도연맹의 가입대상은 좌익계열의 정당 및 사회단체 구성원이었다가 전향한 사람들이다. 1949년 6월 5일 서울시 중앙본부 결성식을 시작으로 전국적인 조직 작업에 들어가 1950년 6월에는 연맹원 수가 약 33만여 명에 달했다. 국가보안법은 광범위한 금지의 제도라면 국민보도연맹은 보다 직접적인 동원의 제도라 할 수 있다.(한지희, 「국민보도연맹의 조직과 학살」, 『역사비평』 35호, 1996.겨울)

化人 自進加盟이 異彩"라는 기사에 공개된다.[32] 보도연맹에서 문인들은 "매주 한번씩 집회를 갖고 시국강연도 듣고 시낭독도 하곤 했는데" 정지용 역시 "연맹본부의 지시로 해서 反共的인 내용의 自作詩를 낭독"[33]하기도 한다. 대외적인 행사로 개최된 〈민족정신앙양 종합예술제〉에서 정지용은 사회를 보고, '以北文化人에 警告'로 「尙虛에게」를 낭독한다.[34] 또한 미국문화관에서 개최된 〈문학강좌〉(1950.6.21~24)에서 시작법 강의를 맡기도 한다. 이런 보도연맹의 행사들은 자발적이기보다는 반강제적인 동원에 의한 것이었으며[35], 정지용 자신도 "南韓에 남아있으면 그만이지 뭘 더 증명하라고 이런 짓을 시키는지… 이거 어디 성가셔서 살 수 있나…"[36]에서처럼 상당히 불편한 심기를 드러내기도 한다.

이념적 성향을 월북과 월남으로 표방한 상황에서 전향의 형태로 사상적 경향을 재검증한다는 일은 상당한 무리가 따르는 일이었다. 전향이 본격화되자 본의 아니게 좌익 단체에 이름이 오른 문인들은 어떤 식으로든 해명의 과정을 거쳐야만 했으며,[37] 신변보호를 위해

---

31 이석우, 『정지용 평전』, 푸른 사상사, 2006, 90쪽.

32 〈동아일보〉, 1949.12.1. 1949년 12월 2일자 〈朝鮮日報〉의 전향자 명단에도 "鄭芝溶(文學家同盟=詩人)"이 올라와 있다.

33 백철, 『문학자서전』, 박영사, 1976, 371쪽.

34 이 행사는 '한국문화연구소' 주최로 1949년 12월 3일과 4일 시민관에서 개최된다.(〈서울신문〉, 1949.12.5) '상허에게'(정지용) 이외에 '북예총에게'(정인택), '길진섭에게'(김만형), '이원조에게'(김기림), '이극로에게'(이병기), '최승희에게'(장추화) 등 이북 문화인에게 보내는 메시지 낭독이 있었다. 대중 앞에서 이런 메시지를 낭독하는 일은 선전효과를 위한 것이었지만 낭독을 하는 당사자에게는 상당히 고통스러운 일이었을 것이다. 박용구는 이 일에 심각한 인간적 모멸감을 술회하기도 한다.(이봉범, 「단정수립 후 전향의 문화사」, 『대동문화연구』 64집, 2008.12, 13쪽)

35 이병기, 『가람문선』, 신구문화사, 1969, 154쪽.

36 백철, 앞의 책, 372쪽.

37 가령, 이병기의 「해방전후기」(〈경향신문〉, 1949.9.25~27)와 같은 글은 완곡한

자진해서 보도연맹에 가입해야 했다. 전향이란 좌파를 지목함으로써 반성과 참회를 제도화하고 구별과 배제를 구조화하는 권력 작용이라 할 수 있다. 전향은 본질적으로 고백의 구조이며 고백을 위해서는 죄의 구성이 필연적이다. 이 제도 앞에서 특정한 행동과 의사표현은 그 맥락이나 의도와 상관없이 죄로 구성되는 것이다. 결국 소명(해명)에 따른 속죄는 다시 죄를 재생산해내는 반복적 구조를 양산한다. 이 구조 안에 피의자로 지목되면 누구나 해명이나 속죄의 과정을 밟아야 했으며 전향 이후에는 감시와 동원의 대상이 된다. 문단 재편에서 전향의 제도는 월북을 선택하지 않았던 전직 〈문맹〉가입자들이나 중간파 문인들을 문단 주체에서 배제하는 결과를 낳는다. 전향 문인들은 감시와 동원에 의해 심리적으로 위축되기도 했거니와 제도적인 집필 금지(1949.11~1950.2)와 검열에 의해 창작활동 자체가 제약받는 상황에 놓이게 된 것이다.[38]

이 시기 정지용은 전향 직전에 『산문』을 발간하고 한동안 글을 발표하지 못하다가, 1950년 1월에 「妻」「女弟子」「碌磻里」를, 2월에 「曲馬團」을, 5월에는 기행문인 「南海五月點綴」을 발표한다. 「南海五月點綴」(〈국도신문〉, 1950.5.7~1950.6.28)은 '기차-보리-부산-통영-진주' 등의 여정을 따라 여행지를 소개하고 그곳에서 보고 느낀 감회를 서술하는 방식으로 구성된다.

형태의 자기해명이라고 할 수 있다. 이 글에서 이병기는 해방 후 어떤 문학단체에도 스스로 가입하지 않았음을 힘주어 말하고 있다. 이 글이 발표된 시점으로 고려한다면, 좌익 단체에 이름이 오른 일과 관련해 상당한 압력을 받았던 것으로 보인다.

38 문교부는 중등교과서에서 삭제할 좌익 작가와 작품을 제시한다. 정지용도 이 명단에 들어가 있다.(〈서울신문〉, 1949.10.5) 또한 전향문인의 집필금지 또는 보류되었던 출판물의 기고를 해금하되, "건전한 언론활동"을 위해 사전검열을 시행한다는 '李公報處長의 담화'(〈서울신문〉, 1950.2.7)에서 보이듯이, 전향문인들의 집필 활동에는 상당한 수준의 제약이 가해졌다.

일제말기 내지 미군정시절의 비절애절한 열차가 아니다. 완전하게 깨끗하고 구비하고 아름다워졌다…(중략)…우리끼리 움직이고 달리는 기차를 탔다. 나는 쇄국주의자가 아니다. 다만 우리 겨레끼리 한번 실컷 살아보아야 나는 쾌활하다.[39]

기행의 첫 머리에 등장하는 '汽車'와 '釜山'은 청년기 유학길에 올랐던 정지용의 행적을 연상케 한다. 기차는 바다와 함께 정지용의 시와 산문에서 근대를 표상한다. 그것은 근대적 풍경의 펼쳐짐이며 연애와 청춘의 어지러운 감각이 교차하는 공간이었다. 그러나 「南海五月點綴」에서 '기차'는 새로운 국가의 상징물로 그려진다. 쾌적하고 말끔한 기차의 모습에서 희망찬 미래로의 전진을 연상하는 장면과 깨끗하게 늙으신 "경상도 할머니" 앞에서 "감개무량"함을 느끼는 모습에서, 해방과 단정 수립기의 비판의식은 흔적조차 찾을 수 없다. 주관적인 감상이 절제된 서술 양상은, '부산'은 세계의 무역항으로, '통영'은 '어업어항'으로, '진주'는 '농공상업'으로 "발전되어야 한다." 는 대목에 이르러 건설적이고 미래지향적인 의식을 드러내게 된다. 이런 서술 양상은 국가에 의해 동원된 글쓰기 혹은 "호미날을 세우자"(「異土」)는 일제 말기의 생산문학을 연상케 한다. 이 기행이 국민보도연맹의 기획으로 이루어졌다는 점을 고려할 때,[40] 이런 서술 태도를 이해할 수 있다. "흔 나라가 물러가고 새 나라가 일어설 때 많은 사람이 당분간 다소 불리함을 각오하고 더 많은 사람이 유리해지지는 것을 축복해야 한다"('보리')는 논리나, '統營'의 '충무공 사당'과 '晋州'의 '논개사당'을 통해 반일 민족주의의 환기하는 장면은, 전향의 과정에서 내면화한 이데올로기의 압력이 고스란히 드러나는 것이기

39 정지용, 「南海五月點綴-汽車」, 『전집2』, 129쪽.

40 이석우, 앞의 책, 94쪽.

도 하다. 해방 전 정지용의 기행문이 특유의 감수성과 정서로 풍경과 풍물을 감각적으로 포착하고 있다면, 「南海五月點綴」은 타자의 시선을 의식하는 태도와 표현들이 두드러진다. 이 글에는 성찰이나 갈등의 요소를 내포하지 않으면서도 새로운 생각과 각오의 표현이 자주 드러난다. "내 생각이 좁았던 것을 인제 발견했다. 생각이 좁아서 시야가 열리지 않았던 것이다."('汽車')라는 간명한 깨달음은 의미심장하다. 풍경을 바라보는 '생각'과 '시야'를 세계관으로 읽는다면, 해방과 단정 수립기의 '생각'과 '시야'가 새롭게 트임을 드러내는 것이라 할 수 있다. 그러나 타자의 시선을 염두에 둔 각성의 선언을 진정성의 차원에서 어떻게 판단할지 의문이다.

이즈음 정지용의 내면적 상황이 투사된 매체는 시라고 할 수 있다. 간결하고 건전한 기행문에 비해, 1950년에 발표된 몇 편의 시에는 자아에 대한 쓸쓸한 관조와 회한이 드러난다. 시에 등장하는 위축된 자아는 외적 이데올로기의 압력을 연상케 하는 바, 쓸쓸한 자아상은 그 자체로 솔직한 내면 풍경을 표상한다고 할 수 있다. 특히 1950년 2월 『문예』에 발표된 「曲馬團」의 화자는, 혼란의 시간을 아슬아슬하게 살아가는 정지용 자신을 환기한다.

> 防寒帽 밑 外套 안에서
> 나는 四十年前 凄凉한 아이가 되어
>
> 내 열 살보담
> 어른인
> 열여섯 살 난 딸 옆에 섰다
> 열길 솟대가 기집아이 발바닥 우에 돈다
> 솟대 꼭두에 사내 어린 아이가 가꾸로 섰다

가꾸로 선 아이 발 우에 접시가 돈다
숏대가 주춤 한다
접시가 뛴다 아슬 아슬

…(중략)…

防寒帽 밑 外套 안에서
危殆 千萬 나의 마흔아홉 해가
접시 따러 돈다 나는 拍手한다.

「曲馬團」 부분[41]

"防寒帽 밑 外套 안"에 몸을 움츠린 화자의 모습은, 어둠 속에서 길을 잃은 채 "열여들 살도/내 마흔 아홉이 벅차겠구나"라고 말하는 「碌磻里」의 화자와 유사하다. "마흔 아홉"이라는 나이가 주는 위기감에 혼란의 시기를 살아온 자신의 생애가 겹쳐지면서, "숏대" 꼭대기에서 돌고 있는 접시처럼 "아슬 아슬"한 생에 대한 자각에 도달한다. 지나온 생애에 대한 조망은 허망하면서도 여전히 불안한 자기 확인을 낳는 것이다. 이런 의식은 해방 이후 자주 등장하는 늙음에 대한 감회의 연장이기도 하지만 무엇보다도 단정수립 이후 겪은 전향의 과정에서 겪은 심리적 위축과 불안을 반영하는 것이기도 하다.[42] 이런 자기 확인은 해방 직후의 산문에서 보이는, 비록 늙어가지만 "나는 나대로 자라는 법칙"을 발견하려는 태도와 현격한 차이를 드러낸

41 김학동 편, 『정지용 전집1』, 2001, 167쪽.

42 문단 활동의 부침에 시달린 때문인지 이즈음 문단 활동에 대한 후회가 암시되기도 한다. "이리하여 文壇과 因緣을 끊고 사는 詩人 金尙鎔이 하나 있다. 애초 시작을 잘한-이런 點에서 나보다 聰明한 셈이 되었다"(「月坡와 詩集 '望鄕'」, 〈國都新聞〉, 1950.4.15)

다. 해방기를 변화의 시기로 파악하고 이것에 맞춰 스스로 변화하고자 했던 솔직하면서도 당당한 태도가 꺾여 버린 것이다. 이 작품은 1950년 초반 정지용의 시적 자화상이라는 의미를 지닌다. 새로운 시적 가능성의 계기가 될 수도 있었을 「曲馬團」의 자기 응시를 마지막으로 정지용은 한국문학사에 사라지게 된다. 이데올로기적 작용의 수단이었던 전향은 새로운 문학적 가능성을 봉쇄했을 뿐 아니라 이후 전쟁의 와중에 정지용을 비극적 종말로 몰아가는 원인이 되어 버린다.

5. 결론 및 남은 문제들

이데올로기의 작동 과정에서 물리적 희생을 당한 문인들은 그 자체로 기억되지만, 정작 이데올로기의 규율 장치에 의해 억압된 문인들은 은폐되고 망각된다. 작용에 성공한 이데올로기는 그 작용 흔적을 지우고 자명성을 가장하기 때문이다. 그 기원과 흔적의 복원은 문학사를 해체하고 그 실체를 재구하는 것이기에 지난한 일이다.

해방 직후부터 단정 수립과 전쟁에 이르는 일련의 시기는 이념적 갈등의 시기였으며 동시에 문학 장의 재편과 문단 주체의 재구성 과정이기도 했다. 이 과정에서 반공주의는 일련의 제도와 규율 장치를 통해 한국 사회와 문단을 재구조화한다. 이 시기의 정지용은 좌우의 이념 대립과 세대론의 교차로에 자리한다. 해방으로 인해 확장된 정치의식과 새로운 문학론의 가능성을 구체화하려는 그의 시도는 냉전 체제와 분단 고착화에 의해 봉쇄되고, 문단 재편과정에서 배제됨으로써 오래도록 한국 문학의 음지로 남는다.

해금 이후 정지용 문학에 대한 재평가가 활발히 진행된 것은 사실이다. 그러나 그것은 일제 강점기를 중심으로 한 것이며, 해방과 단정 수립기 정지용의 문학적 행보에 대한 온당한 평가는 여전히 부족하다. 이런 현상의 기저에는, 해방과 단정 수립기의 정지용을 현실감각이 없는 철부지 시인 혹은 급격히 좌경화된 작가가 바라보는 시선이 잔존하기 때문이다. 이제 이 부분에 대한 정당한 해석과 평가가 필요하다. 그것은 이데올로기에 의해 굴절된 우리 문학의 자화상을 복원하는 일이며 여전히 망각된 채 방치된 한국 문학의 타자들과 화해하는 일이기도 하다.

참고문헌

1. 기본자료

김학동 편, 『정지용 전집』 1·2, 민음사, 2001.

조선문학가동맹, 『建設期의 朝鮮文學』, 백양당, 1946.

『韓國現代文學資料叢書, 1945.8~1950.6』, 거름, 1987.

2. 논문 및 단행본

김재용, 「냉전적 반공주의와 남한 문학인의 고뇌」, 『역사비평』 35호, 1996. 겨울.

김진기 편, 『반공주의와 한국 문학의 근대적 동학 I 』, 한울, 2008.

김학동, 『정지용 연구』, 민음사, 1997.

김한식, 「김동리 순수문학론의 세 층위」, 『상허학보』 15집, 2005.8.

류경동, 「해방기 문단형성과 반공주의의 작동양상 연구」, 『상허학보』 21집, 2007.10.

백 철, 『문학자서전』, 박영사, 1976.

신형기, 『해방직후 문학운동론』, 화다, 1988.

안소영, 「해방후 좌익진영의 전향과 그 논리」, 『역사비평』 24호, 1994.

이봉범, 「단정수립 후 전향의 문화사」, 『대동문화연구』 64집, 2008.12.

이석우, 『정지용 평전』, 푸른사상사, 2006.

임헌영, 「미군정기의 좌우익 문학논쟁」, 『해방전후사의 인식3』, 한길사, 1987.

장도준, 『정지용 시 연구』, 태학사, 1994.

조연현, 「解放文壇 五年의 回顧」, 『신천지』, 1949.9~1950.2.

조희연 편, 『한국의 정치 사회적 지배담론과 민주주의 동학』, 함께 읽는 책, 2003.

한지희. 「국민보도연맹의 조직과 학살」, 『역사비평』 35호, 1996.겨울.

피에르 부르디외, 최종철 역, 『구별짓기』, 새물결, 1996.

세태의 재현과 불온한 유령들의 소환
– 이호철의 『소시민』을 중심으로

1. 1960년대 한국문학과 이데올로기의 지형

1950년대의 과도한 정치적 억압과 경제적 궁핍은 반공주의 규율 체계와 전시 체제에 대한 민중의 저항을 초래한다. 4·19 혁명은 이승만 정권의 일방적인 반공주의 폐쇄회로에 대한 저항이며, 주체적인 민족주의를 모색하고 새로운 통일 논의를 전개하는 계기가 된다. 비록 5·16에 의해 곧바로 봉쇄되긴 했지만, 이 열린 세계의 경험은 이후 한국 사회의 변화를 추동하는 동력으로 작동하게 된다. 이런 4·19 경험에 대응해 지배 이데올로기의 작동양상 역시 변화를 겪을 수밖에 없었다. 1950년대 규율체계의 핵심이었던 반공주의는 분단과 전쟁으로 인해 절대적 정당성을 부여받았지만, 4·19 이후 더 이상 초월적 지위를 유지할 수 없게 된다. 정치적 무능력과 비합리적 억압구조에 대한 민중의 반발을 경험한 이후, 반공주의는 발전주의 혹은 민족주의와 결합하는 형태로 변화한다.[1] 군사정권에 의한 경제개발과 산업화는 광범위한 사회변동으로 가시화되고 사회 전 영역에서 자본주의적 구조와 가치가 보편화되기 시작한다.

1960년대 한국 문학은 4·19의 기억과 5·16 이후의 현실적 조건

---

1 김정훈·조희연, 「지배담론으로서의 반공주의와 그 변화」, 조희연 편, 『한국의 정치 사회적 지배담론과 민주주의 동학』, 함께 읽는 책, 2003, 149쪽.

사이에서 형성된다. 분단과 전쟁에 압도되었던 1950년대 문학과 달리, 1960년대 문학은 부조리한 현실과 억압적 권력에 대한 비판을 통해 규율체계의 핵심인 반공주의와 긴장관계를 형성하기 시작한다. 이는 4·19라는 극적인 사건에 의해 촉발된 규율체계의 균열을 경험한 때문이기도 하지만, 이런 과정에서 한국문학의 의식과 응전력이 한층 성숙해졌기 때문이기도 하다. 이호철은 1955년 「탈향」으로 작품 활동을 시작했지만, 통상 1960년대 작가로 분류되곤 한다.[2] 1950년대 이호철의 소설에는 실향이라는 실존적 조건과 경험이 짙게 투영되어 있는 바, 이 시기 그의 문학은 월남 작가의 실향민 문학이라는 범주를 크게 벗어나지 못한 것으로 보인다. 이호철 소설의 인물들이 경계인 혹은 이방인이라는 정체성을 지니는 것도 낯선 곳에 던져졌다는 체험의 소산이라 할 수 있다. 이런 실존적 경험과 의식이 보편성으로 포섭되기 시작한 것은 1960년대에 이르러서이다. 1960년대 이호철 소설은 현실과의 긴장관계를 형성하면서 1950년대의 감상주의를 극복하기 시작한다. 『소시민』은 실향의 체험을 토대로 하면서도 사실주의적 방법과 현실 비판적 태도를 통해 체험의 특수성을 극복한다. 이런 점에서 『소시민』은 「탈향」-「나상」의 계보와 「판문점」-「부시장 부임지에 안가다」의 계보를 종합하는 작품이라 할 수 있다.

이 논문은 『소시민』을 중심으로 이호철의 1960년대 작품세계를 분석해 보고, 그의 소설이 당대의 규율체계와 어떻게 긴장관계를 형성하는지 살펴보고자 한다. 먼저 전쟁기 부산의 세태를 재현하고 이를 통해 1960년대 한국 사회를 비판적으로 성찰하고 있음을 분석하

2 오현주, 「관조와 풍자의 세계」, 민족문학사 연구소 현대문학분과, 『1960년대 문학연구』, 깊은샘, 1998, 274쪽.

고자 한다. 특히 화자의 내부에 혼재하는 욕망의 갈등구조를 분석하고 화자의 시선과 태도의 중층구조를 분석함으로써, 『소시민』의 의미가 단순한 풍속의 묘사에 있지 않음을 입증할 것이다. 그리고 『소시민』이 대상으로 삼는 좌익의 형상화를 이데올로기와의 역학관계에서 살펴보고 그 의미를 분석해 보고자 한다.

2. 인간 군상의 부침과 풍속의 재현

『소시민』은 『세대』(1964.7~1965.8)에 연재된 장편소설이다.[3] 이 소설은 월남한 청년의 생존과 정착과정을 따라가면서 전쟁기 부산의 세태와 속악한 현실상을 포착하고 있다. 이는 작가의 개인적 경험을 반영한 것이기도 한데, 실제로 이호철은 1950년 인민군으로 참전했다 국군의 포로가 되고 다시 풀려나 월남한다.[4] 이런 일련의 경험은 「浮群」「裸像」「脫鄕」 등에서 소설화되기도 한다. 『소시민』은 월남으로 인한 실향경험을 토대로 하면서도 전쟁기 부산의 세태와 그 속에서 상승·소멸하는 인간 군상을 그려내고 있다는 점에서 실향을 다룬 이전의 소설들과 변별된다. 특히 이 소설은 현실에 떠밀려 쇠락하는 이념적 인물들을 통해 우리 사회의 이데올로기 문제와 현실 변혁의 논리를 성찰함으로써, 1960년대 한국문학의 좌표와 방향을 제시하고 있다.

『소시민』이 포착하고 있는 전쟁기 부산의 풍경은 그 자체로 한국

---

3 본고는 『세대』에 발표된 원문을 그대로 수록하고 있다는 점에서 『현대한국문학전집』(신구문화사)의 「소시민」을 텍스트로 한다.(「소시민」의 판본과 개작 문제는 강진호의 「이호철의 '소시민' 연구」(『민족문학사연구』 11, 1997)를 참조할 것.)

4 〈작가 주요연보〉, 『이호철 선집』, 국학자료원, 2001, 446쪽.

사회의 축도라 할 수 있다. 전선이 점차 북상하고 위기의식이 완화되자 전쟁은 일상 저편의 일이 되어 버린다. 이제 전쟁은 사망 통지서나 징집영장 혹은 소문의 형식으로 전해질 뿐이다. 이렇게 전쟁의 긴박감이 해소되면서 부산은 생활과 생존의 드라마가 펼쳐지는 일상성의 무대가 된다. 피난민, 월남민, 부산의 토착민들이 뒤섞인 부산은, 농사꾼이 장사꾼이 되고 "어디서 무엇을 해 먹던 사람이건 이곳으로만 밀려들면 어느새 소시민으로 타락해져 있게 마련인 곳"으로 변한다. "미국의 잉여 물자는 한국의 전쟁판에 그대로 쏟아 부어지고"(42쪽), 부산은 "소모(消耗) 속에 열을" 뿜는 욕망의 도가니가 되는 것이다. 전쟁물자와 원조물자로 '자유시장'은 터무니없이 비대해지며, 일상의 공간에서는 여전히 굿판과 도박판이 벌어지고, 거리는 영화관과 술집, "빠"와 댄스홀로 흥청거린다.

이런 곳에서 살아가기 위해서는 지식과 신념이 아니라 눈치와 배짱, "두꺼운 낯가죽"이 더 요긴한 것이 된다. 비정상적으로 부풀어 오른 부산에 걸맞은 비합리적인 가치와 기준이 득세하는 것이다. 생존의 논리가 전통적인 가치와 윤리를 압도하고 소비를 중심으로 삶의 형식이 재편되면서, 욕망은 제어할 수 없는 과잉의 상태가 되어 버린다. "김씨"의 "단단하고" "번들번들"한 모습과 "강영감 마누라"의 '끔찍한 건강함'은 그런 점에서 그로테스크한 성격을 갖는다. "나"와 "매리"의 연애나 "주인마누라"와의 비정상적인 애정행각은 기형적인 소비문화가 부추긴 욕망의 과잉에서 비롯된다. "천안색시"의 타락은 그 자체로 이 바닥의 논리적 귀결을 드러내는 것이기도 하다. 의식과 행동이 욕망에 의해 결정되면서 혼돈이 질서를 대체하고 기존 질서의 붕괴는 격렬한 계층이동[5]과 가치관의 변화로 경험된다.

---

5 한국 전쟁이 벌어지는 동안 소수의 자본가를 제외하면 국민 모두가 계층의 하강

> 미국 물자는 부산 바닥에도 고르게 퍼지는 것이 아니라, 그 본래의 논리를 좇아서 지그자그를 이루고 있었다. 그 물자를 둘러싸고 새로운 피나는 경쟁이 벌어지고 새로운 뜨내기 부유층이 형성되어 갔다. 결국 부산은 일선과는 다른 양상으로 밤마다 타오르고, 여기서부터 한국 사회의 새로운 차원이 열려지게 마련이었다. 살아갈 기력이 없는 퇴물들은 쓸려 가고 기력이 있는 자만이 남아나게 마련이었다.(42쪽)

이런 격렬한 변화는 기존 정치나 경제의 근본 구조를 흔들기 시작한다. 전통적인 농촌의 해체는 보다 근원적인 변화를 촉발한다. "날나리"의 입을 통해 전해지는 정국의 혼란은, 정치적 역학관계의 변화가 근본적인 사회 구조의 변화에서 비롯됨을 암시한다. "옛부자"로 지칭되는 의회세력을 제거하고 이승만의 권력을 강화하는 과정은, 전통적 권력층이었던 지주계급이 붕괴하고 신흥 상업 자본이 득세하는 과정에 다름 아니다. '부산정치파동'이 벌어지고 "김씨"나 "고향사람"이 이승만 지지 데모대에 참가하는 모습은 그 자체로 새로운 계층의 부상을 드러내는 풍경이다. 격렬한 해체는 급격한 구조화를 수반하기 마련인데, 이즈음의 부산은 거대한 계층 분류기의 역할을 하게 되는 것이다. 이런 흐름 속에서 욕망과 이념의 향방을 표상하는 인물들의 부침은 소설의 의미 분석뿐만 아니라,[6] 이 시기 사회상의 재구성에서 중요한 의미소가 된다.

『소시민』에서 "정씨"와 "김씨"는 상반된 가치를 표상하는 대립항이다. 그 둘은 '조직노동자'라는 심상치 않은 과거를 공유하는 인물들이다. "정씨"는 과거에 "김씨"의 윗사람이었지만, 그런 관계는 소

이동을 경험한다.(김동춘, 『분단과 한국사회』, 역사비평사, 1998, 62쪽)

6 인물의 상승과 하강을 중심으로 『소시민』을 분석한 글로는 정호웅의 「탈향, 그 출발의 소설사적 의미」(문학사와 비평연구회 편, 『1960년대 문학연구』, 예하, 1993)가 있다.

설의 어느 시점부터 역전되고 소멸한다. 제면소에 처음 들어 왔을 때 "정씨"가 보인 강기있고 정력적인 모습은, 수렁 속에서 자신을 지켜가려는 완강한 신념의 표현이다. 그러나 그는 차츰 쇠락하기 시작하고 그 변화는 "정옥"의 죽음 이후로 더욱 급속히 진행된다. 생활에 찌들고 자신의 신념을 지켜갈 터전을 상실한 정씨는 터무니없이 늙어갈 도리 밖에 없는 것이다. "난 원래 약한 자라. 퇴조기에 접어들어서 패배주의의 손길에 휘어잡히게 태어 났능기라."(209쪽)라는 넋두리처럼, "정씨"는 "김씨"처럼 변신할 엄두도 내지 못하며, 차라리 "신씨"처럼 과거 속에서 살아가는 방법을 터득하지도 못한다. 결국 그는 "일교 대학"을 나오고도 사람대접을 받지 못한 채 자살한 "강영감"처럼, "타념과 패배주의"에 젖어 자살인지 자연사인지 분명치 않은 죽음을 맞는다.

"김씨"는 혼돈의 부산 바닥에서 새롭게 상승하는 계층을 대표한다. "팔도강산 얘길 다 할 줄" 아는 그는 "정씨"에게서 찾아볼 수 없는 강한 생활력과 빠른 적응력을 지닌 인물이다. 험한 세상에 단련된 단단함을 지닌 "김씨"는 자신이 몸담았던 조직의 이념이 무력해지자 과감하게 변신을 시도한다. 기존의 질서가 와해되고 새로운 상승의 가능성이 열리자 그는 서슴없이 과거와 단절한다.

> 별의별 쌍놈의 짓 다 해서 돈만 벌면 그날부터 양반도 될 수 있능기라. 그래서, 그래서 그게 어찌 됐다는 거고?(108쪽)

시류를 정확히 파악하고 있다는 점에서 "김씨"는 탁월한 현실 감각의 소유자이다. "김씨"는 돈이 가장 중요한 가치라는 속악한 자본주의의 섭리를 체득하고 이를 위해 정치에 투신한다. 그는 "장사 겸, 돈벌이 겸, 살 방법"으로 청년단을 조직해 정치에 가담함으로써 과거의 경력과 결별한다. “극좌 모험주의는 극우 파시스트와 종이 한 장 차이”(102쪽)라는 말로 자신의 변화를 희화화하는 “김씨”는 신분 상승에 성공하는 집단의 전형이라 할 수 있다.

“김씨”가 사회적 지위를 획득하는 과정은 기형적인 자본주의가 고착되는 과정을 고스란히 드러내 보인다. “별의별 쌍놈의 짓”이 “돈”에 의해 “양반”으로 승화된다는 명쾌한 논리는 한국 사회의 배금주의를 그대로 노출시킨다. “김씨”와 유사하게 상승 곡선을 그리는 “강영감”의 마누라나 “고향 사람” 역시 부산 바닥에서 새롭게 득세하기 시작하는 집단의 속성을 보여준다. 군수물자를 빼돌려 치부를 하고 그를 통해 “자유주의를 액면보다 비싸게 사들이는” “강영감”의 마누라나, 작은 성공에 고무되어 “알구보니 개팡이다”이라던 그 바닥이 그런대로 살만하다고 말하는 “고향 사람”의 태도는 부박하기만 하다.

짧은 시기에 폭발적으로 진행되는 해체의 과정은 전쟁체험과 함께 당대의 보편심성을 형성하는 주요한 기제가 된다. 급격한 전통의 붕괴는 합리적인 사회 구조보다는 부조리하고 기형적인 질서를 산출하는 것으로 귀결된다. 그러므로 『소시민』에 펼쳐지는 인간군상의 부침은 천민자본주의의 형성이라는 사회상을 반영한다.[7] 작가는 전쟁 중의 급격한 사회 변화, 농촌의 해체와 상업 자본의 득세 그리고 자본주의의 기형적 정착과정을 비판적으로 바라본다. 공장은 없고 거대한 시장만 있는 부산은 그 자체로 전쟁기 한국 사회의 축소판이다. 부두를 통해 쏟아져 들어오는 원조물자는 왜곡된 형태의 유통과 끊임없는 소비의 기형적인 사회구조를 파생시킨다. 그리고 이런 과정은 전후 한국 사회의 고질적인 병폐로 자리잡게 된다. 술수와 부정을 통한 축재, 돈과 권력의 결탁은 1950년대 부산의 풍경이면서

---

7 강진호, 「이호철의 ‘소시민’연구」, 『민족문학사연구』 11, 1997, 157쪽.

동시에 1960년대 한국 사회 전반의 문제이기도 하다. 원조물자가 차관으로 바뀌었을 뿐, 권력에 의한 배급이라는 기형적 구조는 지속되기 때문이다. 『소시민』의 역사성은 단순한 과거의 회상이 아니라 1960년대의 사회현실에 직대입할 수 있는 문제의식을 담고 있다는 점에서 발생한다.

3. "나"의 중층성과 『소시민』의 현재성

정명환은 "나"의 三重性, 즉 관찰자, 감상적인 실향민 소년, 논리를 겸한 철학자라는 "나"의 세 측면을 『소시민』의 화자가 지니는 특징으로 지적한다.[8] 화자의 비동일성은 소설의 약점일 수도 있지만, 화자의 중층적인 역할과 성격은 『소시민』의 서사구조를 역동적인 것으로 만든다는 점에서 주목을 요한다. 특히 "나"라는 기호에 내재하는 욕망의 모순된 지향과 이질적인 목소리의 혼재는 소설의 의미를 형성하는 중요한 매개체가 된다.

이 소설의 서사적 갈등의 본질은 화자의 내면에 자리하는 상이한 가치의 충돌에서 비롯된다. 화자의 상반된 욕망과 가치관은 "정씨"와 "김씨"를 대상으로 표출된다. "정씨"와 "김씨"라는 문제적 인물들을 대할 때, 화자가 갖는 태도는 일관성을 결여한 채 유동적인 양상을 보인다. 그것은 낯선 환경에 홀로 남겨진 실향민이라는 존재 조건에서 기인하기도 하지만, 현실적 삶의 환경을 관찰하고 평가하는 화자의 가치기준이 아직 불완전하기 때문이기도 하다. 이는 차츰 현실상황에 대한 판단과 대응의 문제로 연결되는데, 이 지점에서 화자

---

8 정명환, 「실향민의 문학」, 『창작과 비평』 2권 2호, 1967 여름.

는 심각한 내적 갈등에 직면한다. 이 갈등은 살아가야 한다는 현실 논리와 원칙을 지켜야 한다는 윤리적 신념의 충돌이다. "김씨"가 그 특유의 생활력으로 세상을 헤쳐 나가는 힘을 보이는 반면, "정씨"는 자신의 신념을 지켜 가려고 안간힘을 쓴다. "나"는 두 인물이 표상하는 상이한 가치 사이에서 갈등한다.

> 다만 모든 사람이 미치기 시작하고 무너지기 시작하는 마당에서, 어느 모서리 냉엄하고 건실한 것을 견지하고 있는 정씨의 그 어느 면인가에 반해 있고 의지하고 싶었던 것이다.(51쪽)

의연한 "정씨"의 모습은 이념적인 가치와 상관없이 듬직한 육친을 연상케 한다. 홀로 월남한 화자가 그런 "정씨"에게 의지하고 싶은 마음을 갖게 되는 것은 자연스러운 일이기도 하다. 그러나 생존을 위해 분투해야 하는 시절의 삶은 이런 선택을 차츰 어렵게 만든다. "나"는 이런 삶 속에 젖어 들수록 "정씨"보다는 "김씨"를 더 좋아하게 된다.

> 차라리 정씨가 아니라 이 자가 내 처남이 된다면 어떨까? 어딘가 알이 찬 그의 허리를 휘감으면서 일순 이런 가정을 해보았다. 정씨에게 결여되어 있는 점이 이자에게 있기는 했지만, 역시 정씨 편이 이자보다는 낫겠다는 생각을 하였다.(77쪽)

화자는 "김씨"보다는 "정씨" 쪽에 가까운 사람이다. 그러나 "천안색시"가 "김씨"에게 이끌리듯이, 화자 역시 현실적으로 실속이 있는 "김씨"에게 끌리게 된다. 그럼에도 불구하고 화자는 "정씨"가 더 낫다는 판단을 내린다. 그것은 스스로가 "김씨"보다는 본질적으로 "정씨" 쪽에 가까운 인물이라 판단하기 때문이다.

> 결국 정씨도 별수 없이 무너지기 시작하고 이제 무너지는 이 마당 한가운데서 육중하게 버티고 걸어가는 것은 차라리 이 김씨라는 생각이었다.
>
> "니 내가 좋나?"
>
> "야, 마주 있으면 좋은데, 나 혼자가 되면 다시 싫어져요."
>
> "와?"
>
> "나 혼자의 생각으로 다시 돌아오는 거지요."(109쪽)

점점 쇠락해가는 "정씨"를 측은하게 생각하는 반면, 하루하루를 알차게 살아가는 "김씨"가 시원스럽고 듬직하게 느껴지는 것 역시 자연스러운 일이다. 그리고 그런 생각은 "김씨"를 직접 대할 때마다 실감으로 구체화된다. 그것은 미숙한 청년이 현실의 논리를 체득해 가는 자연스러운 과정이기도 하다. 화자는 "김씨"를 대할 때 어린 청년의 정체성을 갖지만, "정씨"를 대할 때는 논리적인 이론가의 면모를 보인다. 화자는 "김씨"를 대할 때마다 겉으로는 위축되지만 속으로는 거부감을 갖는다. 이는 "정씨"에 대한 태도와 대비된다. 화자는 "정씨"를 대할 때마다 겉으로는 논리적 거부감과 논쟁의 자세를 보이면서도 심정적으로 동의하고 의지하고 싶은 마음을 갖는 것이다. 대상에 대한 엇갈리는 태도는 화자의 내적 혼란을 반영해준다.

이런 갈등의 상황에서 "정옥"은 화자의 내적 갈등을 성찰하는 계기가 된다. "정옥"은 순수한 중성의 존재이며 그만큼 비현실적인 인물이다. 그녀는 무서운 '혼란' 속에서 태어났지만 소설의 어떤 인물보다 정갈하다. 그녀의 외눈은 신체적인 결함이라기보다 순수한 힘을 발산하는 정신을 상징한다. "그 병신된 눈이 전혀 병신으로 느껴

지지 않고 도리어 역겨운 세상과 살아가기 힘든 역겨운 하루하루를 빨아들여 정화(淨化)시킬 듯한 신선한 것으로 느껴짐은 웬일일까."(90쪽)에서처럼, 화자는 "정옥"을 만나 자신의 속된 욕망이 정화됨을 느낀다. 그래서 "나"는 아픈 와중에도 "정옥"의 이름을 떠올리려 한다.

> 그날 밤 돌아오자 나도 열이 올라 자리에 누웠다. 자리에 눕자, 그녀의 이름을 아직 모르고 있다는 사실이 안타깝게 엄습해 왔다. (…중략…) 그녀 이름이 뭐였더라, 뭐였더라? 언제 이름을 알기나 했던 것처럼 이렇게 조바심 섞어 마음 속으로 되풀이 하다가, 문득 그녀 방 아랫목에 걸려 있던 예수 어머니 그림이 뚜렷이 떠올랐다.(114쪽)

느닷없이 찾아온 병은, "나"의 내부로 거침없이 들어오던 부산 바닥의 혼란과 타락을 더 이상 몸이 견디지 못하는 데서 발생한다. 아직 이 세계에 내성을 지니지 않았다는 점에서, 앓는다는 것은 정신의 건강함을 의미한다. 그러므로 병은 혼돈의 세상에 미처 적응하지 못한 화자가 겪는 入社의 신역이라고 할 수 있다. 이렇게 의식이 혼미한 가운데 화자는 "정옥"의 이름을 기억해내려 한다. "이름"은 그것이 지칭하는 사물과 연결되는 기호이다. 정신이 혼미한 가운데 "정옥"의 이름을 떠올리려 하는 화자의 행위는 보다 근원적이고 순수한 대상에 대한 갈망일 것이다. "정옥"이 죽은 뒤 정씨가 "나"에게 건네는, "貞玉"이라는 이름이 파인 도장 역시 화자가 버리지 못하는 순수한 생의 본질을 표상한다고 할 수 있다. 그러나 "정옥"은 관념적인 만큼 비현실적인 인물이다. 부산이라는 혼돈의 도가니 속에서 그녀만이 진공상태에 존재하는 것처럼 보인다. 그러므로 "정옥"은 쉽게 소멸할 수밖에 없는 기호이다. "정옥"이 죽은 뒤 낙백한 "정씨"처럼,

화자 역시 현실의 비속한 소용돌이에 휩싸이고 마는 것이다.

이런 화자의 욕망의 문제는 시선과 태도의 문제로 연결된다. "정씨"와 "김씨"라는 기호는, 현상을 구조적으로 분석함으로써 현실과 거리를 유지하는 태도와 체험 혹은 구체적 실감으로 현상을 파악하고 현실에 밀착하려는 태도로 추상화된다. 이것은 "나"의 시선과 태도가 이중적으로 구조화되어 있음을 의미한다. 이것은 서술 층위에서 현재의 화자와 과거의 화자가 혼재하는 현상으로 나타난다.

> 과연 이 지점에서 각자는 어느 곳으로 향하고 있는 것인가. 나는 나 나름의 감수성과 비평안으로 이 완월동 제면소를 둘러싼 한 사람 한 사람을 적지 않은 호기심으로 바라보기 시작했다.(42쪽)

인용문은 화자가 이 소설에서 취하는 역할과 태도를 드러낸다. 이 소설이 다양한 인물과 사건들을 구체적이고 생생하게 그려내는 데 성공하고 있는 것은, 화자가 행동하는 인물로서의 역할보다 관찰자로서의 역할을 충실히 수행하기 때문이기도 하다. 그러나 이 "감수성과 비평안"에는 작품 외적 자아의 입김이 수시로 작용한다. 그것은 스무 살 초반의 "나"와 15년 후의 "나"가 겹쳐진 이중적 구조의 "나"를 구성한다.

이렇게 구성된 "나"에 의해 소설의 서술 층위는 이중적 양상을 지니게 된다. "옹근 한 사람 대접을 받지 못하고 반값으로 취급당하여 잔심부름이나 하는" 화자와, 나름의 식견과 논리를 지닌 화자가 분리됨에 따라, 서술 역시 이중적인 양상을 지니게 된다. 「탈향」과 「나상」의 연장선상에 자리하는 "나"는 비록 몇 달의 부두 노동으로 세상을 살아가는 배포를 터득했다고는 하지만, 세상사의 전반을 이해한다거나 그것에 대한 냉철한 의식을 지녔다고 보기는 힘들다. 반면에 후

자의 "나"는 오랜 동안 조직 운동에 가담한 "정씨"와 토론이 가능할 만큼의 지식과 자기 논리를 지니고 있다. 전자의 화자는 인물묘사와 세태의 현상을 주로 포착하며, "서러움"과 "울음" 등의 감상적인 태도를 드러낸다.

> 여덟 식구의 가장인 터에 마음이 약해져 가는 것 같고 사무친 회의파(懷疑派) 가락이 느껴지는 정씨가 어쩐지 나는 가슴이 아팠다. 그러나 아직 별반 세상을 살아 보지 못한 나는 그의 이런 소리가 막연한 설움으로만 들리는 것이었다.(49쪽)

"막연한 설움"은 분석이 아닌 직관의 소산이다. 화자의 이런 반응은 대상과의 거리두기보다는 대상과 공감하는 데에서 일어난다. 그러나 후자의 화자는 현재의 관점에서 이 시기 부산의 정치상황이나 사회구조의 변화, 이념의 문제를 주로 거론하며 인물들의 향방을 거시적 측면에서 조망하고 분석하려 한다.

> 정씨는 잠시 우울한 낯빛을 지었다. 맏아들인 소년의 그런 투가, 일상적으로 아버지로서보다, 그보다도 깊은 의미에서의 정씨의 차가운 거울이 되고 있는 것이 확실하였다. 그리고 정씨는 것을 너털웃음으로 얼버무릴 수 있을 만큼 이제 한창 시절은 가고, 중년으로 접어 들고 썩어드는 세속의 맨 밑바닥에서 하루하루의 끼니를 구걸해야 하는 것이다. 정씨는 지금 불과 몇 년 전의 핏기 짙은 일들을 생각하고 있음이 분명하였다.(89쪽)

화자는 "정씨"의 현실적 조건과 상황에서 조망함으로써 그의 심정과 처지를 간파한다. "정씨"의 쇠락에 대한 냉정한 서술태도는, 앞의 인용에서 보이는 공감과 연민의 태도와 상반된다. 이처럼 청년 화자가 등장하는 경우 묘사적인 태도와 구어적인 문체가 지배적이지만, 중년의 화자가 개입하는 경우 분석적인 태도와 관념적인 사변이 지배적인 서술양상을 보인다.

현재적 화자의 적극적인 개입은 『소시민』을 1960년대의 사회・역사적 지평으로 이끌어가는 고리가 된다. 서사의 바깥에서 소설의 인물과 사건을 조망하고 분석하는 현재적 화자는 소설의 사건에 끊임없이 현재의 시각을 개입시킨다. 이런 화자의 잦은 출현은 서사의 문법이나 미학적 차원에서 결함이 될 수도 있지만, 소설을 현재의 문제의식으로 재인식하도록 하는 효과를 발생시킨다. 작품 외적 자아, 즉 현재적 자아는 『소시민』을 1960년대라는 사회・역사적 맥락으로 이끌어 간다. "정씨 아들"이 "정씨"의 거울이자 "타념과 패배주의"에 젖은 현재의 "나"를 발견하게 하는 것처럼, 『소시민』이 묘파한 1950년대 부산의 세태는 그대로 1960년대 한국 사회를 비추는 거울이 되고 있는 것이다.

4. '불온한 유령'의 소환과 이데올로기 비판

1961년 발표된 「판문점」은 이호철 소설의 새로운 전환점이라 할 수 있다. 휴전선이라는 단절의 경계선에서 '판문점'은 남과 북이 소통하는 유일한 통로이다. 비록 각자가 왼쪽 문과 오른쪽 문으로 내리긴 했지만 남북의 남녀가 비를 피해 잠시 차안에 머물며 대화를 나누는 상황은, '판문점'이라는 장소가 갖는 소통의 의미를 새롭게 부각시킨다. 작가는 대결과 경쟁이나 무의미한 관료주의적 입씨름이 아닌, 인간과 인간의 진솔한 소통을 상상하기도 한다. 총을 맞대지 않고 공산주의자와 접촉할 수 있다는 생각은 이데올로기가 설정한 금기의 한계선을 넘는 일이다. 「판문점」은 북한의 경직된 도식을 비판적으로 바라보면서도, 공산주의를 괴물로 보거나 소멸시켜야 하는 대상으로 보는 관념을 위반한다.

『소시민』에 등장하는 전직 좌파들 역시 이런 연장선에서 조망된다. 작가는 직접적인 언급을 피하면서도 "정씨"와 "김씨" 등이 전직 좌파들이라는 점을 명확히 드러낸다. "정씨"는 남로당 사정에 꽤 밝고 이북에서 나온 나에게 "무엇인가를 차곡차곡 듣고 싶은 눈치"(21쪽)를 보인다. 또 '룸펜 프롤레타리아'나 '소인텔리' 혹은 '동지'처럼 그들을 둘러싼 은밀한 언어는 "떼글떼글한 서적 냄새"를 풍기거나 '조직' 생활의 흔적들을 담고 있다. 부상을 입고 하산한 빨치산 출신의 "언국"은, "정씨"와 "김씨"가 연관된 좌익 경력을 보다 확연하게 드러낸다.

『소시민』의 문제적 국면은 이런 좌익들의 발견에 있다. "나"는 소지주 계급이라는 출신성분 탓에 북한사회에 적응할 수 없었으며 결국 고향을 떠나온다. 그럼에도 불구하고 '서북청년회' 식의 증오감이나 적개심을 드러내지 않는다. "빨갱이에 대해서는 아직 치를 떨고 적개심이 이만저만이 아닌"(62쪽) '대한청년단' 단장 출신인 "고향 사람"의 증오심과 비교하면 화자의 태도는 상당히 온건한 것이다. "나"는 그들의 심상치 않은 전력을 알면서도, "정씨"와 "김씨" 그리고 "언국"과 어울려 지낸다. 특히 정씨에 대해서는 "솔직한 이야기가 나는 딱히 까닭은 없었지만 내가 그의 편이라는 것을 강조하고 싶었다."(50쪽)에서처럼 다소 감상적이긴 하지만 동질감을 지니기도 한다. "정씨"의 "육중한 체계를 지닌 철학"과는 상관없는 일이라고 선을 긋고 있지만, 신념을 지켜가려는 그의 모습을 화자는 관심을 갖고 지켜보고자 한다.

화자는 "정씨"의 내면에 자리하는 "완강한 도식"과 "증오의 철학"

에 거부감을 느끼는 자유주의자이면서도, 부정적인 현실에 대해서는 정씨의 사상과 이념에 동의하고 공감한다. 그리고 이런 점에서 그는 "김씨"보다 "정씨"에게 내면적 친연성을 느낀다. 그것은 "강영감"의 재발견에서 여실히 드러난다. "강영감"은 제면소 주인과의 친분으로 제면소에 기식하는 무기력한 인물이다. 그러나 그가 죽은 후, 일본의 '일교대학' 출신이며 출세길을 버리고 좌익활동을 했던 인물임이 밝혀진다. 보도연맹 가입 이후 몇 차례의 자살시도 끝에 무기력증에 빠져들게 되었다는 것이다. "가장 불쌍한 인간"으로만 생각했던 "강영감"의 내력을 알고 나서 화자는 그를 다시 생각하게 된다. "도망다닐 때 서슬이 등등하고 눈빛이 늘 무서울 때"(44쪽)의 "강영감"의 행적을 전해들은 "나"는, 살았을 적 그를 하찮게 대한 것에 "뭉클한 회한"을 느낀다. 무기력의 원인이 좌익 활동의 좌절에서 비롯되었음이 밝혀지자 낙백한 "강영감"의 처지를 연민의 감정으로 되새긴다. 비록 무기력했지만 천박하지는 않았다는 점에서 "강영감"은 재평가된다. "지나치게 알이 차 있던" "강영감"은 엉뚱한 성공에 부풀어 있는 제면소 주인과 극명하게 대비된다. 자신의 성공을 과시하기 위해 "강영감"을 곁에 두는 주인의 소시민적 근성은, 알량한 성공을 "나"에게 과시하려는 소작인 출신의 "고향 사람"의 그것과 다르지 않다. 작은 성공을 과시하는 소시민적 근성보다, 차라리 무기력한 채로 현실을 견디다 자살한 "강영감"이 더 우월해 보이는 것이다. 그리고 이것은 결국 "김씨"와 "정씨"를 판단하는 데에도 그대로 투영된다. "김씨"가 '목숨을 건 정치'에서 '돈벌이를 위한 정치'로 갈아타는 동안 "정씨"는 현실적 삶에 패배했지만 신념을 지켜가고자 한다. 화자는 이런 "정씨"를 안타까운 연민의 시선으로 바라본다.

『소시민』은 괴물이었던 공산주의자를 내면을 가진 사람으로 재발견한다는 점에서 이채로운 작품이다. 1950년대의 공산주의자가 '악

귀' '적색비적' '흡혈귀' '악질'[9]로 표상되거나, 공산주의는 '절대 악', 반공주의는 '절대 선'이라는 완강한 이분법이 여전히 작동하는 현실 상황을 고려할 때, 『소시민』의 발견은 커다란 진전이 아닐 수 없다. 이 소설은 이념적 갈등이 소거된 상태에서 좌파들의 모습을 관찰하는 형식을 취함으로써, 이념 자체를 대상으로 한다거나 그 이념의 정당성을 옹호하지 않는다. 오히려 현실에 휩쓸려 들어간 좌익들의 모습을 관찰하면서 이념이 생활에 녹슬어가는 양상과 그 이론의 무기력함을 드러내고 있다. 그러나 쇠락하는 좌익들을 바라보는 화자의 시선에는 비판과 연민이 묻어있다. 월남한 실향민이 이방인으로 떠돌 듯이, 남한에 살아남은 전직 좌익들 역시 이 사회의 영원한 타자들이다. "김씨"처럼 과감하게 변신하지 않는 한, 좌익은 벗을 수 없는 굴레가 된다. 좌익에 대한 연민의 시선은 실향이라는 존재 조건의 동질감에서 발생하는 것일 수도 있다.

신념과 원칙에 따라 움직이며 이해심과 내면적 갈등을 지닌 공산주의자는 기존의 반공주의 표상체계에서 포섭될 수 없는 인물형이다. 비판과 연민이라는 중층적인 시선은 1950년대의 강력한 반공주의의 영향력을 고려한다면 이채로운 것일 수밖에 없다. 『소시민』의 좌익들은 단정과 전쟁을 거치며 우리 사회가 파묻어버린 익명의 과거이다. 이런 '불온한 유령들'이 온전한 인간으로 다시 소환되는 것에는 무엇보다도 정씨 아들의 목소리가 중요하게 작용한다. 정씨 아들은 "해방직후 오십년까지 이 바닥을 휩쓴 사건은 터무니없는 열병"(226쪽)으로 진단하고, 그들의 실패는 "진테제"가 명백히 서 있지 않은 "안티테제"로만 일관했기 때문이라고 본다. 결국 적극적인 목표의식을 상실하고 사회적 연대를 결여함으로써 불안과 절망, 고립

9 김동춘, 『분단과 한국사회』, 역사비평사, 1998, 52쪽.

감에 빠지고 이것이 "정념의 덩어리"가 되어 폭발했다는 것이다. 그리고 이로부터 "도식의 경화"와 "설부른 비관주의"가 발생했다고 보고, 자신은 아버지의 "안티테제"가 아닌 "진테제"라고 규정한다.

"정씨 아들"의 말은 모호하거나 관념적이어서 실천 규범으로 어떤 위상을 지녔는지 판단하기 어렵다. 그러나 그의 이런 말은 반공주의의 금기를 위반하고 그 자체로 반공주의 규율체계의 균열을 드러낸다. 과거의 공산주의자가 '테제'로 소환되고 현재적 삶의 지평에서 변혁의 논리로 논의된다는 것 자체가 심각한 위반인 것이다. 『소시민』은 공산주의자를 인간으로 회복시키고 공산주의를 하나의 의제로 복원한다. 그 결론이 '안티테제'이든 '진테제'이든 공산주의가 토론과 논의의 대상이 되는 순간, 반공주의 규율체계에 대한 비판의 공간이 열리게 되는 것이다. 반공주의 규율체계에서 억압의 대상이 공산주의자냐 아니냐가 중요하지 않듯이, 반공주의의 비판에서 반공주의의 옳고 그름은 중요하지 않다. 그것의 정당성을 묻는 행위 자체가 반공주의의 균열을 가져오는 것이다.

1960년대 이호철의 현실 비판적 소설은 이런 물음에서 생성된다. 『소시민』이 열어 보인 이데올로기적 균열은 1960년대의 다른 작품들에서 현실비판의 형태로 나타난다. 반공주의 규율체계에 대한 통렬한 풍자를 담고 있는 「부시장 부임지로 안 가다」(1965)는, 1960년대 이호철 소설의 성격을 집약적으로 보여준다. 5·16 이후 연일 방송으로 흘러나오는 "반공을 국시의 제일의로 삼고"에 대해 "옳지 옳아"라는 적극적인 동의를 표하면서 쫓겨 다녀야 하는 주인공의 모습은, 규율체계가 만들어놓은 강박증의 표출이기에 씁쓸한 웃음을 자아낸다. 빨갱이라면 치를 떠는 지리 선생이 연행되고, 상이군인 출신의 반공주의자인 주인공마저 도망 다니는 풍경을 통해, '혁명'의 방향이 잘못 설정되었음을 신랄하게 비꼬고 있다. 「부시장 부임지에 안 가다」의 전반에 걸쳐 반복 재생되는 "반공을 국시의 제일의로 삼고"라는 목소리의 정당성과 진정성은 결국 훼손되는 것이다. '모시러 온 것'과 '잡으러 온 것'의 오해에서 비롯된 이 소설은 이데올로기의 본질을 적나라하게 드러내 보인다. 이데올로기는 정당한 작동이 아닌 실체를 오인할 때 권력으로 작동한다. 실체적 진실과 상관없이 모든 주체를 규율할 수 있는 것은 그것이 오작동할 수 있는 가능성 때문이다. 반공에 동의하는 규호가 쫓겨 다니는 것은 어긋남의 경험이 누적되었기 때문이다. 결백함에도 불구하고 처벌의 대상이 될 수 있다는 가능성은 억압적 구조의 내면화와 항구적 고착의 토대가 된다. 이것이 이데올로기의 비합리적 작동방식의 본질이다. 이호철은 이런 권력과 이데올로기의 작동의 본질을 정확하게 포착하고 이를 통렬한 풍자의 무대 위에 올려놓는 것이다.

5. 1960년대 이호철 소설과 반공주의의 역동적 관계

규율체계의 비합리성 혹은 지배 이데올로기의 기형적 작동방식에 대한 문제제기는 그 자체로 반공주의에 기반한 규율체계의 균열을 초래한다. 5·16은 4·19로 촉발된 규율사회의 위기를 정면으로 돌파하려는 반공주의의 반격이라 할 수 있다. 5·16 이후, 억압적인 국가 기구의 설치, 반공법(1961.7.3)과 국가보안법의 강화 개정(1962.9.12) 등의 법적 재정비, 성장주의와의 결합을 통한 이데올로기의 정당성 강화, 사회의 병영화 등, 규율 장치를 강화함으로써 반공주의는 보다 항구적인 지배력의 토대를 구축한다. 이 시기 반공주의는 산업화의 기본 동력이었으며, 개인을 국민으로 균질화하고 규범과 가치관의 근간을 구성하기도 한다.

그러나 4 · 19를 통해 체험한 자유의 경험은 5 · 16 이후 재구조화되는 규율 사회에 대한 거부와 저항의 토대가 된다. 반공주의의 권위는 그것의 정당성을 의심하지 않는 것에서 발생한다. 반공주의는 의제가 아니라 금기일 때 그 힘을 발휘하는 것이다. 그러므로 반공주의와 그 작동방식에 대한 비판은 반공주의의 초월적 지위를 탈신비화함으로써 가능해진다. 이런 점에서 1960년대 이호철의 소설은 주목해야 할 대상이다. 그의 소설은 불온한 이념을 논의의 대상으로 끌어냄으로써 반공주의의 일방적 작동방식에 의문을 제기한다. 그의 소설은 공산주의의 경직된 도식과 비현실성을 비판하면서도 남한의 이데올로기적 일방성을 비판적으로 바라본다. 반공주의가 재편 · 강화되고 있는 시대상황에서 이호철이 지닌 자유주의에 대한 신념은 지배 이데올로기와의 긴장관계를 유지할 수밖에 없다. 이런 긴장관계는 이후 1970년대 유신체제와의 심각한 갈등을 예비하는 것이기도 하다.

참고문헌

1. 기본자료

이호철, 『현대 한국문학 전집8』, 신구문화사, 1981.

______, 『이호철 문학전집』, 국학자료원, 2001.

2. 논문 및 단행본

강진호, 「이호철의 '소시민' 연구」, 『민족문학사연구』 11, 1997.

구모룡, 「비대한 풍속, 왜소한 이념」, 『작가연구』 9, 새미, 2000.

김동춘, 『분단과 한국사회』, 역사비평사, 1998.

김미숙, 「이호철론」, 고려대학교 석사논문, 1997.

김진기 외, 『반공주의와 한국문학의 근대적 동학Ⅰ』, 한울, 2008.

정명환, 「실향민의 문학」, 『창작과 비평』 2권 2호, 1967.

문학사와 비평연구회 편, 『1960년대 문학연구』, 예하, 1993.

민족문학사 연구소 현대문학분과, 『1960년대 문학연구』, 깊은샘, 1998.

이병천 엮음, 『개발독재와 박정희 시대』, 창비, 2004.

조희연 편, 『한국의 정치사회적 지배담론과 민주주의 동학』, 함께 읽는 책, 2003.

한국예술연구소 엮음, 『한국현대예술사대계Ⅲ-1960년대』, 시공사, 2001.

한국정신문화연구원 편, 『1960년대 사회변화 연구:1963~1970』, 백산서당, 1999.

현택수 편, 『문화와 권력』, 나남출판, 2002.

조세희의 『난장이가 쏘아올린 작은 공』 연구
– 개작과 갈등 양상을 중심으로

1. 문제제기

『난장이가 쏘아올린 작은 공』은 1978년 단행본으로 출간된 이후 꾸준하게 대중의 관심을 받아왔으며 동시에 비평적 논의의 대상이 되어왔다. 당대 현실에 대한 날카로운 분석과 새로운 미적 감수성이 두드러지는 이 작품의 특성상, 비평적 논의 역시 리얼리즘과 모더니즘의 관계망 속에서 작품의 가치와 성격을 파악하려는 경향이 지배적이었다.[1] 『난장이가 쏘아올린 작은 공』의 문학적 성취를 '현실주의적 인식(세계관)과 모더니즘적 실험(기법)'[2]의 통합으로 보는 평가에는, 현실주의는 세련된 기법이 부족하고 모더니즘은 현실적 감각이 결핍되어 있다는 오래된 전제가 작용하는 경우가 많다.[3] 이런 전제

---

1 김병익, 「대립적 세계관과 미학」, 『난장이가 쏘아올린 작은 공』, 문학과지성사, 1978.
김종철, 『산업화와 문학』, 『창작과 비평』, 1980년 봄.
임철규, 「우리 시대의 리얼리즘」, 『창작과 비평』, 1989년 봄.

2 가령, 희곡과 같은 타 장르의 적극적인 활용이나 이미지의 병치, 현재와 과거의 자유로운 교차(외적이고 추가적인 시간에 대한 반발과 '동시성'을 모더니즘의 특성으로 보기도 한다. 유진 런, 김병익 역, 『마르크시즘과 모더니즘』, 문학과 지성사, 1991, 41쪽) 등을 모더니즘의 특성으로 파악하기도 한다. 그러나 타 장르의 소설적 수용은 소설 자체의 특성(소설의 '이어성'에 대해서는 김욱동, 『대화적 상상력』, 문학과 지성사, 1991, 229~230쪽)이기도 하며, 이미지의 병치나 화자의 교체, 시간의 자유로운 교차, 외적 시간과 내적 시간의 혼재는 최근의 소설 문법을 고려하면 지극히 자연스러운 '소설'의 기법이기도 하다.

들은 결국 내용/형식 혹은 세계관/방법의 이분법을 벗어나지 못한다는 점에서 한계를 지닌다. 『난장이가 쏘아올린 작은 공』이 지니는 구성상의 특이성을 살피려는 연구들[4]이 없지 않으나, 장편소설의 구조를 살피기보다는 연작의 새로운 형식미학으로 보려는 관점은 문제적이다. 화자의 교체나 느슨한 구성을 새로운 소설문법으로 본다면, 장편소설로서의 내적 구조와 서사의 다층적 흐름에 대한 본격적인 해명은 이뤄지기 어렵기 때문이다.

조세희 소설의 수사적 전략이나 문체는 많은 연구자들의 주목을 받아왔으며, 그 미학적 효과 역시 다양한 방식으로 분석되고 있다. 『난장이가 쏘아올린 작은 공』의 문학적 성과를 소설의 기법이나 수사 전략에서 모색하려는 경향이라 할 수 있다. 최근 들어 문학 담론의 지형 변화에 따라 서사의 구성요소[5]나 수사 장치와 기법[6] 등에 대

---

3 1997년 민족 문학 진영에서 있었던 모더니즘 논쟁에서 이 작품의 성격 규명이 주요한 논점이 된 것은 상징적이다. 리얼리즘에 고착되어 있는 민족 문학이 확장된 모더니즘을 통해 모더니즘 계열 작품을 수용하여 그 폭을 넓혀야 한다는 주장(진정석, 「모더니즘의 재인식」, 『창작과비평』, 1997년 여름)과 보다 엄밀한 모더니즘의 정의와 리얼리즘의 고수를 통해 민족 문학의 자기 혁신이 필요하다는 주장(방민호, 「리얼리즘의 비판적 재인식」, 『창작과비평』, 1997년 겨울)이 대립하기도 했다. 결국 핵심 쟁점 중의 하나가 『난장이가 쏘아올린 작은 공』이 과연 모더니즘 소설이냐 리얼리즘 소설이냐의 문제였다. 실제 작품의 구체적인 성격을 규명하기보다는 문학적 경향과 가치에 따라 작품의 성격을 정위하는 연역적인 포섭방식이 재확인되기도 하였다.

4 권영민, 「연작소설의 새로운 가능성」, 『소설의 시대를 위하여』, 이우출판사, 1983.
문홍술, 「뫼비우스 연작형, 그리고 난장이의 죽음」, 문학사와 비평연구회 편, 「1970년대 문학연구』, 예하, 1994.
황국명, 「인식양식으로서의 연작소설」, 『떠도는 시대의 길찾기』, 세계사, 1995.

5 한귀은, 「'난장이가 쏘아올린 작은 공'의 이야기와 화자 연구」, 『한국문학논총』, 2002,12.

6 황순재, 「조세희 소설 연구」, 『한국문학논총』, 1996.7.
김지영, 「조세희 소설의 서사 기법 연구」, 서울대 석사, 2002.

한 연구로 다변화되는 추세이다.

이 연구는 『난장이가 쏘아올린 작은 공』의 장르적 특성에 대한 구체적인 점검이 필요하다는 문제의식에서 출발하였다.[7] 보다 진전된 논의를 위해 개별 작품의 위상과 전체 서사구조의 상관성이 해명될 필요가 있다. 이를 위해 이 연구는 잡지에 발표되었던 작품들과 작품집의 비교를 기초로 개작과정을 추적해보고자 한다. 그리고 이를 토대로 작가가 개별 작품의 개작을 통해 전체적인 의미의 통일과 일관성을 부여하려 했다는 점과 작품의 재배치를 통해 전체 작품의 유기적 구성을 모색했다는 점에 주목해보고자 한다. 또한 텍스트에 천착해 이념적 기호로서의 등장인물의 성격과 갈등 양상을 분석하고 이를 통해 서사의 다층적 흐름이 어떻게 통일된 의미로 수렴되는지 분석해보고자 한다.

2. 개작 양상과 장르적 성격

『난장이가 쏘아올린 작은 공』은 12편의 중 · 단편으로 발표되었던 작품을 묶어 1978년 단행본으로 간행되었다. 각각의 작품은 1975년부터 1978년 단행본이 발간되기 전까지 다양한 매체를 통해 발표되었는데, 발표순으로 보면 「칼날」(『문학사상』, 1975.12)을 시작으로 하여, 「뫼비우스의 띠」(『세대』, 1976.2 ; 『문학과 지성』, 1976년 여

박진영, 「한국 현대소설의 비극성에 관한 연구」, 고려대 박사학위논문, 2010.

7 최유찬의 「'난장이'의 구조와 리얼리즘적 성과」(『내일을 여는 작가』, 1997.11~12). 최유찬의 글은 '액자'의 개념을 통해 『난장이가 쏘아올린 작은 공』의 양식적 특성과 미학적 효과를 분석하고 있다는 점에서 흥미로운 분석이라 할 수 있다. 이 글은 장편소설의 장르적 속성의 연역적 적용보다는 장편소설로서의 구성적 측면과 구체적 양상에 주목해보고자 한다.

름호에 재수록), 「난장이가 쏘아 올린 작은 공」(『문학과 지성』, 1976년 겨울), 「우주여행」(『뿌리깊은 나무』, 1976.9 ; 『문학과 지성』, 1977년 봄), 「육교 위에서」(『세대』, 1977.2), 「궤도회전」(『한국문학』, 1977.6), 「기계도시」(『대학신문』, 1977. 6.20), 「은강노동가족의 생계비」(『문학사상』, 1977.10), 「잘못은 신에게도 있다」(『문예중앙』, 1977년 겨울), 「클라인씨의 병」(『문학과 지성』, 1978년 봄), 「에필로그」(『문학사상』, 1978.3), 「내 그물로 오는 가시고기」(『창작과 비평』, 1978년 여름)로 마무리된다.

이 12편의 중 · 단편들은 구조나 형식면에서 각각 완결된 형태로 발표되었다. 비교적 짧은 시기에 유사한 의미요소를 공유하는 작품들이 집중적으로 발표된 점이나, '난장이 일가', '신애'와 '윤호' 등 소설의 초점인물들이 반복해서 등장하고 내용의 일관성이 유지되거나 의미요소가 누적되는 양상을 보인다는 점에서, 작품들의 개별성보다 연관성이 두드러지게 부각되었다. 작가 역시도 "한 번에 끝내야 할 이야기를 조각내고 있다"고 말함으로써 독립된 중·단편으로 발표된 작품들의 서사적 연관성을 직접 거론하기도 하였다.[8]

『난장이가 쏘아 올린 작은 공』은, 각 작품이 다른 제목을 지니고 있고 시점과 주제가 변주되고는 있지만, 비교적 단일한 주제를 주인공을 바꾸어 가며 그려가는 형식이라는 점에서 연작소설 혹은 '계열형 연작'[9]으로 파악되기도 한다. 의미요소의 연관성이 뚜렷하지만, 장편소설로 보기에는 느슨한 구성을 지니고 있다는 점에서 연작소설이라는 견해의 타당성이 있다.

1978년 12편의 중 · 단편이 한 권의 단행본으로 묶이면서 단편집

---

8 조세희, 「창작일기」, 『문학사상』, 1977.10, 193쪽.

9 김윤식, 「'난장이' 문학론」, 『소설문학』, 1984.12~1985.1.

이라는 인상보다 직관적으로 장편소설의 성격이 강화되었다. 이에 따라 전체 작품의 장르적 속성을 "각각 독립적인 단편인 동시에 전체적으로는 장편소설의 구조"[10]를 지닌 것으로 보기도 하였다. 특히 작가가 배열과 개작을 통해 작품 전체를 유기적으로 구성하고자 했으며, 의미의 일관성을 부여하고자 했다는 점에 주목할 필요가 있다. 발표했던 작품들을 단행본으로 묶을 때 개작이 이루어지는 것은 통상적인 일이다. 그것이 표현상의 문제가 아니라면 작가의 특별한 의도가 개입되기 마련이다.[11] 특히 『난장이가 쏘아올린 작은 공』의 경우 개별 작품에 수정이 가해진 부분은 의미요소의 누적이나 이야기의 일관성을 고려한 것이 대부분이다.

먼저, 잡지에 발표된 작품들이 작품집으로 묶일 때 혼선을 방지하기 위해 등장인물의 이름을 일관성 있게 수정한다. 『문학사상』에 발표된 「칼날」에서 '신애' 남편이 '지섭'으로 되어 있던 것이 단행본으로 묶이면서 '현우'로 바뀌는 것이나, 「난장이가 쏘아 올린 작은 공」에서 '경애'가 '명희'로 바뀌는 것이 그 예이다. 잡지에 발표된 작품들에서 미처 고려되지 않은 등장인물의 이름이 하나의 서사구조 안으로 포섭되면서 수정된 것이다.

일관성의 차원에서 등장인물의 이름을 수정한 것과 더불어 전체적인 의미의 통일성을 고려한 개작 역시 주목해봐야 할 부분이다.

---

10 김병익, 「대립적 세계관과 미학」, 『난장이가 쏘아올린 작은 공』, 문학과지성사, 1997, 278쪽.

11 발표된 텍스트의 해석과 의미부여는 독자의 몫이다. 그러나 개작은, 작품에 '손을 댈 수 있다'는 권위가 작가에게 있음을 상기시킨다. 개작은 창작과정의 연장이며 동시에 해석과정이기도 하다. 개작은 이미 유통된 작품의 의미와 의도를 재조정하는 과정이다. 또한 개작은 작가에 의한 텍스트의 해석과정이기도 하다. 이미 유통된 텍스트의 사회적 해석을 인지한 상태라는 점에서 개작은 작가가 해석자로서 텍스트의 해석에 적극적으로 개입하는 과정이기도 하다.

『난장이가 쏘아올린 작은 공』의 대부분의 개작은 간결한 문장을 위해 불필요한 단어나 구절을 삭제하거나 표현상의 실수를 바로잡는 정도이다. 그러나 그런 표현상의 문제와는 별도로 다른 작품들과의 연관을 염두에 둔 개작은 전체 작품의 유기적 구성과 의미의 통일성을 염두에 둔 수정이라는 점에서 중요하다. 「칼날」에서 인용한 다음 부분은 작가가 작품 전체의 일관성과 통일성을 고려하고 있음을 드러낸다.

> "엽집 겁니다. 저희도 아이들이 다니는 공장이 문만 닫지 않았어도 몇 마리 사 키울 수 있을 걸 그랬어요."
> "자녀는 몇이나 두셨어요?"
> "넷입니다." (「칼날」, 『문학사상』, 1975.12, 152쪽)

> "엽집 겁니다. 저희도 아이들이 공장에서 쫓겨나지만 않았어도 몇마리 사 키울 수 있을 걸 그랬어요."
> "자녀는 몇이나 두셨어요?"
> "셋입니다." (「칼날」, 『난장이가 쏘아올린 작은 공』[12], 45쪽)

위에서 인용한 부분은 문장의 표현과는 상관없이 내용의 통일성을 염두에 둔 개작이라고 할 수 있다. 『문학사상』(1975.12)에 발표된 「칼날」에서 '난장이'는 자신의 아이들이 직장을 잃게 된 이유를 공장의 폐업 때문이라고 밝힌다. 그러나 이 소설에 이어서 발표된 「난장이가 쏘아올린 작은 공」에서 '영수'와 '영호'는 부당한 대우에 항의하다가 직장에서 '쫓겨난' 것으로 되어 있다. 잡지에 발표 당시

12 조세희, 『난장이가 쏘아 올린 작은 공』, 문학과 지성사, 1997.(이하 작품 인용은 소제목과 면수만을 밝힘)

에는 두 작품 사이의 의미 연관성이 적극적으로 고려되지 않은 것으로 보인다. 작가는 작품집을 묶을 때 의미의 일관성을 위해 「칼날」에서 아이들이 공장에서 쫓겨난 것으로 수정하고 있다. 보다 나중에 발표된 작품을 쫓아 앞서 발표된 작품의 내용을 수정한 것이다. 폐업에 의한 실직이 어쩔 수 없는 일이라면, 해고에 의한 실직은 부당함이 개입될 수 있다. 의미의 통일과 함께 부당한 상황에 대한 암시가 곁들여지는 것이다. 또한 아이들의 수가 '넷'에서 '셋'으로 바뀌는 것 역시도 의미의 일관성을 고려한 것이다. 발표될 당시에는 독립된 단편들이었지만, 개작을 통해 개별적인 서사가 하나로 포섭되고 있는 것이다. 이런 점 이외에 『난장이가 쏘아올린 작은 공』은 그 서사의 누적적인 측면이 강하다. 가령, 「궤도회전」의 첫 부분의 상황은 앞서 「우주여행」을 염두에 두지 않는다면 이해할 수 없다.

> 칠십일 점이나 더 받고 합격했던 윤호가 다음해에 떨어진 이유를 아버지는 알 수 없었다. 나중에야 알고 파랗게 질렸다. 아들의 낙방을 반항으로 받아들이려고 했다. (「궤도회전」, 137쪽)

「궤도회전」에는 '윤호'가 예비고사에서 떨어진 이유가 드러나지 않는다. 「우주여행」의 뒷부분에서 '윤호'는 답안지에 '인규'와 같은 이름을 기재했음을 밝히고 있는데[13], 「궤도회전」에서는 그 '이유'를 따로 밝히지 않은 채 작품의 서사가 진행된다. 「궤도회전」에서 '윤호'의 아버지가 아들의 '낙방'을 '반항'으로 받아들이기 위해서는 「우주여행」의 내용이 전제되어야 하는 것이다. 서사의 누적이 일반적인 연작소설들에 비해 강하다는 점은 이 작품들이 발표되고 창작되는

13 "나는 포기했어. 인규도 대학에 못 가. 나는 나의 오시아르 카드에 인규의 이름과 인규의 수험번호를 썼어."(「우주여행」, 66쪽)

과정에서 자연스럽게 하나의 서사 구조 안으로 포섭되고 있었음을 짐작케 한다.

개작 과정에서 드러나는 의미의 통일성과 함께 『난장이가 쏘아올린 작은 공』의 유기적 구성을 고려한 작품 배치도 흥미로운 부분이다. 대체적으로 개별 작품이 발표된 순서에 따라 배열되어 있지만, 「뫼비우스의 띠」와 「칼날」, 「우주여행」과 「난장이가 쏘아올린 작은 공」, 「내 그물로 오는 가시고기」와 「에필로그」의 경우는 발표순서와 상관없이 배치되어 있다. 「뫼비우스의 띠」와 「에필로그」는 작품의 '프롤로그'와 '에필로그' 역할을 한다는 점에서 첫 부분과 마지막 부분에 배열된 것으로 보인다. 두 작품은 서사의 시작과 마무리를 담당하는 일종의 액자와 같은 기능을 수행한다.[14] 「우주여행」 다음에 「난장이가 쏘아올린 작은 공」이 배치됨으로써, 원거리 풍경으로 존재하는 '난장이' 일가의 삶으로 차츰 접근해가는 효과가 발생한다.

개작과 배열을 통해 작가는 발표된 작품의 본래 형태를 유지하되 전체 구성에 유기성을 부여하고자 했던 것으로 판단된다. 『난장이가 쏘아올린 작은 공』은 독립된 작품들을 병렬적으로 배열한 느슨한 의미의 연작소설이 아니다. 상이한 화자와 시점이 혼재되어 나타나고 다른 갈래의 사건과 인물들이 엇갈리는 것처럼 보이지만, 이들은 모두 하나의 서사 안에 포섭되어 있다고 할 수 있다. 화자나 시점을 자유롭게 교체하는 것이 자연스러운 최근 소설의 문법에 비춰보면, 단일한 작품 안에서 특정한 미학적 목적으로 갖고 시점과 초점 인물을 교체하는 것이 작품의 통일성을 저해하는 요소가 되지 않는다.

---

14 최유찬, 「'난장이'의 구조와 리얼리즘적 성과」, 『내일을 여는 작가』, 1997.11~12.

3. 서사의 다층적 구조와 갈등 양상

『난장이가 쏘아올린 작은 공』은 사건과 인물, 표면적 갈등이 상이한 12편의 이야기로 구성되어 있다. 소설의 처음과 끝에 놓인 「뫼비우스의 띠」와 「에필로그」는 구성적 측면에서 액자의 구실을 한다. 그리고 나머지 작품들은 유사한 인물과 사건들이 변주되는 형식으로, 「내 그물로 오는 가시고기」를 제외하고는 2~3편이 하나의 작품군을 형성하고 있다. 『난장이가 쏘아올린 작은 공』에서 '프롤로그'와 '에필로그'에 해당하는 두 편의 작품을 제외한 10편의 작품들은 대략 4가지의 서사축으로 구분 가능하다. 이들 작품군들은 초점인물에 따라 소주제가 달라지고 각기 다른 시간의 갈래를 지니고 있어, 전체 서사의 관점에서 보면 사건과 갈등이 혼재되거나 과거와 현재가 무질서하게 교차하는 양상을 보인다. 각 작품군의 서사는 초점인물과 갈등양상에 따라 각기 다른 방향으로 생성되면서도, 궁극적으로는 1970년대 한국 사회의 모순과 산업화의 그늘을 조망하는 것으로 수렴된다.

1) 소시민의 자기성찰과 갈등

「칼날」과 「육교 위에서」의 초점인물은 '신애'이다. 그녀는 중산층 주부이면서 현실원리와 갈등하는 지식인의 성격을 지닌다. 그녀는 남편과 함께 '이상'과 '희망'을 지니고 있었지만 생활의 굴레에 파묻혀 가는 인물이다. 작가는 '신애'라는 인물을 통해 생활에 묻혀가는 중산층 혹은 지식인의 문제를 드러낸다. 욕망과 양심이라는 상충되는 가치지향 사이에서 하나를 택하게 되면 나머지 하나를 포기하거나 배반해야만 한다.

이런 점에서 이들 중산계층의 인물들은 사회적 이데올로기의 각축장이다. '신애'의 집과 앞·뒷집, '신애'의 동생과 동생의 친구는 중간계층의 갈등과 분화를 상징한다. 지식인과 중간계층은 자신의 기술과 능력을 수단으로 권력과 자본을 향한 상승의 '작은' 가능성을 포착해야 한다. 그러면서도 그들은 하층계급으로부터 스스로를 구별하기 위해 분투한다. 체제에 순응하거나 체제의 모순에 눈감고 이에 편승하는 순간 그들은 편안한 삶을 영위할 수 있지만, 그렇지 못할 때 그들은 불편한 생활을 감수해야 하거나 사회로부터 낙오되어야 한다. '신애'가 '난장이'와 동류의식을 느끼는 것이나 그녀의 동생이 정신과에 입원하는 것에서 보이듯이, 현실원리와 타협하지 못하고 경쟁의 구조에서 낙오될 때 치러야 하는 대가는 고통스러운 것이다. 수세에 몰린 그들은 피곤한 삶을 영위해야 하고 급기야 사회적으로 도태될 수밖에 없다. 반면, 남편의 직업이 세무서 직원과 광고부 차장인 앞·뒷집이 보여주는 삶의 형태는, 사회의 비합리적인 관행을 이용해 자신의 안락을 추구하는 영악한 중산층의 모습이라 할 수 있다. 동생의 친구는 보다 복잡한 과정을 거치기는 했지만 결국 비슷한 삶의 형태로 귀착한다.

> 그러나 육교 난간을 잡은 채 신애는 생각했다. 누가 동생의 친구를 죽였을까?
>
> 동생의 친구는 변해버렸다.…(중략)…친구는 애써 잃어버린 희망을 찾지 않기로 했을 것이다. 그 친구는 냉·난방 시설을 갖춘 큰 집에 없는 게 없이 해 놓고 산다. 몇 개의 낙원 중의 하나를 보는 것 같다. 친구의 낙원은 언제나 따뜻했다. 비싼 그림도 사다 걸었다. 곧 아내와 아이들을 위한 승용차를 갖게 될 것이다.
>
> 그러나 신애는 행복이라는 말을 빼어놓는다. 아이들은 너무 빨리 늙

어 죽는다. (「육교 위에서」, 135쪽)

그녀가 던지는 '누가 동생의 친구를 죽였을까'라는 질문은 복합적이다. 동생 친구의 변모를 죽음으로 파악함으로써 양심으로부터의 이반을 힐책하면서도 그 죽음이 타살이라는 것, 그러기에 도덕적 책임을 친구 개인에게만 지우려 하지 않는다. 그러나 이런 변화가 바람직하지 않다는 것은 분명하다. 인용된 부분에서 신애는 동생 친구의 삶을 '낙원'에 비유한다. 그러나 안정된 지위와 물질적 충족이 가져오는 안락한 삶 속에서 '신애'는 굳이 '행복'이라는 말만은 빼놓는다. 「칼날」에서는 그 풍요로운 삶이 비합리적 체제에서 파생한 부패의 결과라는 점에서 그 비속함 혹은 천박함을 비판하기도 한다. 앞·뒷집에서 흘러나오는 TV 소리, 음식 냄새는 천박한 과시욕과 비생산적인 소비를 상징한다. 합리적 정신을 바탕으로 한 자본주의의 정착이 아닌 기형적 형태인 천민자본주의의 고착 양상이 일상의 풍경 속에서 포착하고 있는 것이다.

중간 계층을 다루는 두 작품에서 노동계급을 상징하는 '난장이' 일가는 원거리에 존재하거나 간접적으로 제시된다. 이 작품들에서 초점인물인 '신애'는 '난장이' 일가에 대한 우호적인 관찰자의 역할을 넘어 그 자체로 갈등하는 존재라 할 수 있다. '신애'로 상징되는 중간계급 혹은 지식인은 사회적 담론이 가장 격렬하게 갈등하고 충돌하는 하나의 장이라는 점에서 두 작품은 이 소설의 중요한 의미망을 형성한다.

2) 새로운 세대의 성장과 교육의 문제

「우주여행」과 「궤도회전」, 그리고 「기계도시」의 시점인물은 '윤호'이다. 그는 입시생이지만 가정교사인 '지섭'과의 만남을 계기로 의식의 변화를 겪는다.

> 재수생은 그때까지 불공평에 대해서는 한번도 생각해본 적이 없었다. 그는 빈곤을 뜻하는 poverty도 시사 용어로만 이해했었다. 그래서 poverty 하면 population과 pollution이 동시에 떠오르고 이것을 잊지 않기 위해 3P로 암기했다. 학교에서, 학원에서, 그룹 교실에서 가르치는 것이 이런 것들이었다. 교실에서 아이들을 죽였다. (「기계도시」, 156쪽)

『난장이가 쏘아올린 작은 공』은 노동과 교육을 포함한 근대적 삶의 환경이 거대한 역설에 봉착해 있다는 인식에서 출발한다. 아이들을 가르치고 성장시켜야 할 교육이 오히려 아이들을 죽인다는 진술은 제도교육이 지닌 구조적 모순을 드러낸다. 학교가 불합리한 현실과 모순에 대해 함구할 때 아이들의 교육은 정상적인 것이 아니다. 그들의 진정한 성장은 현실을 바로 인식할 때까지 지연되며 제도 교육의 교과서는 재야의 교과서로 대치될 수 있다. 80년대 한국의 대학생이 『난장이가 쏘아올린 작은 공』을 '난쏘공'이라는 이름으로 접했듯이, '윤호'는 '노동수첩'을 통해 현실을 읽어 나간다. 이런 '윤호'의 변화가 긍정적인 것이라면 그 주변에 있는 비슷한 또래의 아이들이 향유하는 문화는 퇴폐적인 것이다. '윤호' 역시도 처음에는 그런 문화의 파장 안에서 완전히 벗어나지 못한다.

> 인규는 다른 아이들과 마찬가지로 앉아서 춤을 추었다. 테이블 밑으로 맞은편에 앉아 있는 여자 아이들의 무릎이 와 닿았다. 아이들은 열심히 무릎을 비비대었다. 윤호는 그곳에 오래 앉아 있을 수가 없었다. 맞은편의 여자아이가 포도주를 권했다. 인규가 그 아이를 잡고 귓속말을 했다.…(중략)…윤호는 그날 밤 그 아이와 잤다. 지섭이 있었다면 이야

기했을 것이다. 난장이의 딸은 팬지꽃이 피어있는 두어 뼘 꽃밭가에서 줄 끊어진 기타를 쳤었다. (「우주여행」, 63쪽)

부유한 재수생들은 환각제로 솔벤트를 마시고 '천연색 슬라이드'를 본다. 주말이면 술집에 몰려가 술을 마시고 본능에 자신을 맡긴다. 건전한 본능을 억압할 때 성기 성욕이 강화된다[15]고 한 마르쿠제의 말처럼 과외 그룹 속의 아이들은 강요된 공부의 부담을 퇴폐적인 방식으로 해소한다. 그러나 자본의 뒷골목 문화가 지니는 방만함에 '난장이' 딸의 순수한 모습이 병치되는 것은 '윤호'의 자의식이 심상치 않은 변화의 과정에 있음을 암시한다. 초라하고 가난한 '난장이' 딸의 영상을 떠올리며 '윤호'는 죄의식을 느끼고 어딘가에 고해하고 싶어한다. 그러나 '지섭'의 부재로 출구를 찾지 못했던 '윤호'의 각성은 은강을 방문하여 '영수'를 만남으로 비로소 '단체'를 만들어 그를 돕고자 하는 것에 도달한다.

『난장이가 쏘아올린 작은 공』에서 교육은 중요한 문제로 제기된다. 「뫼비우스의 띠」나 「에필로그」가 수업 시간에 진행되는 교사와 학생의 대화라는 점, '영수'가 꿈꾸는 이상적 사회에서 교육을 통해 사랑을 갖도록 하겠다는 생각 등에서 작가가 교육을 중요한 문제로 여기고 있음이 드러난다. 진실을 찾기 위해 스스로 새로운 앎을 모색하는 '윤호'의 모습은 죽은 교육이 살아있는 교육의 가능성과 새로운 세대의 성장을 암시한다.

다른 인물들과 달리 '윤호'는 그 성격과 의식의 변화가 가장 두드러지게 나타난다. '뫼비우스의 띠' 혹은 '클라인씨의 병'이 안과 밖의

---

15 Herbert Marcuse, *Eros and Civilizayion*, New york: Vintage Books, 1962, 187쪽. 여기서는 김인환, 『한국문학의 이론』, 을유문화사, 1986, 342쪽에서 재인용.

진실, 현상과 본질에 대한 성찰을 유도하는 상징이라면, '윤호'는 현실의 표면을 넘어 삶의 진실에 도달하고자 가장 역동적으로 움직이는 인물 중 하나라 할 수 있다. 그리고 이런 변화는 자본주의라는 삶의 조건에 대한 성찰이라는 점에서 중요한 의미와 소설적 기능을 지닌다.

3) 왜소함의 기호 '난장이'

「난장이가 쏘아올린 작은 공」, 「은강노동가족의 가계비」, 「잘못은 신에게도 있다」와 「클라인씨의 병」에 등장하는 '난장이' 일가는 이 소설의 가장 중심적인 인물들이다. '난장이' 일가는 그들이 주요한 등장인물로 등장하지 않는 작품에서도 배경이나 원거리의 풍경으로 존재함으로써 전체 작품의 유기적 연관성을 형성한다.

'난장이'는 현대 산업 사회에 적응하지 못하는 왜소한 인간들을 지칭하는 하나의 기호이다. 작품 속에서 '난장이'는 본격적인 산업화 이전의 인물로 그려진다. 그의 노동은 '채권 매매, 칼 갈기, 고층 건물 유리 닦기, 펌프 설치하기, 수도 고치기' 등 다섯 가지였다. 그러나 그의 수공업적인 노동은 산업화 시대를 견디어 나가기에는 적절치 못한 것이다.[16] 낙후된 그의 노동은 자본주의 '정상성'을 결핍하고 있으며 이는 다시 신체에 전이되어 '기형성'의 기호로 작동한다. '작은 키'가 '난장이'가 되는 것이다. 끝없는 욕망의 구조에 자신을 내던지지 못하거나 상품과 교환의 체계에서 비껴서 있을 때, 자본주의적 '정상성'에서 이탈한다. 이런 이질성은 기형적인 것으로 취급된다.

---

16 「칼날」에서 수도를 고치러 다니는 '난장이'의 작업은 차라리 전근대적 장인의 그것을 연상케 한다.

「우주여행」에서 '지섭'이 스스로를 '퇴화한 도도새'로 여기는 것이나 「칼날」의 '신애'가 자신들도 '난장이'라고 말하는 것은, 체제에 적응하지 못하거나 거부하는 인간들이 공통적으로 짊어져야 하는 추방된 타자로서의 고통을 상징한다.[17]

'난장이'는 거인이라는 대척점을 지닌다. 이런 점에서 이 작품은 '난장이/거인', '지배자/피지배자', '가진 자/가지지 못한 자'라는 대립적 의미항을 내포한다. 이런 대립은 전체 작품의 표면구조에서 두 계층의 갈등양상으로 드러난다. 구체적으로 이런 갈등은 '영희'-'사내'[18] 혹은 '난장이 아들'-'경훈'의 대비로 드러난다. '난장이' 일가가 수동적인 식물성이라면 '경훈'이나 부동산 브로커인 '사내'는 적극적인 동물성으로 나타난다. 이런 대립은 표면 구조에서 쉽게 검출되지만 결국 아무도 행복하지 않다는 진술은, 이 작품이 포함하는 근본적 갈등이 구조화된 대립과 억압적 체제에서 비롯됨을 의미한다.

'난장이'가 전근대적인 피지배 계층이라면 '영수'와 '영호'는 산업화가 진전된 사회의 공장 노동자라 할 수 있다. 인쇄 공장에서부터 '은

---

17 「칼날」에서 '신애'가 어머니로부터 물려받은 칼에서 묘한 분위기를 느끼고 그 칼을 소중히 하는 것도 '난장이'에 대한 연민과 관련이 있다. 대량 생산된 칼들과 달리, 그 칼은 대장장이의 수많은 손길을 통해 만들어진 수제품이며 이제는 쉽게 찾아볼 수 없는 것이다. 산업 사회의 가속화가 이런 장인의 노동을 비생산적인 것으로 만들었듯이 '난장이'의 노동 역시도 현대적이 아니며, 그로 인해 산업 사회에 적응하지 못한다. 칼과 '난장이'의 노동은 산업화 이전의 것이라는 점에서 공통점을 지닌다. 옛날 칼에 애착을 느끼고 '난장이'에 대해 연민을 느끼는 '신애'의 태도는 결국 체제와 타협하지 못하는 스스로에 대한 자기연민에 더 가까운 것이다.

18 "나는 모태에서 충분한 영양을 보급받지 못했다. 그의 출생은 따뜻한 것이었다. 나의 첫 호흡은 상처난 곳에 산을 흘려넣는 아픔이었지만, 그의 첫 호흡은 편안하고 달콤한 것이었다."(「난장이가 쏘아올린 작은 공」, 113쪽) 영희와 사내의 대비가 극명히 드러나는 부분이다. 영희의 '팬지꽃' 혹은 난장이 아이들의 '주머니 없는 옷' 등은 그들의 연약함, 빈곤을 상징한다고 할 수 있다.

강 방직'에 이르는 '영수'의 노동은 자본주의 노동 문제의 핵심에 닿아 있다. '행복동'의 철거와 '난장이'의 죽음, '난장이' 일가의 '은강'시로의 이주는 본격적인 산업화 사회로의 진입을 상징한다. '난장이'와 그 아들들의 차이는 전근대와 근대의 차이이지만, '영수'의 죽음이 '난장이'의 자살은 본질적으로 유사한 측면을 지닌다. '난장이'의 죽음이 비극적 도피라면 '영수'의 살인과 죽음은 시대에 대한 항의라고 함의를 지닌다. 그러나 이들의 행위는 기본적으로 불모의 현실에서 파생된 것이며 비극적인 저항이라는 의미를 지닌다.

4) 아무도 행복한 자는 없다.

「내 그물로 오는 가시고기」는 소설의 실제적인 서사가 마무리되는 작품이라 할 수 있다. 시점인물인 '경훈'을 통해 '영수'의 재판 과정을 바라보는 것이 이 작품의 주요한 내용이다. 소설의 실질적인 결말이 '신애'나 '윤호', '난장이' 일가가 아닌 재벌 2세를 통해 이루어지는 것이다. 사건에 대한 '경훈'의 해석과 관점이 서술되고 있지만, 편협한 계급적 관점으로부터 독자는 비판적 거리를 유지하게 된다. 이를 통해 능동적인 접근과 해석이 가능해지는 것이다.

> 나는 모르는 난장이를 생각했다. 그는 자식들의 작은 잘못도 결코 용서하지 않았을 것이다. 잘 때리고, 벌도 심한 것으로 골라 주었을 것이다. 아이들에게 그는 잠을 안 자는 독재자였을 것이다. 그의 권력은 사랑·존경·믿음을 모르는 그 자신의 성격적 결함이 사용하게 한 무서운 매와 벌 때문에 바른 것이 못 되었을 것이다. 그가 죽었기 때문에 그의 큰 아들은 공격 목표를 잃었을 것이다. (「내 그물로 오는 가시고기」, 244쪽)

> 발육이 좋지 못해 우리보다 작고 약하지만 그 작음 몸 속에 모진 생각들만 처넣고 사는, 이런 부류들을 나는 잘 알고 있었다. 그들은 우리가 남다른 노력과 자본·경영·경쟁·독점을 통해 누리는 생존을 공박하고, 저희들이 무서운 독물에 중독되어 서서히 죽어간다고 단정했다.…(중략)…공장일을 하면서 생활도 나아졌다. 그런데도 찡그린 얼굴을 펴본 적이 없다. (「내 그물로 오는 가시고기」, 251쪽)

앞의 인용은 '영수'의 살인 동기에 대한 '경훈'의 추리이다. 비교적 논리적이고 합리적인 해석이지만 사태의 진상을 파악하고 있는 독자의 눈에는 터무니없는 편견으로 읽히게 된다. 두 번째 인용 역시도 계급적 관점이 관철되어 나타난다. 자본가의 입장에서 보면 노동자들의 '원한'의 감정은 터무니없는 것이다. 그러므로 연민의 감정이 발생하지 않는다. 자본가는 자본가 내부의 경쟁에서 살아남기 위해 냉철하고 합리적인 생활 태도를 유지하려 한다. '경훈'은 아버지의 사업을 물려받으려 한다는 점에서 입시생들과 비슷하다. 그는 늘 준비하는 자세로 자신의 감정을 절제하고 생활해야만 한다.[19] 극단적으로 타자성이 결여된 자기중심의 사유방식은 연약함 자체가 약점이 되는 치열한 경쟁의 구조 안에서 형성된다. 그런 점에서 '경훈'의 생각은 자기세뇌에 가깝다. 그것은 사태의 객관적인 본질을 파악하기 위한 것이 아니라 자신의 입장을 재정리하기 위한 것일 뿐이다. 인간의 본성에 기대기보다는 자신의 계급적 기반에 맞춰 세계관을 형성해가는 과정에 다름 아니다.

이 작품에서 나타나는 '가시고기' 꿈은 소설의 전체적 내용을 상징적으로 마무리한다. 한 때의 앙상한 '가시고기'들이 '경훈'의 그물 속

---

19 이 작품의 마지막에서 '사람들의 사랑이 나를 슬프게 했다'고 느끼지만 그는 곧 자신의 약한 모습을 추스른다.

에서 뛰어올라 '경훈'에게 상처를 입히는 장면은 의미심장하다. '경훈'으로 표상되는 자본의 냉정함과 가학성의 이면에는, '모진 생각'과 '찡그린 얼굴'들이 '영수'가 겨눈 비수처럼 날카로운 무기가 될 수 있다는 공포가 내재하는 것이다.

4. 현대성의 비극적 경험

『난장이가 쏘아올린 작은 공』은 여러 갈래의 이야기들이 중층적으로 교차하는 구조를 보인다. 중심인물들에 따라 갈등의 구조도 달라지며 소주제 역시 상이한 양상으로 전개된다. 네 갈래의 방향으로 전개되는 서사의 흐름은 실제 한 사회의 계급적 갈등과 충돌을 다층적으로 그려내는 효과를 낳는다. 각각의 초점인물들은 상이한 시공간을 점유하며 상이한 관점으로 소설 속의 사건을 바라보지만, 모두 급격한 산업화의 만화경을 구성하는 '개인'들이다. 그리고 소설의 서사 구조는 '난장이' 일가를 중심으로 벌어지는 자본주의 가혹한 삶의 환경과 모순이라는 중심 의미로 수렴되는 것이다.

『난장이가 쏘아올린 작은 공』은 도시화, 산업화, 치열한 경쟁, 끝없는 욕망 등으로 현상하는 자본주의의 현대성을 다각도로 조망한다. 소설의 모든 인물은 자본주의의 삶의 조건에 속박되어 살아가야만 한다. 산업화의 한 양상인 급격한 도시화는 '신애'의 시선을 통해 다음과 같이 묘사된다.

> 신애는 시내 중심가를 걸으며 정신을 차릴 수 없었다. 그녀가 볼 수 있는 것은 사람·건물·자동차뿐이었다. 거리에서는 기름 타는 냄새, 사람 냄새, 고무 타는 냄새가 났다. 잠시 서서 주위를 둘러보기도 어려

울 정도였다. 인도에 사람들이 넘치고, 차도에 자동차들이 넘쳤다. 몸둘 곳이 없었다. 단 몇 초 동안이라도 걸음을 멈추고 우울을 달랠 곳이 없었다. (「육교 위에서」, 124쪽)

현재 사회에 쉽게 적응하지 못하는 또 다른 '난장이'인 '신애'의 눈에 비친 도시의 풍경이다. 역겨운 냄새들은 가장 불쾌해지기 쉬운 감각인 후각을 자극함으로써 현대 도시가 지닌 그로테스크한 면모를 드러내 보인다. 거리의 모든 것은 과밀이며 과속의 상태에 빠져 있다. '몸둘 곳'은 물론이고 걸음을 멈출 수조차 없는 도시의 과잉 상태는 부자연스럽고 비정상적인 것이다.

작가는 '육교'라는 관망하기 좋은 곳에 '신애'를 위치함으로써 자본주의의 한 풍경을 제시한다. 모두가 어느 방향으로 바쁘게 휩쓸려가는 도시의 거리는 이 작품 속에 나타나는 동생과 동생 친구의 삶의 향방과 유사하다. 그 흐름에 적당히 편승하면 살아남고 그렇지 못하면 도태되는 것이다. 앞서 중간계층인 '신애'를 통해 작가는 자본주의의 비속함을 비판하고 있다고 밝힌 바 있지만, 관찰자로서의 '신애'의 시선을 통해 현대 자본주의사회가 내포하고 있는 불안과 피로사회의 한 단면을 포착하고 있는 것이다.[20]

'신애'를 통해 자본주의의 일상성 문제를 포착하고 있다면, '난장이' 일가의 행적은 도시 빈민과 노동문제를 제기한다. 『난장이가 쏘아올린 작은 공』은 「육교 위에서」를 기준으로 두 부분으로 나눌 수 있다. 「육교 위에서」까지의 서사가 '행복동'에서 발생하는 철거민 문제를 중심축으로 하였다면, 이후의 서사는 '은강'으로 이주한 '난장이' 일가가 겪는 공장 노동자의 삶을 중심축으로 한다. 산업화에서 어느

20 한병철, 김태환 역, 『피로사회』, 문학과지성사, 2012.

정도 거리를 유지하던 '행복동'의 삶은 그런대로 행복한 시절의 기억을 지닌다. 이 소설에서 '난장이' 일가가 행복했던 유일한 장면은 집을 처음 지을 때이다. '은강'으로 이주한 후 소설에서 이런 목가적인 풍경은 다시는 나타나지 않는다. '은강'에서의 생활은 공장 노동자의 삶을 냉철하게 보여준다.

> 처음 며칠동안 나는 놀라운 기술에 매혹되었다.…(중략)…나는 선반일을 배우고 싶었다. 작업을 하는 자동 선반이 더없이 아름답게 보였다. (「은강 노동 가족의 생계비」, 174쪽)

> 일을 하면서 처음으로 기계에 의한 속박을 받았다. 난장이의 아들에게 이것은 아주 놀라운 체험이었다. 콘베이어를 이용한 연속 작업이 나를 몰아붙였다. 기계가 작업 속도를 결정했다. (「은강 노동 가족의 생계비」, 175쪽)

「은강 노동 가족의 생계비」에서 흥미로운 것은 처음 대공장에 입사한 '영수'가 처음 접한 기계에 매혹되는 부분이다. 기술의 진보가 이룬 체계적이고 거대한 공장과 정교한 기계들에서 미적인 요소를 발견하는 '영수'의 태도는 상당히 이채롭다. 도시화를 관찰하는 '신애'의 시선이 거리를 둔 조망의 형태였다면, 공장의 시스템과 기계의 아름다움에 매료되는 '영수'의 경험은 구체적이고 직접적이다. 그러나 '영수'가 느낀 매혹은 그 공장의 기계에 속박되면서 사라진다.

'난장이'가 생전에 했던 다섯 가지의 일들이 전근대적인 노동형태였다면. '영수'의 노동은 기계적 속성을 부여받는다. 『난장이가 쏘아올린 작은 공』에서 자본주의 생산 체계는 '속도'로 집약된다. '콘베이어' 작업은 일정한 노동시간 동안 최대한의 노동력을 추출하는 위한 것으로 노동의 강도는 당연히 강화된다. 이런 작업의 속도를 맞추지 못하는 것은 곧 낙오를 의미한다. '영수'가 노조에 부당한 처우를 항의한 뒤, 그의 작업은 그 속도를 따라갈 수 없게 조작된다. "기계에 의한 연속 작업 속도를 따라갈 수 없었다. 나는 파르르 떠는 몸을 곧추세운 채 바라보고는 했다"(180쪽) "영희는 한 시간에 칠천이백 걸음을 걸었다"(176쪽)에서처럼 '영희'의 노동 역시도 질주하는 기계들 사이에서 함께 뛰어야 하는 것이다. 그리고 이런 생산체제는 육체노동을 하거나 정신노동을 하는 자를 지치게 만든다. '질주'는 피로라는 육체적 반응으로 연결된다.

> "아버지가 주무셔."
> "아버지는, 참. 이 틈바구니에서 어떻게 잠을 주무실 수 있을까?"
> "넌 아직 피로가 어떤 건지 모를 나이야." (「칼날」, 33쪽)

> 날마다 점심 시간을 알리는 버저 소리가 나를 구해주고는 했다. 오전 작업이 조금만 더 계속되었다면 나는 쓰러졌을 것이다. (「은강 노동 가족의 생계비」, 175쪽)

> 영희의 푸른 작업복은 땀에 젖었다. 영희가 조는 사이 몇 개의 틀이 서버렸다. 반장이 영희 옆으로 가 팔을 쿡 찔렀다. 영희는 정신을 차리고 죽은 틀을 살렸다. 영희의 작업복 팔 부분에 한 점 빨간 피가 내배었다. (「잘못은 신에게도 있다」, 189쪽)

농경 사회와는 달리 산업 사회의 삶은 개인의 삶을 피폐하게 만든다. 잘 조직된 생산 체제는 개인들의 능력을 최대한으로 쏟아 내게 하고 그 대가로 그들의 생존을 가능케 한다. 개인은 자신의 생존을 위해 질주하는 체제의 생산속도를 따라가야 하고 그 대가로 남는 것은 육체적 피로 혹은 상처이다. '현우'와 '난장이'는 늘 피곤하며, 영희는 '피'를 흘리거나 지섭은 상처를 입는다. '은강 노동 가족의 생계비'가 생활비가 아닌 생계비라는 점은 사태를 더욱 비참한 것으로 만든다.

이런 상황에서 '난장이' 일가는 이상 사회를 꿈꾼다. '달나라'나 '릴리푸트읍', 혹은 사랑으로 이루어진 세계는 이런 현실의 비참함과 대비되는 이상 사회이다. 비록 낭만적이긴 하나 이들 이상 사회는 현실의 비참함을 대비적으로 드러냄과 동시에 그 안에 살아가는 인물들의 절실한 탈출 욕구를 반영한다. 그러므로 '난장이'의 추락사는 달나라로의 비상이라는 역설적 상징으로 해석된다.

5. 결론

이 연구는 개별 작품의 위상과 전체 서사의 상관성을 해명해보고자 하였다. 이를 위해 잡지에 발표되었던 작품들과 작품집의 비교를 기초로 개작과정을 추적해보았다. 작가는 개별 작품의 개작을 통해 전체적인 의미의 통일과 일관성을 부여하려 했으며, 작품의 재배치를 통해 전체 작품의 유기적 구성을 모색한 것으로 판단된다. 이런 점들은 『난장이가 쏘아올린 작은 공』이 장편소설로 재구성되었다는 점을 의미한다. 또한 의미의 층위에서도 상이한 서사적 흐름이 통일된 의미망을 형성하며, 다층적으로 구성된 서사의 흐름은 자본주의적 삶의 조건과 거기서 파생되는 비극성으로 수렴됨을 확인하였다.

『난장이가 쏘아올린 작은 공』은 자본주의 체제 하에서 살아가는 인간들의 삶과 내면적 갈등을 간명하게 포착하고 있다. 이 소설은 지배층/피지배층의 대립, 그리고 중간계층의 양분화를 그려내지만,

'행복한 사람은 아무도 없다'는 전언처럼 계층 간의 갈등을 넘어 보다 근본적인 갈등 구조가 존재함을 주장한다. 이 소설에서의 현실인식은 자본주의 현실에 대한 정확한 분석이지만 그것이 현상하는 방식은 도식적이고 관념적일 수도 있다. 자칫 생경할 수도 있는 현실감각은 소설의 문체와 수사 장치들에 의해 미학적으로 보완된다. 이런 점에서 『난장이가 쏘아올린 작은 공』의 문학적 가치와 기능이 지속적으로 재생되는 것이다.

1978년 발간된 이후 여전히 대중들에게 꾸준히 읽히고 있으면서 동시에 소설사의 주요 작품으로 활발히 연구되고 있다는 점에서 『난장이가 쏘아올린 작은 공』은 축복받은 텍스트라 할 수 있다. 그러나 여전히 이 작품이 '현역'으로 읽히는 것은 여러모로 의미심장한 현상이다. 이 작품이 다루는 사회문제가 여전히 반복되고 있다는 사회역사적 맥락과 함께 이 소설의 문체와 수사 전략, 미학적 장치 등이 여전히 유효하다는 점에서 『난쏘공』은 현재 진행형인 소설이라 할 수 있다.

참고문헌

1. 기본자료

조세희, 「칼날」, 『문학사상』, 1975.12.

______, 「뫼비우스의 띠」, 『세대』, 1976.2(『문학과 지성』, 1976년 여름호에 재수록).

______, 「난장이가 쏘아 올린 작은 공」, 『문학과 지성』, 1976년 겨울.

______, 「우주여행」, 『뿌리깊은 나무』, 1976. 9.

______, 「육교 위에서」, 『세대』, 1977.2.

______, 「궤도회전」, 『한국문학』, 1977.6.

______, 「기계도시」, 『대학신문』, 1977.6.20.

______, 「은강노동가족의 생계비」, 『문학사상』, 1977.10.

______, 「잘못은 신에게도 있다」, 『문예중앙』, 1977년 겨울.

______, 「클라인씨의 병」, 『문학과 지성』, 1978년 봄.

______, 「에필로그」, 『문학사상』, 1978.3.

______, 「내 그물로 오는 가시고기」, 『창작과 비평』, 1978년 여름.

______, 『난장이가 쏘아올린 작은 공』, 문학과지성사, 1997.

2. 논문 및 단행본

강상대, 「불구적 삶의 신화-조세희론」, 『작가세계』, 2002년 겨울.

김병익, 「난장이, 혹은 소집단의 언어」, 『상황과 상상력』, 문학과지성사, 1979

______, 「대립적 세계관과 미학」, 『난장이가 쏘아올린 작은 공』, 문학과지성사, 1997.

김욱동, 『대화적 상상력』, 문학과 지성사, 1991.

김윤식, 「창조적 기억, 회상의 형식」, 『운명과 형식』, 솔, 1992.

김인환, 『한국문학의 이론』, 을유문학사, 1986.

김제천, 「'난장이가 쏘아올린 작은 공'의 알레고리 연구」, 충북대 석사학위 논문, 2008.

김종철, 「산업화와 문학」, 『창작과 비평』, 1980 봄.

김지영, 「조세희 소설의 서사기법연구」, 서울대 석사학위 논문, 2002.
문홍술, 『한국 모더니즘 소설』, 청동거울, 2003.
박진영, 「한국 현대소설의 비극성에 관한 연구」, 고려대 박사학위논문, 2010.
방민호, 「리얼리즘의 새로운 모색 속에서 보는 '난장이'」, 『내일을 여는 작가』, 1997.11~12.
우찬제, 「분노와 사랑의 뫼비우스 환상곡, 혹은 분배의 경제시학」, 『작가세계』, 1990년 겨울.
윤지관, 「민족문학에 떠도는 모더니즘의 유령」, 『창작과비평』, 1997 가을.
진정석, 「모더니즘의 재인식」, 『창작과 비평』, 1997 여름.
최유찬, 「'난장이'의 구조와 리얼리즘적 성과」, 『내일을 여는 작가』, 1997.11~12.
마샬 버만, 윤호병·이만식 역, 『현대성의 경험』, 현대미학사, 1994.
미하일 바흐찐, 전승화·서경화·박유미 역, 『장편소설과 민중언어』, 창작과비평사, 1997.
유진 런, 김병익 역, 『마르크시즘과 모더니즘』, 문학과 지성사, 1991.
한병철, 김태환 역, 『피로사회』, 문학과지성사, 2012.

프로이트의 정신분석학 이론과 문학 연구
– 이론의 재검토와 작품 분석의 실제

1. 서론

문학을 인간 심리와 연관지어 살피려는 태도의 기원은 아리스토텔레스의 '카타르시스'까지 거슬러 올라갈 수 있지만, 근대 이후 정신분석학적 관점에서 문학 연구의 가능성을 모색한 시도들만으로도 우리는 하나의 광범위한 역사를 서술할 수 있다. 정신분석학이란 프로이트를 포함한 무수히 많은 학자들의 반성적 사유와 대화가 집적된 거대한 담론의 체계이다. 그러므로 정신분석학 이론을 재검토하고 이를 바탕으로 정신분석학적 문학 연구의 가능성을 모색해 본다는 것은 지난한 작업일 수밖에 없다. 그러나 그 출발점에 늘 프로이트가 놓이게 되는 것은, 프로이트 이론이야말로 정신분석학의 기원이자 모든 정신분석학적 연구의 테제가 되기 때문이다.

하나의 담론이 거대해질수록 그 기원에 대한 정확한 이해와 반성이 필요하다는 문제의식에서 이 글은 정신분석학적 문학 연구의 가능성을 프로이트의 정신분석학으로부터 물어오고자 한다. 익히 알려진 바대로 프로이트의 정신분석학 이론은 개인과 집단의 심리, 예술과 종교, 문명 등의 여러 영역에 걸친 인류학적 구도를 지니고 있다. 이 글은 이런 방대한 프로이트 이론들 중에서 문학 연구와 보다 직접적으로 관련된다고 판단되는 개인 심리학과 문학 예술론들을 중심으로 정신분석학적 문학 연구의 이론과 방법을 점검해보고자 한다. 또한 실제 작품 분석에서는 이청준의 「과녁」을 정신분석학적 관점에서 읽어 보고 거기에 숨겨진 등장인물의 무의시적 욕망과 그 작동 양상을 분석해보고자 한다.

2. 정신분석학 이론과 문학 연구의 가능성

1) 정신분석학 이론의 성립과 전개

프로이트의 정신분석학 이론은 그가 행한 신경증 치료과정에서 형성된다. 프로이트의 초기 저작에 속하는 『히스테리 연구』는 신경증 환자들의 병적 징후와 병인 그리고 치료과정에 대한 임상 보고서라 할 수 있는데, 여기서 그는 정화 방법 혹은 말을 통한 치료를 실행하고 이를 '정신분석'이라 부른다.[1] 프로이트는 신경증의 원인을 신체적 결함에서 찾지 않고 소산되지 않은 정신적 에너지가 신체에 전이되어 발생하는 것으로 본다. 그는 환자와의 대화[2]를 통해 심리적 병인을 찾고 그것을 해소시킴으로써 신체에 나타나는 증상을 제

1 프로이트, 김미리혜 역, 『히스테리 연구』, 열린 책들, 1997. 프로이트의 저작의 경우 열린 책들에서 간행된 프로이트 전집에서 인용하며 자세한 출판 사항은 생략한다.

2 프로이트는 최면이나 자유 연상의 방법을 사용해 환자와 대화를 나눈다. 대부분의 신경증 치료 과정이 언어를 매개로 이루어진다는 점은 주목해볼 필요가 있다. 분석자는 환자의 말에서 환자가 숨기고 있는 무의식을 읽어 내려 하고, 환자는 자신의 욕망을 언어를 통해 분석자에게 전이시킨다. 그러므로 환자는, 해석되기를 욕망하며 해석자의 적극적인 참여와 반응을 요구하는 텍스트와 유사하다. 정신분석학과 문학의 근본적인 친연성은 이 둘이 모두 언어를 매개로 한다는 점일 것이다.

거한다. 그리고 환자의 심리 기저에는 무의식적 욕망이 은폐되어 있으며, 소산되지 않은 성적 욕망이나 기억이 신경증의 원인이 될 수 있음을 발견한다.

신경증의 치료 과정에서 성적 본능의 중요성을 인식한 프로이트는 「성욕에 관한 세 편의 에세이」에서 보편적인 인간 정신의 밑바탕에 에너지로서의 성본능이 내재함을 밝히고 있다. 성본능은 육체와 정신의 경계에 있으며, 의식의 기저에 잠재되어 있으며, 외적 자극에 의해 활성화되기도 한다. 프로이트의 성욕은 생식기에만 국한된 것이 아니기 때문에 사춘기 이전의 유아들도 성욕을 지닌다는 유아기 성욕 이론이 가능해진다.

유아기의 성욕 이론은 오이디푸스 콤플렉스와 그 극복이라는 유아의 사회적 성장 모델에서 핵심을 이루는데 그 과정은 다음과 같다. 충족될 수 없는 유아기의 욕망들은 무의식 속으로 억압되며 '소망의 승화'라는 과정을 거치면서 사회적으로 승화되어 높은 목표를 지향하게 된다. 쾌락 원리에서 현실 원리로의 이행이라 할 수 있는 이런 과정이 순조롭게 진행되지 않는 경우, 그 아이가 성인이 되었을 때 신경증이 발병할 확률이 높아진다는 것이다. 그리고 이런 신경증은 유아기의 성적 활동과 긴밀히 연결되어 나타난다. 대부분의 경우 유아의 성적 활동은 '유아기의 기억 상실'에 의해 망각되지만 그 기억은 완전히 소멸되는 것이 아니라 의식의 억압에 의해 의식에 떠오르는 것이 제지당할 뿐이다. 결국 신경증이나 성적 도착은 현재의 어떤 심리적 외상을 통해 억압된 유년기의 성적 본능으로 되돌아가는 것이며, 프로이트는 이를 '억압된 것의 귀환'이라고 부른다.

그러므로 인간의 정신이란, 허용될 수 없지만 끊임없이 의식의 수면 위로 부상하려는 무의식적 욕망과 이를 억압해야하는 의식과의 갈등이 벌어지는 하나의 장(場)이라 할 수 있다. 프로이트에 의하면

인간의 정신은 무의식/전의식/의식으로 구분될 수 있는데[3] 의식은 외부세계를 느끼고 질서짓는 인식체계, 전의식은 의식으로 떠오를 수 있는 경험의 요소들, 무의식은 전의식과 의식의 경계 밖에 있는 모든 것으로 억압된 본능의 표상들이다. 그러나 이들은 격리된 채 안정적으로 존재하는 것이 아니라 하나의 영상에서 다른 것으로 옮아가며 전이를 부추기는 역동성을 보이기도 한다.

2) 소망충족으로서의 꿈과 문학

억압된 무의식은, 신들에 의해 거대한 산에 눌려 있지만 여전히 꿈틀거리는 타이탄들(Titans)과 같아서 늘 의식의 수면으로 올라오려고 한다. 그러므로 꿈처럼 의식의 억압이나 통제가 원활하지 못할 때, 무의식은 의식 속으로 스며들게 된다. 이런 '퇴행 현상'[4]을 통해 욕망이 표출되기 시작했던 유년기, 정신의 기원으로 돌아가게 되는 것이다. 『꿈의 해석』은 인간 정신을 구성하는 일련의 과정을 통해 꿈의 의미와 그 특성을 실증적으로 분석해내고 있다. 프로이트는 환자들과 자신의 꿈 분석을 통해 꿈은 소망 충족이며 이중의 구조로

---

3 프로이트는 인간 정신을 세 가지 관점 즉 역동적 관점, 경제적 관점, 형태론적 관점에서 파악한다.(이에 대해서는 E. 라이트, 권택영 역, 『정신분석비평』, 문예출판사, 1995, 18~19쪽 참조) 공간적 비유를 사용하고 있는 형태론적 관점의 전의식/무의식/의식과 달리, 후기(1923년)에 이르면 이드/자아/초자아의 구분을 택하는데, 이 경우 조절하는 기능으로서의 자아의 역할이 어느 정도 강조됨을 알 수 있다.(같은 책, 80~81쪽)

4 체험이나 감각에 대한 인상은 먼저 무의식에 저장되었다가 검열을 통해 전의식을 거쳐 의식에 이르게 된다. 감각에 대한 인상이 무사히 검열을 통과해 의식으로 이르는 방향을 '진행적'이라고 한다. 그러나 꿈처럼 검열체계가 제대로 효력을 발휘하지 못하는 경우 이동 방향이 반대로 바뀌게 되는데 프로이트는 이를 '퇴행 현상'이라고 부른다. 이런 퇴행 현상이 일어나는 꿈의 동력은 무의식적 욕망이라고 할 수 있다.

이루어져 있음을 주장한다. 우리가 접하는 발현몽-꿈 내용:잠재적 사유를 드러내는 표상들-은 그것이 은폐하고 있는 잠재몽-꿈 사고:무의식적 욕망-을 압축과 치환 혹은 상징화를 통해 왜곡시킨다. 그러므로 꿈에 대한 해석은, 발현몽의 해독을 통해 심층의 구조를 이루고 있는 잠재몽에 닿아야만 하고 그 잠재몽의 본래적 의미, 즉 억압된 소망의 표상을 드러내는 것이다.

『꿈의 해석』은 프로이트 정신분석 이론과 분석의 방법을 담고 있는 동시에 정신분석학적 문학 해석의 가능성을 열어 놓는다. 정신분석학이 밝히고 있는 바대로 인간은 누구나 동일한 욕망을 감추고 있다. 꿈이 그 잠재된 소망의 충족이라면, 문학 역시 퇴행적 소망이 언어화되는 장소라는 점에서 꿈과 문학은 유연성을 지닌다. 프로이트가 「오이디푸스 왕」과 「햄릿」의 분석에서 보여주듯이 욕망의 배출구로써의 문학은 꿈과 유사한 목적을 수행하는 것이다.[5]

『꿈의 해석』에서 꿈은 소망 가공 작업을 통해 변용된 것으로 해석의 대상이 된다. 가공 작업에 의해 변용된 꿈의 이중 구조는 문학의 구조와도 유사하다. 그러나 프로이트의 꿈 해석은 흔히 하는 해몽과는 판이한 것이다. 동일한 꿈 요소도 꿈을 꾼 사람에 따라 다르게 해석해야 하며 꿈의 부분들에도 관심을 기우려야 한다. 그러므로 꿈은 일종의 '상형문자'와 같은 것이다.[6] 이집트의 상형문자는 상형문

5 프로이트는 자주 문학 작품을 분석의 대상이나 이론 전개의 논거로 사용한다. '문학 작품은 어떤 과학 논문보다도 인간 심리에 충실하게 접근한 결과의 산물이며 작가는 과학적 심리학의 선구자'라는 것이 프로이트의 기본 입장이다.(「빌헬름 옌젠의 '그라디바'에 나타난 망상과 꿈」, 230쪽) 프로이트는 『꿈의 해석』에서 문학 작품을 꿈과 동일한 분석의 대상으로 삼기도 한다. 특히, 「오이디푸스 왕」과 「햄릿」이 아버지 살해와 어머니에 대한 욕망이라는 동일한 요소를 감추고 있으며, 이 두 작품이 몇 세기를 걸쳐 사람들에게 충격을 주는 이유도 이런 보편적인 욕망을 담고 있기 때문이라고 본다.

6 『꿈의 해석』, 453쪽.

자와 표음 문자 혹은 표의 문자가 혼합되어 사용된다.[7] 이 경우 상형 문자와 그 의미는 일사일의(一辭一意)의 관계가 아니며, 문자의 의미는 전후에 놓인 다른 문자와의 관계 속에서 파악되어야 한다. 그러므로 꿈에서 하얀 속옷을 보면 결혼을 한다는 식의 해석은, 꿈 요소들의 의미를 확정된 약호로 환원하는 것이며 이런 방식으로는 정확한 꿈 해석에 도달할 수 없는 것이다.[8] 이런 프로이트의 꿈 해석은 문학 작품의 해석과 유사한 구조를 지닌다. 의사전달을 목적으로 하는 일상 언어와 달리, 문학 작품의 언어들은 기호와 의미의 관계가 일대일의 관계를 형성하지 않으며 이로부터 미학적 모호성이 생성되기도 한다. 또한 작품에 존재하는 구성 요소들은 그 자체의 의미보다는 상황과 맥락에 따라 기능과 의미가 달라지며, 다른 미적 요소들과의 관계를 고려해야만 정확한 의미에 도달할 수 있다. 이런 점에서 『꿈의 해석』에서 프로이트가 보여주는 해석의 방법은 잠재적 텍스트의 재구성을 목표로 하는 문학 해석의 모델[9]이 될 수 있는 것이다.[10]

그러나 꿈과 문학 혹은 꿈 해석과 문학 해석의 유사성으로부터 '꿈꾸는 자=작가'의 등식을 연역해내는 것은 정신분석학적 전기 비평의

7 앨버틴 가우어, 강동일 역, 『문자의 역사』, 새날, 1995, 99쪽. 가령, 오리 모양의 상형문자는 그 자체로 오리를 의미하기도 하지만 해를 본 딴 상형문자와 함께 사용되면 '태양의 오리'가 아니라 '파라오의 아들'을 의미하며, S와 A를 합친 SA의 소리를 갖기도 한다.(크리스티앙 자크, 김진경 역, 『이집트 상형문자 이야기』, 예문, 1997, 23~24쪽)

8 막스 밀네르, 이규현 역, 『프로이트와 문학의 이해』, 문학과 지성사, 1999, 58쪽.

9 허창운 외, 『프로이트의 문학예술 이론』, 민음사, 1997, 19쪽.

10 프로이트의 꿈 해석 방법이 문학 작품에 적용된 글이 「빌헬름 옌젠의 '그라디바'에 나타난 망상과 꿈」이다. 이 글은 사소한 것, 놓치기 쉬운 것, 반복되는 것들에 주목하여 의미를 구성하는 정신분석학적 문학 해석의 전범이라 할 수 있는데, 프로이트는 '노르베르트'라는 주인공의 꿈을 면밀히 분석하고 그 꿈들이 주인공의 억압된 욕망을 암시한다고 설명한다.

오류로 연결될 수도 있다. 문학 작품에 나타난 무의식적 욕망을 작가의 욕망으로 치환해서 텍스트의 어떤 요소를 작가의 유년기나 욕망으로 해석하는 것은 꿈 해몽의 오류를 되풀이하는 것이다. 문학 작품의 창작에는 작가의 무의식이 참여하지만, 그 해석에는 수용자의 무의식도 참여한다. 텍스트는 작가의 무의식과 독자의 무의식 그리고 등장인물의 무의식이 뒤섞이는 공간이다. 합리적인 텍스트의 해석은, 작품의 특정 요소를 작가의 무의식적 욕망이 드러나는 표상으로 약호화하는 것이 아니라 요소들의 관계망 속에서 무의식적 힘들이 어떻게 작동하는지를 살피는 것에서 시작되는 것이다.[11]

『창조적 작가와 몽상』은 『꿈의 해석』에서 암시되었던 꿈과 문학 창조의 유사성을 본격적으로 다루고 있다. 프로이트는 문학적 성향의 최초 흔적을 어린 아이의 놀이에서 찾는다. 어린 아이는 놀이를 통해 현실에서 얻을 수 없는 즐거움을 얻는 데 비해 어른들은 그것을 몽상으로 대신한다. 몽상의 동력인 욕망은 현재와 과거, 미래의 각각 다른 시간 사이를 오고 간다. 몽상의 현재적 계기는 과거의 기억을 일깨우며 환기된 과거 즉 어린 시절의 욕망을 동력으로 한 정신 활동은 미래와 연관된 상황을 창조해낸다. 현재의 계기와 과거의 모델을 바탕으로 미래의 그림을 그리는 몽상의 과정은 문학 창조의 과정과 유사하다. 현재의 강한 체험은 작가에게 망각되었던 어린 시

---

11 정신분석학적 전기 비평의 또 다른 오류는 전기적 자료와 작품 해석의 섣부른 연결에서 발생하기도 한다. 작가의 가족사나 성장기에 겪은 독특한 체험에 대한 기록 혹은 증언들을 작가의 정신적 성장이나 작품세계의 성격을 설명하는 방증 자료로 사용하는 것은 문학 연구의 한 방법이기도 하다. 그러나 이런 자료들이 작품에 잠재하는 작가의 무의식적 소망을 쉽게 해명해줄 것이라고 믿어서는 안 된다. 저항과 억압에 의해 봉인된 환자의 심리적 외상이 오랜 치료 과정과 노력을 통해 가까스로 언어화된다면, 자전적 기록물이나 구술들이 작가의 내면적 진실에 얼마나 근접한 언어들인지는 반성적으로 검토해볼 필요가 있다.

절의 기억을 다시 일깨우는데, 환기된 어린 시절의 기억에서 풀려 나온 욕망은 마침내 문학 창조에서 그 충족을 얻게 된다는 것이다. 그러므로 문학 작품의 해석을 통해 창작의 계기를 이루는 요소들만이 아니라 옛 기억의 요소들도 알아낼 수 있다는 것이다.

『창조적 작가와 몽상』과 『꿈의 해석』에서 프로이트는, 소망 충족으로서의 꿈과 문학은 그 목적과 효과에서 유사성을 지닌다고 본다. 그러나 과연 우리는 문학을 꿈과 유사한 것으로 볼 수 있는가, 혹은 꿈 해석의 방법을 그대로 문학 해석에 적용할 수 있는가하는 의문을 가져볼 수 있다. 프로이트의 꿈 이론처럼 꿈이 무의식적 욕망이 그려놓은 추상화라면, 문학은 자아의 의식과 의지가 관철된 구상화에 가깝다. 문학에서 잠재되어 있는 무의식적 텍스트를 재구성하는 작업의 유의미성은 의문의 대상이 수밖에 없다.

의식의 개입이 우세함에도 불구하고 작품에 작용하는 무의식의 역할을 적극적으로 고려해볼 필요는 있을 것이다. 일반적인 문학 해석은 작가의 정신이나 이념에서 출발해 독자의 합리적 이성으로 수렴된다. 이성적 기획과 설계에 의해 질서가 부여된 통일체로 작품을 보려는 태도는 내용과 형식의 조화나 균형, 그로부터 파생되는 미적 가치와 효과를 평가하고 설명하는 방향을 취한다. 이런 방식은 서사적 흐름의 뒤틀림이나 건너뜀, 왜곡과 은폐의 구조를 읽어내는 데는 취약함을 보인다. 사건과 행동을 이성적 인과율로 판단하거나 구조와 개인, 우연과 필연의 변증적 과정으로 이해하는 해석 방법과 함께, 작품 속에 숨겨진 무의식적 욕망들에 대한 분석을 통해 인물의 행동과 사건 전개의 추이에 잠재하는 심층적인 동인들을 추적하는 작업이 병행될 필요가 있다.

3. 분석의 사례-이청준의 「과녁」

1) 예비적 고찰

이청준의 소설들 중에는 외견상 정신분석학적 해석에 적합해 보이는 작품들이 있다. 「소문의 벽」의 '박준'이나 「빈방」의 '지승호' 같이 이상심리나 신경증을 앓고 있는 인물들이 등장하는 작품들이 이에 해당될 것이다. 이들 소설의 구조는 인물들이 앓는 신경증의 원인을 추적하는 과정으로 이루어져 있다. 일견 보기에도 정신분석 담론에 기대고 있는 이들 작품들은 신경증의 근원에 사회 역사적인 문제를 숨겨둠으로써 오히려 정신분석적 접근을 어렵게 한다. 가장 원초적인 체험에 사회적인 것이 자리한다는 것은 그 사회적 문제가 인간의 내면을 황폐화시켰음을 드러내는 데에는 적절할 것이다. 그러나 한 개인의 내면에 침윤된 사회역사적인 문제(현재의 정신적 외상)가 신경증으로 발병하기 위해서는 억압된 유아기의 무의식 소망과 결부되어야 한다는 정신분석학의 원리를 상기해본다면, 동일한 역사적 사건을 체험한 세대들 중에 왜 그 사람만이 신경증에 걸리는가하는 문제는 해명되지 않고 남는다. 그러므로 이 소설들은 정신분석의 틀을 사용하고는 있지만 오히려 정신분석적 해석과는 거리를 두고 있는 작품들이며, 인물의 내면이나 숨겨진 욕망을 읽어내는 것이 방해받거나 유효하지 않은 작품들이라 할 수 있다.[12]

---

12 '박준'이나 '지승호'는 결국 완쾌되지 못한다. 이들 작품에서 등장인물의 병이 완쾌되지 않는 것은, 세계와 개인의 부단한 갈등이라는 현대소설의 기본 문법을 충실히 반영한 때문일 것이다. 「빈방」의 신경증 환자인 지승호는 치료과정이라고 할 수 있는 '나'와의 대화를 통해 모든 '말'을 꺼내놓지만 결국 딸꾹질은 멈추지 않는다. 외견상 치료과정을 거치지만 지승호의 증세가 없어지지 않는 것은 그 증세의 원인을 개인의 성장 과정에서 찾지 않고 사회적 관계 속에서 찾으려

프로이트의 정신분석학 이론은 신경증이나 성적 이상(性的 異常)을 통해 인간 보편의 정신 구조를 밝힌다. 정신 질환은 인간 정신의 지층을 탐색할 수 있는 하나의 균열이자 틈인 것이다. 그러므로 정신병의 소인은 누구나 지니고 있는 것이며 비정상과 정상의 경계는 모호해진다.(역설적이게도 프로이트는 발병의 원인은 소상히 밝혀내지만 정상적인 의식으로 성장하는 경우는 명쾌하게 설명하지 못한다.) 정신분석학 이론에 의하면 인간 정신의 내면은 억압된 무의식적 욕망과 의식이 끊임없이 갈등을 일으키는 혼란스런 싸움터이다. 정신분석학 이론은 신경증이나 광기 혹은 착란의 증상을 보이는 인물들이 등장하는 작품들에만 적용 가능한 것이 아니다. 오히려 그런 징후들과 전혀 관계없는 작품들에서 그들의 내부를 관류하는 무의식의 흐름들을 읽어내는 것이 보다 풍요로운 결과를 가져올 수 있을 것이다. 그런 관점에서 이 글은 이청준의 「과녁」을 정신분석학적 인식의 틀로 분석하고 서사의 내부에 은폐된 욕망의 지형을 읽어내고자 한다.

1967년 「창작과 비평」 가을호에 발표된 「과녁」의 줄거리는 다음과 같다. 지방의 검찰지청에 검사로 부임한 석주호는 새벽 산책길에 북호정이라는 활터에서 노인과 젊은 여인의 활쏘기 시합을 본다. 지기 싫어하는 성격 때문이기도 하지만 그 광경의 신비스러움과 아름다움에 끌려 활쏘기를 배우기 시작한다. 그러나 성급함과 자만심 때문에 고전동 역할을 하는 소년을 과녁 앞에 세우게 되고 소년을 화살로 맞히게 된다. 소설의 제목인 '과녁'은 소년의 죽음을 암시하며, 죄를 벌하는 검사가 살인을 저지르게 되는 역설적 상황으로 소설은

는 '나'의 부주의일 수 있다. 그러나 소설의 전체적인 맥락을 고려한다면 결국 증세가 치유되지 않는 근본적 이유는 사회와 개인의 지속적인 대립과 갈등 때문이라고 보는 것이 타당할 것이다.

끝을 맺는다.

「과녁」은 그 소재의 특성 때문에 「서편제」나 「줄」 혹은 「매잡이」와 함께 사라져가는 장인적인 것들을 다루는 소설로 분류되곤 한다. 작가의 시선을 고려해 「과녁」을 면밀히 읽어 보면, 이 작품의 서사는 '노인'과 '석주호'를 두 축으로 하여 진행됨을 알 수 있다. 전통적인 것이 소멸하며 겪는 진통이라는 이 소설의 의미는 두 인물의 갈등에서 생성된다. 노인이 훼손되는 과거, 정적인 것, 질서의 기호라면, 석주호는 훼손하는 현실, 동적인 것, 욕망의 기호이다. 갈등의 양상에서 전자가 수세적이라면 후자는 적극적이고 공격적이다. 이 글은 갈등의 동력이라 판단되는 석주호를 중심으로 은폐된 무의식적 욕망의 정체와 그 실현 과정을 분석해보고자 한다.

2) 첫 장면 : 신비로움 혹은 아름다움

> 초여름의 새벽안개가 읍 공원을 덮고 있다. 안개는 서서히 위로 움직이면서 여자가 흰 옷자락을 걷어 올리듯이 공원을 벗겨 올라가고 있다. 나무가 없는 공원 풀언덕이 아랫도리로부터 드러났다. 비는 오지 않았지만 밤이슬에 젖은 풀빛이 생생하다. (「과녁」, 37쪽)[13]

「과녁」의 첫 장면은 공원을 덮고 있는 안개가 서서히 걷히는 풍경으로부터 시작된다. 그리고 그 안개 속으로 알 수 없는 소리가 들려온다. 시야를 가린 안개와 정체를 알 수 없는 소리는 곧이어 나타나는 북호정이라는 활터와 그곳에서 벌어지고 있는 노인과 젊은 여인의 활쏘기 시합을 더욱 신비스럽게 만든다.[14] 북호정의 새벽 활쏘기

---

13 이청준, 「과녁」, 『이청준 전집』 2, 문학과 지성사, 2010.(이하 작품 인용의 경우 작품명과 쪽수만 밝힘)

시합은 "이상한 광경", "신비스런 광경" 혹은 "이상한 경기"에서처럼 '이상한' 혹은 '신비스러운'이라는 형용사로 수식되고 있다.[15] 일상적이지 않은, 낯선 것이 주는 신비스러움을 석주호는 아름다움으로 인식한다.

> 아침만 해도 그는 너무나 귀중한 것을 찾아놓고 어찌할 줄을 모르고 있는 형편이었는데, 이제 그는 조금씩 그 아름다움을 자기 것으로 나눠 가질 가능성을 보게 된 것이다. (「과녁」, 46쪽)

> 소년의 아름다운 모습을 보고 싶어서라기보다는……. (「과녁」, 63쪽)

그 신비스러움에서 파생된 아름다움에 대한 매료는 석주호를 활터로 이끄는 가장 중요한 이유가 된다. 석주호는 승부욕에서 시작해 자기 연마의 도구로 활쏘기를 배우려 하지만 이것은 표면적인 이유에 불과하다. 숨은 동기는 활터에서 찾아낸 아름다움을 소유하고 싶은 석주호의 욕망이라 할 수 있다. 그리고 석주호의 아름다움에 대한 욕망에는 성적 욕구가 은밀히 내재되어 있다.[16] 앞서 인용한 소설 첫 장면의 풍경 묘사는 다분히 성적인 모티브를 담고 있는 것으로,

---

14 새벽 공원에서 울려 나오는 활터의 '소리'는, "그 소리들은 저희들끼리 서로 부딪치고 깨지면서 새로운 소음의 덩어리 속으로 섞여 들어가고 있었다."에서처럼, 시가지가 깨어나면서 올라오는 소리와 다른 분위기를 환기한다. 소음에 가까운 시가지의 '소리'에 비해 활터의 '소리'는 신비로운 것으로 묘사된다. 소설의 첫 부분에서 '소리'는 북호정과 시가지에 상반된 가치를 부여하는 역할을 한다.

15 「과녁」, 「서편제」, 「매잡이」, 「줄」 등의 작품은 근대사회에 적응하지 못하고 채 사라져가는 전통적인 장인들의 세계를 다룬다. 생활 속에서 풍류나 멋을 제공하던 것이 생활의 영역을 벗어나 유물처럼 보관될 때 우리는 '낯섦'을 느낀다. 그것은 유년기의 기억을 성인이 되었을 때 재발견하는 것과 유사한 구조를 지닌다.

16 프로이트 역시 '아름다움'을 성적 흥분과 깊은 연관을 지닌 것으로 본다.(『성욕에 관한 세 편의 에세이』, 264쪽)

소설 초반부의 분위기와 석주호의 무의식적 욕망을 암시한다. 안개가 걷히는 모습을 여인이 옷을 벗는 것으로 표현한 것이나 풀언덕을 아랫도리로 비유한 표현들은 성적인 관능을 환기한다. 첫 장면의 풍경묘사는, 옷/의식의 통제가 걷히며 육체/욕망의 대상이 서서히 드러나는 과정으로 읽을 수 있다. 안개가 걷히고 최종적으로 나타난 북호정과 활쏘기 시합은 훔쳐보는 자인 석주호의 무의식적 욕망이 고착되는 대상이라 할 수 있다.

3) 비밀의 공간-북호정 : 소문으로서의 근친상간

이 소설의 첫 장면에서 북호정은 안개에 가려져 있으며 신비로움을 주는 공간으로 그려진다. 이 공간의 신비로움을 배가시키는 것이 안개 속에서 들려오는 '소리'이다. 그 소리는 "주의를 기울이지 않으면 의식되지도 않았지만, 설령 의식된다고 해도 어디서 오는 소리인지 분간할 수" 없다. 실체가 가려져 있기 때문에 소리의 근원과 정체를 확인할 수 없다. 소설의 첫 장면에서 신비감을 조성하는 안개에 의한 소리/실체의 분리는 이 소설의 의미를 암시한다.

시가지와 동떨어진 곳에서 일반인들과 다른 방식의 삶을 살아가는 북호정의 사람들 역시 비밀을 간직한 존재들로 여겨진다. 이런 비밀의 공간을 감싸고 도는 것이 '소리'이다. 비밀이란 들추고 싶은 호기심을 유발하며 그 호기심은 소문의 형식으로 왜곡되어 나타난다. 그 소문의 중심에 놓여 있는 것은 근친상간에 대한 상상이다. 작가는 노인의 내면적 독백을 독자에게 들려줌으로써 근친상간이란 하나의 의혹이며 풍문에 불과함을 밝힌다. 노인의 진술은 소문이 실체 없는 소리에 불과함을 주장하지만, 사람들의 욕망은 진위 여부와 상관없이 근친상간이라는 소문 자체에 고착된다.

"모르죠. 듣기로는 보내려고 하지 않는다는 소문이기도 하고, 보내려고는 하는데 처녀가 싫단다고도 하고 알쏭달쏭한 모양입니다."

권서기는 이상한 웃음을 지었다. 뭔가 검사의 속을 저 혼자 상상해 본 모양이었다. (「과녁」, 47쪽)

확실하지는 않았지만, 그들은 한결같이 〈양조장〉의 말이 어떤 금기(禁忌)를 범하고 있다는 느낌을 받았다. 그들이 느낀 것은 막연했고, 또 사람에 따라 달랐다. 그들의 그런 기분은 그 딸과 노인을 이상한 방법으로 관련지어 상상함으로써 그 말로 인한 노인의 처참한 분노를 예감하기도 했고. (「과녁」, 68쪽)

진실과는 거리를 두고 있지만 소설의 등장인물들은 북호정의 노인과 딸인 젊은 여인의 관계를 "알쏭달쏭한" 어떤 것으로, 혹은 "이상한 방법"으로 관련지어 상상한다. 소문이란 사건의 실체보다는 옮기는 사람들의 욕망이 가미되어 과장되거나 왜곡된 것이다. 소문을 듣고 말하는 사람들은 그 소문에 자신의 숨겨진 욕망을 투사함으로써 간접적으로나마 소문 속의 사건에 가담한다. 소문의 내용이 불미스럽거나 추악한 것일수록 '말'을 통해 금기를 어기는 욕망의 활동은 활발해진다.[17] '권서기'나 '양조장'을 비롯해 활을 배우러간 사람들의 호기심은 자신들이 숨기고 있는 욕망의 우회적 표현이라 할 수 있다. 그러므로 신비롭고 비밀스러운 북호정의 공간은 타인의 욕망이 투영되는 장소가 되는 것이다.

---

17 소문을 통한 욕망 충족은 육체적 움직임이 없이도 가능한 쾌락이라는 점에서 일종의 '사전 쾌락'이라 할 수 있다.('사전 쾌락'에 대해서는 『창조적 작가와 몽상』, 95쪽) 사회적 금기를 어기는 소문에 욕망이 가담하는 것은 리비도적 충동이 음담패설에 작용하는 과정과 유사하다고 할 수 있다.(『농담과 무의식의 관계』, 130~136쪽)

북호정 사람들과 그를 둘러싼 근친상간의 풍문은 소리/실체의 분리라고 의미구조를 형성한다. 그러나 이 소설에서 근친상간의 소문은 실체가 없는 소리만은 아니다. 비록 안개에 가려져 있지만 들려오는 과녁을 맞히는 화살 소리처럼, 석주호를 포함한 사람들의 무의식에서 흘러나온 근친상간의 욕망은 소문의 형식으로 떠돌고 있는 것이다.

4) 자리바꿈 : 아버지 살해의 욕망

석주호의 무의식적 욕망은 소설 전개의 근본적인 동력이다. 앞서 언급했듯이 석주호를 활터로 이끄는 것은 '아름다움'에 대한 소유욕이다. 그리고 이런 욕망의 대상은 구체적으로 '젊은 여인'일 것이다. 이 소설에서 활쏘기는 그 의미가 다소 복합적인 것이라 할 수 있는데, 유독 젊은 여인의 활쏘기는 '아름다운' 것으로 묘사되고 있다. 새벽에 석주호가 본 활 쏘는 장면이나 사람들의 강권에 활을 쏘게 되었을 때도 젊은 여인의 모습은 신비감과 아름다움을 주는 것으로 묘사된다. 소설에서 젊은 여인의 활쏘기는 쉽게 노출되면 안 되는 비밀로 처리된다. 노인과의 활쏘기가 누구도 보지 않는 새벽에만 이루어지며, 사람들 앞에서 활을 쏘고 나서 노인과 여인이 심한 수치심에 빠진다는 것은, 젊은 여인의 활쏘기가 사람들에게는 노출해서는 안 되는 비밀스런 의식임을 암시한다. 그 비밀스런 의미가 석주호의 무의식적 욕망을 자극하고 그를 활터로 이끄는 매개물이 된다.[18]

---

18 '젊은 여인의 활쏘기가 지니는 비밀스런 의미'는, 활쏘기 자체가 지닌 상징적 의미보다는 활쏘기를 둘러싼 상황과 인물들의 태도로부터 추출한 것이어서 이견의 여지가 많을 수밖에 없다. '활쏘기' 자체의 의미를 밝혀야만 '비밀스런 의식'의 의미가 온전히 해명될 것이다. 활쏘기가 석주호의 무의식적 욕망을 자극하는

그러나 이런 석주호의 무의식적 욕망이 맞닥뜨린 것은 활터의 지배자인 노인이다. 노인은 활터의 질서이자 석주호가 지닌 무의식적 욕망의 구도에서는 모든 '아름다움'을 소유하고 있는 아버지이다. 석주호의 '음모'가 비극적 파탄으로 이어지는 소설의 마지막 부분에서 발견되는 것은 그의 유년기적 욕망의 되풀이다. 노인/아버지-젊은 여인/딸 혹은 어머니-소년/아들의 구도는 석주호의 무의식적 욕망에 의해 노인/아버지-젊은 여인/어머니-석주호/아들의 구도로 바뀌게 되며, 아버지로서의 노인을 극복하고 활터의 모든 '아름다움'을 차지하려는 석주호의 숨겨진 욕망이 드러난다.

노인을 '거인'으로 인식하고 "두려운 마음으로 노인과 활에 순종"하려 하면서도 '음모' 혹은 '반역'을 꾀하는 석주호의 이중적인 심리는 표면적으로 명확하게 해명되지 않는다. 또한 묶여 있는 폴을 보

매개물이라면 활쏘기는 성적인 의미를 지닌 것이라야 한다. 프로이트는 꿈의 상징 분석에서 보통 뾰족하거나 길쭉한 것, 우산(펼치는 것은 발기를 의미), 무기들, 팽창하는 것으로서의 채찍 등은 대부분 남성 생식기를, 종이나 나무, 상자, 난로는 여성 생식기를 의미한다고 본다.(『꿈의 해석』, 453쪽) 이런 관점에서 보면, 우선 활쏘기에서 활과 화살은 남성 생식기를 의미한다고 볼 수 있다. 화살의 날카로움과 활의 긴장-팽창-해소는 남근적 속성이 분할되어 있는 것으로 볼 수 있기 때문이다. 그리고 원을 둘러 그런 형태와 화살이 날아가 꽂히는 대상으로서의 속성을 지닌 과녁은 여성 생식기를 상징한다고 볼 수 있다. 활쏘기를 구성하는 요소들의 상징적 의미를 종합해보면 활쏘기가 성적 활동을 의미한다고 볼 수 있다. 활쏘기에 대한 소문과 인물들의 태도를 함께 고려한다면, 이 작품에서 활쏘기가 다분히 성적인 의미를 지닌다는 판단이 가능해진다.
그러나 이런 해석이 지닌 위험성은 명백하다. 프로이트가 『꿈의 해석』에서 상징들과 그 의미를 위의 예와 같이 규정한 것은 꿈의 자의적인 해석을 경계하기 위한 것이며, 상징의 의미도 그 전체적인 의미가 비교적 명확한 꿈으로부터 추출해냈다는 점을 간과하면 안 된다. 프로이트의 상징에 대한 분석이 지닌 이런 맥락을 고려하지 않은 채로, 상징을 속기술의 부호처럼 명확한 의미를 지닌 약호로 상정하고 거꾸로 상징 해석을 통해 모호한 작품의 의미를 밝혀 보려는 것은 프로이트 해석 방법의 전도된 적용이라 할 수 있다. 혹은 구성 요소 간의 관계를 고려하지 않고 선험적으로 존재하는 보편적 상징의 존재를 작품 해석에 도입하는 것 역시도 프로이트의 방법과는 거리가 먼 것이라 할 수 있다.

고 느끼는 노인에 대한 '이상한 분노'는 그야말로 '이상한' 것이다. 석주호 자신이 노인에 대한 '반역'을 미처 명확히 의식하지 못하며 '음모'를 어렴풋하게 느끼는 것, 혹은 자신도 이해하지 못하는 '이상한 분노'를 갖게 되는 것은, 이런 행위들의 이면에 석주호 자신도 의식하지 못하는 무의식적 의도가 숨겨져 있기 때문일 것이다. 그리고 그 의도는 바로 노인/아버지의 권위에 도전해 무의식적 욕망이 갈구하는 대상인 젊은 여인/어머니를 차지하려는 유년기적 욕망에서 비롯한다.

소설 중간에 암시된 석주호와 실제 아버지와의 관계 변화는 이런 석주호의 무의식적 욕망의 되풀이와 모종의 관련을 지닌다. 석주호는 대법관 출신인 아버지로부터 '좋은 머리'와 '유복한 환경'을 물려받는다. 그러나 석주호는 이것을 약점으로 혹은 극복의 대상으로 여긴다. "자신에게 굴복한 패자가 모든 사람에게는 극복될 수 없는 승자가 되기를 바라는" 석주호의 심리는 아버지를 이상화하고 그 아버지를 극복함으로써 모든 것을 소유하려는 욕망의 변주일 뿐이다. 그러나 은퇴한 아버지는 야당 생활을 시작하고 이런 변화는 석주호의 지방 발령-좌천과도 무관하지 않을 것이다. 아버지는 더 이상 석주호를 지켜주는 '거인'이 아니며 석주호의 무의식적 욕망이 극복하고자 하는 대상이 될 수 없다. 이미 약화된 아버지를 대신하는 것이 활터의 주인이자 지배자인 노인이다. 석주호의 무의식적 욕망에 의해 아버지와 노인의 자리바꿈이 일어나는 것이다. 석주호가 '거인'-존경의 대상으로 여기면서도 그에 대한 반역을 음모하는 것은 노인/아버지를 살해하고 그의 소유를 차지하고픈 무의식적 욕망의 표현일 것이다. 그러므로 소설의 비극적 파국은 이런 무의식적 욕망에서 파생되는 조의식과 징벌의 표상으로 이해할 수 있을 것이다.

4. 결론

이 글은 정신분석학적 문학 연구의 가능성과 유효성을 간략히 검토하고 그 타당성 여부를 작품 분석을 통해 드러내 보이고자 했다. 보다 포괄적인 정신분석 이론에 대한 성찰과 문학 연구로의 확장은 남겨진 과제일 것이다. 끝으로 정신분석학적 문학 연구의 한계와 문제점을 제시하고 글을 맺고자 한다. 문학과 정신분석학의 친연성에도 불구하고 정신분석학적 문학 연구가 지니는 문제 중의 하나는, 그것이 문학 창조의 원리나 효과를 해명하는 데에는 유효하지만 미적 형식의 원리를 해명하는 데에는 미흡하다는 것이다. 또 모든 작품이 아니라 '어떤' 작품에만 적용 가능하거나 그 유효성이 보장된다는 점이다.

그리고 보다 근본적인 문제는 정신분석학 이론의 보편성과 특수성을 어떻게 받아들이는가의 문제이다. 인간 심리나 문명 발달이 지니는 근본 원리의 보편성에도 불구하고 프로이트의 정신분석학은 초기 자본주의 서구 사회의 산물이다. 이런 시·공간의 격차는 이제 우리에게 정확한 이해와 더불어 적극적인 평가와 창조적 수용의 태도를 요구한다. 이는 정신분석학 이론의 한계와 공백을 우리의 시각으로 메워가는 반성적 작업과 이를 토대로 우리 문학 연구의 이론과 방법의 틀을 확장해가는 작업의 필요성에 다름 아니다.

참고문헌

1. 기본 자료

이청준, 「과녁」, 『이청준 전집』 2, 문학과 지성사, 2010.

프로이트, 김미리혜 역, 『히스테리 연구』, 열린 책들, 1997.

________, 김인순 역, 『꿈의 해석』, 열린 책들, 1997.

________, 임인주 역, 『농담과 무의식의 관계』, 열린 책들, 1997.

________, 김정일 역, 『성욕에 관한 세 편의 에세이』, 열린 책들, 1997.

________, 정장진 역, 『창조적 작가와 몽상』, 열린 책들, 1997.

2. 단행본

막스 밀네르, 이규현 역, 『프로이트와 문학의 이해』, 문학과 지성사, 1999

앨버틴 가우어, 강동일 역, 『문자의 역사』, 새날, 1995.

크리스티앙 자크, 김진경 역, 『이집트 상형문자 이야기』, 예문, 1997.

테리 이글턴, 김명환 역, 『문학이론입문』, 창작과 비평사, 1989.

허창운 외, 『프로이트의 문학예술 이론』, 민음사, 1997

E. 라이트, 권택영 역, 『정신분석비평』, 문예출판사, 1995

한국문학의 상품과 이념

초판 1쇄 인쇄 • 2018년 1월 25일
초판 1쇄 발행 • 2018년 1월 31일

지은이 • 류경동
발행인 • 박성복
발행처 • 도서출판 **월인**
서울특별시 강북구 노해로25길 61
등　록 • 제6－0364호
등록일 • 1998년 5월 4일
전　화 • (02) 912-5000
팩　스 • (02) 900-5036
www.worin.net

ISBN 978-89-8477-650-0 93810

☞ 값은 뒤표지에 있습니다.